JEZUS LEEFT!

Het ontstaan van de Bijbel

Ds. W.J.J. Glashouwer
Dr. W.J. Ouweneel

TELOS

Uitgave in samenwerking met Evangelische Omroep

Onder de naam Telos publiceert een groep christelijke uitgevers boeken die *doelgericht* en bijbels georiënteerd zijn.

In de Telos-groep werken samen:
Buijten & Schipperheijn
Uitgeverij Medema
Uitgeverij De Vuurbaak

Eerste druk: september 1998
Tweede druk: oktober 1998
Derde druk: augustus 2000
Vierde druk: augustus 2004
Vijfde druk: augustus 2009

ISBN 978-90-6064-977-8
Omslagontwerp: Rob Lucas

Inhoud

Woord vooraf

Het boek dat u thans in handen hebt, is eigenlijk (in een eerdere versie) al een klassieker geworden. In de jaren 1976 - 1979 heeft de Evangelische Omroep een serie televisieprogramma's gemaakt over de Bijbel. Het ging daarbij niet zozeer om de bestudering van de inhoud en de boodschap van de Bijbel, maar veeleer over allerlei vragen die bij de denkende mens van onze tijd leven ten aanzien van de Bijbel. Wat is dit toch voor een merkwaardig boek? Wat zijn de achtergronden ervan? Hoe betrouwbaar is de tekst, en hoe relevant is de inhoud voor ons? Welk licht werpen geschiedwetenschap en archeologie op de bijbelse berichtgeving?

Het waren Willem J. Ouweneel (research) en Willem J.J. Glashouwer (eindredactie) die de scripts schreven, welke dienden als basis voor de televisieserie. De veel uitgebreidere inhoud van het onderzoek was de grondslag voor de eerste uitgave van dit boek, in 1979. Een aantal deskundigen met verschillende wetenschappelijke achtergronden beoordeelde en corrigeerde de eerste versie.

De drie uitgeverijen die samen deze nieuwe editie uitbrengen (Uitgeverij Buijten & Schipperheijn te Amsterdam, Uitgeverij De Vuurbaak te Barneveld, Uitgeverij Medema te Vaassen) hebben hiervoor een dubbele aanleiding. Ten eerste begint juist bij de verschijning van dit boek het Jaar van de Bijbel. Ten tweede hebben wij als uitgevers zojuist een nieuwe vorm van samenwerking aangekondigd, waarin onder het aloude, krachtige merk TELOS doeltreffende boeken zullen worden uitgegeven, boeken die de mens van de eenentwintigste eeuw raken.

De eerste uitgave was een klassiek geschenkboek, in full-colour, gebonden met stofomslag, groot formaat. Toen wij als uitgevers met de Evangelische Omroep overlegden over deze heruitgave, kwamen wij tot een andere formule, die misschien wat meer bij deze tijd past: de 'snelle' vorm van een paperback, die gemakkelijker kan worden meegenomen om overal te lezen, en ook geschikt is als een aardig cadeau voor anderen.

De tekst is ongewijzigd gebleven, afgezien van een enkele correctie waar bepaalde zakelijke gegevens inmiddels verouderd waren. Van de illustraties is een deel vervangen door nieuwe.

In het Woord vooraf bij de eerste uitgave spreekt de eindredacteur de wens en het gebed uit dat de Here het zou willen zegenen, en dat nog meer mensen met eerbied en verwondering naar Hét Boek, de Bijbel, Gods Woord, zouden gaan grijpen. Want alleen door zelf de Bijbel te gaan lezen, kunnen we de levensvernieuwende kracht van dit Boek leren kennen.

Amsterdam, Barneveld, Hilversum, Vaassen,

de uitgevers

HOOFDSTUK 1

De Bijbel is een geweldig boek!

We staan aan het begin van een lange reis, een ontdekkingsreis naar de achtergrond van de Bijbel en in de Bijbel zelf. We willen de Bijbel openen en hem serieus aan het woord laten - en dan kan er heel wat uit de bus komen, want de Bijbel is een dik boek. Of beter: een *verzameling* van boeken. Het is een hele bibliotheek van maar liefst zesenzestig boeken: geschiedschrijvingen, levensbeschrijvingen, gedichtenbundels, profetieën, brieven, opstellen, enz. Het nauwgezet opendoen van díe Bijbel, om werkelijk serieus iets over zijn inhoud te leren, is een hele onderneming.

Per slot van rekening is de Bijbel een heel *oud* boek: sommige delen zijn misschien wel 3500 jaar oud of nog veel ouder. Het is een boek uit een heel andere tijd, een heel andere cultuur, en daar moet je rekening mee houden. En vooral: de Bijbel wordt vandaag door veel mensen erg *negatief* benaderd, en we zullen serieus op die kritiek moeten ingaan om te zien wat daarvan de betekenis is.

▲ De Bijbel was vaak het eerste boek dat in druk verscheen toen de boekdrukkunst eenmaal was uitgevonden. Deze Delftse Bijbel is er een prachtig voorbeeld van.

Deze twee punten: de ouderdom en achtergrond van de Bijbel én de kritische vragen rond de Bijbel, zullen we eerst onder de loep moeten nemen. Maar ook daarbij zal de Bijbel al opengaan; want het zou best eens kunnen zijn dat de Bijbel zélf zo het een en ander te zeggen heeft over zijn eigen ontstaanswijze en over de kritiek die op hem uitgeoefend wordt! Het boek dat u nu voor u heeft, zal dus gaan over de vraag hoe we eigenlijk aan onze Bijbel gekomen zijn: hoe is hij ontstaan, hoe is hij overgeleverd, wat voor zekerheid hebben we over de nauwkeurigheid van de bijbeltekst zoals wij die vandaag in handen hebben, enz. Daarbij komt ook al een stuk „bijbelkritiek" aan de orde, doordat in de laatste eeuwen theorieën zijn opgekomen die zich het ontstaan van onze tegenwoordige Bijbel heel anders voorstellen dan voordien gebruikelijk was.

Waarom allemaal?

Nu kan men zich natuurlijk afvragen: waarom zoveel drukte om één boek? Er zijn toch nog veel meer andere interessante boeken in deze wereld? Er zijn toch ook grote en oude religieuze werken die in andere godsdiensten een even belangrijke rol spelen als de Bijbel in het christendom? Dat is zo, maar toch geloven wij dat die Bijbel totaal anders is dan alle andere boeken in de hele wereld. We komen er rond voor uit dat we ervan overtuigd zijn dat de Bijbel in veel opzichten volslagen *uniek* is in de geschiedenis van de mensheid. Dat is natuurlijk een boude bewering van ons, en we zullen die dus ook hard moeten maken. Maar we moeten het u wel van tevoren vertellen, om u duidelijk te maken waarom we nu juist over de Bijbel willen praten. We zullen heus proberen wáár te maken wat we hier vertellen.

In menig opzicht is dat niet zó moeilijk. Er zijn namelijk een heleboel puur objectieve redenen waarom het voor ieder mens duidelijk zou moeten zijn dat de Bijbel een uniek boek is. Daarvoor hoef je helemaal geen christen of zelfs maar religieus te zijn; dat zullen we direct aantonen. Maar we kunnen al wel van tevoren stellen dat een dergelijke conclusie grote consequenties heeft. Want als de Bijbel onder de miljoenen boeken op aarde volkomen uniek is, dan kun je daar niet zomaar aan voorbijgaan. Als we konden aantonen dat de Bijbel uniek is, zou dat op zichzelf nog niet hoeven te betekenen dat hij ook wáár en betrouwbaar is, ja, dat hij Gods Woord is. Maar áls er op aarde een boek is of boeken bestaan die pretenderen ons de woorden van God Zelf te geven, dan zouden we nooit voorbij kunnen gaan aan hét Boek, dat verschilt van alle andere boeken en onder hen zijn weerga niet kent. Zoals een hoogleraar zei tegen een student die op zoek was naar de waarheid: „Als u een intelligent persoon bent, dan zult u het ene boek lezen dat meer aandacht getrokken heeft dan enig ander boek, *als* u op zoek bent naar de waarheid".

Let u bijvoorbeeld ook eens op wat een taalgeleerde (prof. M. Montiero-Williams, vroeger professor in Sanskriet, een oude Indiase taal) gezegd heeft na tweeënveertig jaar oosterse boeken bestudeerd te hebben: „Stapel ze, als u wilt, op de linkerkant van uw bureau; maar leg uw eigen Bijbel op de rechterkant helemaal op zichzelf, helemaal alleen - en met een wijde ruimte ertussen. Want (...) er is een kloof tussen hem en de zogenaamde heilige boeken van het Oosten, die de een van de ander totaal, hopeloos en voor eeuwig scheidt (...) een werkelijke kloof die niet overbrugd kan worden door welke wetenschap van het godsdienstig denken dan ook". Zo „uniek" is de Bijbel! Sir Walter Scott vroeg op zijn sterfbed of zijn schoonzoon hem uit „het boek" wilde voorlezen. Toen deze hem vroeg welk boek hij bedoelde, antwoordde Scott: „Er is maar één boek, de *Bijbel"*. Wilt u met ons meegaan op ontdekkingsreis naar het volkomen unieke van dit boek?

Het unieke van zijn ontstaan

We zullen u zeven unieke kenmerken van de Bijbel laten zien, en dan mag u daar zelf uw conclusies uit trekken. Ten eerste kan niemand ontkennen dat de Bijbel uniek is door de manier waarop hij ontstaan is. Neemt u eens een willekeurig boek en kijk hoe het tot stand kwam. Gewoonlijk gaat het zo, dat iemand besluit een boek te schrijven, daarvoor materiaal verzamelt, een schema voor het boek ontwerpt, de inhoud schrijft of dicteert en het geheel laat vermenigvuldigen of drukken. Als het een boek is waaraan een flink aantal schrijvers meewerkt, dan moeten zij eerst de koppen bij elkaar steken, een plan ontwerpen dat aangeeft hoe het boek eruit moet komen te zien, afspreken welke bijdrage ieder van hen aan het boek zal leveren, en bij voorkeur zullen er ook nog één of meer redacteurs zijn die van alle bijdragen een samenhangend geheel maken.

Maar de Bijbel is in dit opzicht totaal uniek. Hij werd door maar liefst veertig of meer schrijvers geschreven, die geen enkele afspraak met elkaar hadden gemaakt! Dat kon ook nauwelijks, want zij schreven het boek in minstens 1500 jaar, en misschien nog wel veel meer, zoals we later aannemelijk willen maken. Het is een volslagen wonder zoals de Bijbel langzaam, gedurende vijftig generaties of meer, steeds maar door groeide. Zonder enig zichtbaar plan of ontwerp werd van eeuw tot eeuw het ene stuk bij het andere gevoegd tot de Bijbel compleet was. De mensen die die Bijbel schreven, kwamen uit heel verschillende milieus en culturen. Daar waren onder andere Mozes de politicus (opgeleid in de wijsheid van Egypte), Jozua de generaal, Salomo de

koning, Amos de herder, Nehemia de hoveling, Daniël de eerste minister, Petrus de visser, Lucas de arts, Matteüs de belastingambtenaar en Paulus de rabbijn.

Zij schreven op heel verschillende plaatsen en onder totaal verschillende omstandigheden. Mozes schreef in de woestijn, Jeremia in een kerker, David in de heuvels en in een paleis, Paulus in de gevangenis, Lucas op reis, Johannes als balling op het eiland Patmos, anderen onder de spanningen van een militaire veldtocht. Zij schreven in verschillende gemoedsstemmingen: de één in grote blijdschap, de ander in verdriet en wanhoop. Zij schreven in drie verschillende werelddelen: Azië, Afrika en Europa. Zij schreven in drie talen: het Oude Testament grotendeels in het Hebreeuws en kleine delen in het (verwante) Aramees en het Nieuwe Testament in het Grieks.

En uit al deze verschillende bronnen en tijden ontstond één boek. Toen Mozes stierf, waren de eerste vijf delen klaar; er waren weer een paar rollen bijgekomen toen David regeerde. In de dagen van de schriftgeleerde Ezra, kort na de Babylonische ballingschap van het joodse volk, was het Oude Testament letter na letter, woord na woord, zin na zin, bijna helemaal klaargekomen. En toen het klaar was, vier eeuwen vóór onze jaartelling, was een boek ontstaan dat er vandaag

▲ Het Oude Testament is oorspronkelijk in twee talen geschreven: het grootste deel in het Hebreeuws en een klein gedeelte in het Aramees (de naam van een groep dialecten). Dit gedeelte in het Hebreeuws komt uit de Codex Leningradensis, een handschrift uit 1000 na Christus.

nog precies zo uitziet. Het ontzag voor dit zogenaamde Oude Testament was zo groot dat, zoals de joodse geschiedschrijver Flavius Josephus zei, niemand in de loop der eeuwen de moed had gehad er iets aan toe te voegen of van af te doen.

Het ontstaan van het Nieuwe Testament is zo mogelijk nog wonderlijker dan dat van het oude. Christus zelf heeft, voorzover wij weten, nooit ook maar één regel als goddelijke openbaring geschreven, en zijn discipelen zullen ongetwijfeld, als goede Israëlieten, teruggedeinsd zijn voor de vermetele gedachte ook maar één woord aan het Oude Testament toe te voegen. Zelfs vijftig jaar na de geboorte van Christus was er waarschijnlijk nog geen letter van het Nieuwe Testament geschreven. Maar dan gebeurt het wonder. Zonder enig bekend vooropgezet plan ontstaan de delen van het Nieuwe Testament, door heel verschillende mensen, vaak ver van elkaar vandaan. Hier ontstaat een levensbeschrijving van Christus, daar ontstaat een brief, verderop wordt een prachtig essay geschreven (zoals de zgn. „brief" aan de Hebreeën er eigenlijk één van is), weer ergens anders ontstaat een nieuwtestamentisch profetisch werk. Al deze delen gaan rond en worden door groepen christenen verzameld, die nauwelijks problemen hebben met de vraag welke boeken nu wel in deze collectie thuishoren en welke niet. Hun eerbied voor het geschrevene is zo groot dat het Nieuwe Testament onmiddellijk door bijna iedereen als zodanig erkend wordt en bijna geen mens de moed heeft er iets aan toe te voegen of vanaf te doen.

En let wel: de vier verschillende evangelisten gingen niet eerst bij elkaar zitten om door ernstig gebed en overleg vast te stellen dat Matteüs over Christus zou schrijven als de Koning, Marcus over hem als Dienaar en Profeet, Lucas als de ware Mens en Johannes als de Zoon van God. Niets daarvan. Ook kwamen andere schrijvers niet bij elkaar om bijvoorbeeld vast te stellen dat Paulus en Johannes meer over de leer van het christendom (en dat elk vanuit een specifieke gezichtshoek) en Jacobus en Petrus meer over de praktijk van het christendom zouden schrijven. Geen sprake van. Zij schreven vanuit een diep beleefde behoefte een bepaald onderwerp in het licht te stellen - maar toen al hun werken klaar waren, was er een wonderlijke eenheid ontstaan.

Het unieke van zijn eenheid

Dit punt vloeit direct voort uit het unieke van het ontstaan van de Bijbel. Hoe konden tientallen schrijvers, gedurende tientallen generaties, vanuit zulke totaal verschillende achtergronden en omgevingen, zonder enig overleg een werk schrijven dat zo volmaakt van eenheid is? Laten we de zaak eens omdraaien: stel dat tien van de beroemdste schrijvers op aarde, van dezelfde leefwijze, dezelfde generatie, dezelfde cultuur, dezelfde opvattingen, dezelfde plaats, dezelfde gemoedsstemming en dezelfde taal, iets zouden schrijven over slechts één controversieel onderwerp - zou het geschrevene dan met elkaar overeenstemmen? Dat is onmogelijk.

Maar hoe kan het dan dat dit in de Bijbel wél het geval is? En let wel: de Bijbel spreekt over honderden controversiële onderwerpen (onderwerpen waarover tegengestelde meningen blijken te bestaan als ze genoemd of besproken worden). De bijbelschrijvers hebben het over geschiedenis, theologie, filosofie, over de kosmos, over de natuur, over de mens; zij schrijven „riskante" profetieën, levens- en reisbeschrijvingen. Zij aarzelen niet de moeilijkste en diepzinnigste onderwerpen aan te snijden, en ze konden daarover onmogelijk overleg met elkaar plegen. Maar vanwaar dan deze harmonie en continuïteit van de Bijbel? Mensen hebben vaak gemeend verschillen en tegenstrijdigheden gevonden te hebben (we zullen er nog verschillende tegenkomen), maar altijd bleek dat ze niet nauwkeurig lazen of de context en achtergrond van het geschrevene vergaten. Waar zij (dikwijls heel naïef) tegenstrijdigheden meenden te zien, bleken vaak verschillende aspecten van eenzelfde zaak genoemd te worden die elkaar prachtig aanvulden. Alle strijd over de Bijbel heeft er alleen maar toe geleid dat zijn perfecte harmonie nog scherper uitkwam.

Natuurlijk beweren we hier dingen die in feite nog bewezen moeten worden. Maar we moeten nu eenmaal ergens beginnen, en de harmonie van de Bijbel kan pas echt blijken na een grondige studie van de Bijbel. De lezer zal hier zelf op ontdekkingstocht moeten gaan. En hij zal ontdekken wat miljoenen vóór hem ontdekten: de Bijbel is een wonderlijke eenheid. Hij is maar niet een simpele bloemlezing van verschillende werkjes, maar er is een eenheid die het geheel samenbindt. Dat is ook belangrijk voor de uitleg van de Bijbel. Net zoals elk deel van het menselijk lichaam alleen behoorlijk verklaard kan worden in samenhang met de rest van het lichaam, zo kan elk deel van de Bijbel alleen maar behoorlijk uitgelegd worden in samenhang met de hele rest van de Bijbel. Er is nauwelijks een regel in de bijbeluitlegkunde die zo vaak overtreden wordt als deze (dat even terloops).

De eenheid van de Bijbel blijkt natuurlijk nergens duidelijker dan uit de „rode draden" die door het hele boek heen lopen. Van Genesis tot Openbaring gaat het om de grote vragen: „Wie is God?" en „Wie is de mens?" Daarop volgt de gewichtige vraag: is er een verbinding tussen de mens en God mogelijk, en zo ja, hoe? Het unieke van de Bijbel is, dat hij voor de beantwoording van deze vraag tenslotte niet op een godsdienstig programma, een reeks van religieuze verplichtingen wijst - een mens kán namelijk nooit helemaal beantwoorden aan Gods eisen -, maar op een Persoon: Jezus Christus is de ware en enige Weg voor de mens tot God. Het hele Oude Testament wijst in feite, hetzij in beelden hetzij in directe voorzeggingen, naar deze Persoon, en het Nieuwe Testament toont ons de vervulling van die voorzeggingen en de betekenis en gevolgen van de komst van Christus. In deze eenheid van zijn thematiek is de Bijbel uniek. Alleen daardoor is het ook mogelijk gebleken uit de Bijbel een samenhangende en consequente christelijke leer op te bouwen.

Het unieke van zijn actualiteit

Er zijn duizenden boeken op aarde geschreven die binnen één generatie totaal vergeten waren. Er zijn veel boeken uitgegeven die een wat grotere belangstelling genoten hebben. Maar hoeveel boeken zijn er die al eeuwen oud zijn, maar toch nog zeer regelmatig en met grote belangstelling door zeer veel mensen gelezen worden? Welke boeken uit de Middeleeuwen worden nog op grote schaal gedrukt en door een breed publiek gelezen? Welke klassieke werken worden, behalve door classici en geplaagde middelbare scholieren, nog regelmatig door veel mensen gelezen? En al zóu dat gebeuren, dan zou dat meer uit historische interesse gebeuren, dan omdat zulke boeken tegenwoordig zo enorm actueel zijn.

Wat is er dan met de Bijbel aan de hand, dat het daarmee zo anders is? De Bijbel is niet zomaar een „oud" boek, we geloven rustig te kunnen stellen dat bepaalde gedeelten ervan zelfs tot de *oudste* bewaard gebleven geschriften behoren die de mensheid bezit. En toch worden ze door miljoenen mensen verslonden! Niet alleen maar uit historische interesse (die heeft de massa niet zozeer), maar ook omdat de mensen wel degelijk het belang van die Bijbel voor het leven in deze tegenwoordige tijd aanvoelen. De Bijbel werd duizenden jaren geleden geschreven, bijna geheel door mensen die tot hetzelfde onopvallende volkje in het Midden-Oosten behoorden en voor het grootste gedeelte in een tot voor kort dode taal. Hoe kan een dergelijk boek nog steeds miljoenen mensen boeien? Nederlanders lezen voornamelijk Nederlandse boeken, Duitsers voornamelijk Duitse, enz. Maar de Bijbel is geschreven in talen die bijna niemand in West-Europa kent - en toch kent een groot deel van de West-Europeanen hem vrij goed.

De Bijbel is een boek dat in elke periode in de wereldgeschiedenis past, of het nu een tijd van oorlog of van vrede was, of het nu de donkere tijd van de Middeleeuwen of de moderne eeuw van uitvindingen en techniek was, miljoenen mensen hebben op dat boek geteerd en gesteund en zijn er door geholpen en bemoedigd. Merkwaardigerwijs is dat niet verminderd naarmate wetenschap en techniek voortschreden, maar is de verspreiding van de Bijbel alleen maar toegenomen. Velen hebben uit eigen ervaring getuigd dat de Bijbel altijd nieuw en verfrissend blijft. Toen men Daniël Webster vroeg: „Van welk gedeelte van de Bijbel houdt u het meest?" antwoordde hij: „Van het gedeelte dat ik het laatst heb gelezen".

De opmerkelijke actualiteit van de Bijbel is ook universeel. Het is het enige boek ter wereld dat door mensen van iedere klasse en elke leeftijd gelezen wordt. Dat ontwikkelde mensen zelden met voldoening een kinderboek lezen, ligt net zo voor de hand als dat een kind niet zo snel een boek over wetenschap of filosofie zal bestuderen. Maar de Bijbel is anders. Hij wordt voorgelezen aan de kleuters en gelezen door de bejaarden. Kleine kinderen kunnen de verhalen en lessen van de Bijbel bevatten, terwijl geleerden zich verwonderen over de diep-zinnigheid van zijn inhoud. Van een dergelijk boek is de weerga in de literatuur onbekend.

Het unieke van zijn verspreiding

Vanwege de actualiteit van de Bijbel en de enorme belangstelling die er voor dit boek bestaat is het geen wonder dat de Bijbel ook uniek is wat betreft het aantal vertalingen en oplagen die ervan gemaakt zijn. De Bijbel behoort tot de eerste boeken die ooit vertaald zijn: rond 250 v. Chr. werd het complete Oude Testament in het Grieks vertaald. Deze overzetting noemt men de Septuaginta. Sindsdien is de Bijbel vele malen méér vertaald, hervertaald en geparafraseerd dan enig ander boek ter wereld. In 1997 was de hele Bijbel verschenen in 363 talen en dialecten, afzonderlijke Testamenten in 905 talen, terwijl in nog eens 929 andere talen gedeelten van de Bijbel waren uitgegeven; dat maakt samen 2197 talen. In 1975 waren deze aantallen resp. 261, 384 en 932, dat is samen 1577 talen. Alleen al tussen 1950 en 1960 waren er ongeveer 3000 bijbelvertalers aan het werk! Ook hierin is de Bijbel uniek.

Hetzelfde geldt voor de verkoopcijfers van de Bijbel. De Bijbel is gelezen door meer mensen, gepubliceerd in meer talen en verkocht in grotere aantallen dan enig ander boek ter wereld. Misschien dat in een heel korte periode (bijv. een maand) een bepaalde bestseller in een groter aantal werd verkocht dan de Bijbel; maar over lange perioden is er geen enkel boek waarvan de verkoopcijfers ook maar in de verste verte die van de Bijbel benaderen. De Bijbel was (wat het oudste deel betreft) het eerst geschreven boek - het was ook het eerst gedrukte boek van enige betekenis, in de vorm van de Latijnse Vulgaat, op de drukpers van

Gutenberg. Het is daarmee ook het kostbaarste boek ter wereld, want de Gutenberg-Bijbel brengt in verkoop meer op dan enig ander boek.

Sinds de uitvinding van de boekdrukkunst, o.a. door Gutenberg in Duitsland (zie afbeelding), is de Bijbel gedrukt en herdrukt als geen ander boek uit de geschiedenis. De gedrukte uitgave van Gutenberg is één van de kostbaarste boeken ter wereld. Het aantal Bijbels dat in de wereld verspreid wordt, neemt nog jaarlijks toe.

Sinds de uitvinding van de boekdrukkunst zijn letterlijk honderden miljoenen Bijbels van de persen gerold, met als top de eerste druk van de New International Version met 1,2 miljoen exemplaren, uitgegeven op 27 oktober 1978, de grootste eerste druk van een boek in de geschiedenis van de boekdrukkunst. Toen op 30 september 1952 de Revised Standard Version verscheen, waren er voor de eerste oplage één miljoen exemplaren gedrukt. Om aan de vraag naar Bijbels te kunnen voldoen moeten de bijbelgenootschappen en bijbeluitgevers meer dan één Bijbel of bijbelgedeelte per seconde publiceren, dag en nacht! Alleen al de bij de United Bible Societies aangesloten 125 bijbelgenootschappen verspreidden in het jaar 1997 meer dan 560 miljoen bijbels of bijbelgedeelten. Hoe de bijbelverspreiding nog steeds toeneemt, blijkt uit dit staatje:

	1970	1977	1997
Bijbels	5.159.032	8.914.078	20.035.360
Testamenten	11.717.092	11.127.235	18.553.174
Bijbelboeken	32.835.300	27.090.113	33.064.535
Selecties	123.692.991	319.559.658	489.980.307
Totaal	173.404.415	366.691.084	561.633.376

In Nederland ging het in 1997 om 81.505 Bijbels, 12.402 testamenten en 48.364 bijbelgedeelten. Wereldwijd neemt de vraag jaarlijks nog enorm toe. Er is geen twijfel aan: of we nu denken aan Homerus of Ovidius, Augustinus of Thomas van Aquino, Shakespeare of Dante, Goethe of Vondel, in zijn verspreiding slaat de Bijbel ze allemaal. Niemand kan ontkennen dat de Bijbel in dit opzicht uniek is.

Het unieke van zijn overlevering

Een boek dat met miljoenen verspreid wordt, loopt natuurlijk niet zo gauw gevaar verloren te gaan. Maar zo is het niet altijd geweest. De Bijbel werd oorspronkelijk geschreven op materiaal dat gemakkelijk verloren ging en moest gedurende vele eeuwen met de hand gekopieerd worden, voordat de boekdrukkunst werd uitgevonden. Vergeleken met andere antieke werken zijn er van de Bijbel vele malen méér handschriften bewaard gebleven dan van tien willekeurige klassieke werken tezamen. Enkele tientallen handschriften zijn voor een klassiek werk al heel wat, en die zijn dan gewoonlijk minstens duizend jaar jonger dan het oorspronkelijke geschrift. Maar van het Nieuwe Testament kennen we maar liefst meer dan 4000 Griekse handschriften en 13.000 handschriften van gedeelten ervan, en daarnaast nog ongeveer 9000 handschriften van de antieke vertalingen van het Nieuwe Testament (met name in het Latijn). Van het Oude Testament hebben we minder handschriften, maar in feite werd het nog zorgvuldiger bewaard. De oude rabbijnen hielden registers bij van alle letters, lettergrepen, woorden en alinea's van het Oude Testament en kenden speciale klassen van mannen wier enige plicht het was de heilige geschriften met de grootste nauwkeurigheid te bewaren en te kopiëren. Wie telde er ooit de letters, lettergrepen en woorden van Homerus of Tacitus...?

De nauwkeurigheid van de bijbeltekst is zelfs zo geweldig groot, dat bijvoorbeeld de tekst van Shakespeare (die pas enkele eeuwen oud is) heel wat minder precies en meer „corrupt" (d.i. onzeker, verminkt) is dan die van het Nieuwe Testament dat al ongeveer negentien eeuwen bestaat, waarvan veertien eeuwen in manuscript-vorm. In het hele Nieuwe Testament zijn misschien maar tien of twintig verzen waarover onzekerheid bestaat wat de juiste lezing is, overigens zonder dat daarbij de inhoud van die verzen al te zeer in het geding is. Maar in de toneelstukken van Shakespeare komen nog zeker honderd passages voor waarover onenigheid bestaat, en in het merendeel van de gevallen gaat het daarbij om grote verschillen in betekenis.

De Bijbel is echter niet alleen uniek wat zijn overleving door de (boekdruk-loze) tijd heen betreft, maar ook wat zijn overleving onder vele heftige aanvallen betreft. Eeuwen lang hebben mensen getracht hem te vernielen en te verbranden. Koningen en keizers maar ook godsdienstige leiders hebben zich daar met fanatieke ijver voor ingezet. De grote Romeinse keizer Diocletianus vaardigde in 303 n. Chr. het bevel uit alle christenen en hun heilige boek te vernietigen. Het werd de grootste aanval op de Bijbel in de geschiedenis: honderdduizenden christenen stierven en bijna alle bijbel-handschriften werden vernietigd. Toch dook de Bijbel al gauw weer op, en de ironie van de geschiedenis was dat reeds tweeëntwintig jaar later keizer Constantijn de Bijbel op het eerste algemene concilie tot onfeilbare autoriteit verhief. Tevens gaf hij Eusebius opdracht vijftig kopieën van de Bijbel te maken op kosten van de regering. Zoiets is vaker gebeurd. De beroemde Franse rationalist Voltaire die in 1778 stierf, pochte dat de Bijbel binnen honderd jaar alleen nog maar als antiquiteit te vinden zou zijn; maar binnen vijftig jaar na zijn dood gebruikte de Geneva Bible Society zijn drukpers en zijn huis om stapels Bijbels te produceren! Probeert u daarentegen nog maar eens iets van Voltaire te kopen; dat zal u niet meevallen.

Na het Romeinse Rijk volgden de Middeleeuwen. De roomse kerk onthield het volk de Bijbel zo effectief, dat eeuwenlang de Bijbel praktisch onbekend was. Zelfs Luther was volgens zijn zeggen al volwassen, voordat hij ooit een Bijbel zag. Op grond van conciliebesluiten en pauselijke banvloeken werden Bijbels in het openbaar verbrand en bijbellezers werden door de Inquisitie veroordeeld en gemarteld en verbrand. Pas na de Hervorming kwam hierin langzaam verandering. Maar daarna ontstond, juist in de schoot van het protestantisme, een nieuwe reeks aanvallen, van een nieuw soort: de aanvallen van de „bijbelkritiek". Met name in Duitsland kwam een heel leger van rationalisten op dat de meest wilde en heftige aanvallen uitdacht. Maar de Bijbel is sindsdien meer verspreid, meer gelezen en meer geliefd dan ooit. De aanvallers zijn gestorven, hun aanvallen zijn allang weerlegd, en de Bijbel staat nog steeds als een rots.

Welk boek is daarmee te vergelijken? De Bijbel is het meest verspreide, *want* het meest geliefde boek ter wereld. Maar het verbazingwekkende is dat het tegelijkertijd het meest gehate en bekritiseerde boek ter wereld is. Geen hoofdstuk, geen regel in de Bijbel is voor kritiek gespaard gebleven; is er een tweede boek in de literatuur aan te wijzen waar dat voor geldt? Ja, er zijn talloze andere boeken eveneens grondig bekritiseerd; maar die zijn dan ook voorgoed in vergetelheid geraakt. Maar de tijd van de scherpste bijbelkritiek is tevens de tijd van de meest gigantische bijbelverspreiding geworden. We hopen later nog overvloedig gelegenheid te hebben te wijzen op de vele aanvallen die op de Bijbel gedaan zijn en volslagen ongegrond zijn gebleken. Nu gaat het ons erom dat de Bijbel in de wijze waarop hij de eeuwen en de aanvallen getrotseerd heeft, uniek is. Geen zinnig mens kan dat ontkennen.

Uniek in zijn literaire karakter

Het is eigenlijk heel merkwaardig te bedenken dat de Bijbel niet ontstond in Alexandrië (Egypte) of Athene (Griekenland), centra van wetenschap en beschaving, en dat de schrijvers vaak onontwikkelde mensen waren. Zij waren geen grote geleerden, ja, spraken wat hun eigen taal betreft soms niet eens het „algemeen beschaafd"; Petrus sprak het dialect van zijn streek. De joodse leiders verbaasden zich erover dat de apostelen (onder wie enkele van de latere schrijvers van het Nieuwe Testament) ongeschoolde en eenvoudige mensen waren - bepaald niet de personen van wie men literaire meesterwerken verwacht. En toch is de Bijbel een verzameling literaire meesterwerken geworden, en dat niet alleen voor de oude Hebreeën of de vroege Griekssprekende christenen, maar ook in de talen van alle beschaafde volken. Hoewel geschreven door mensen van een klein, behoudend volk - beslist niet een volk dat nu zoveel belangstelling voor andere volken of voor wereldzending had! - is hun boek een wereldboek, dat niet de beperktheid van een kleine antieke groep vertoont, maar in de talen waarin het vertaald werd. onmiddellijk het grootste literaire werk in die taal werd.

Dit is werkelijk uniek. Het Nederlands dat wij spreken, is gevormd door en ontwikkeld uit de grootse literaire taalschat van de Statenvertaling. Het Hoogduits is helemaal „gemaakt" door de oude

Het Nederlands dat wij spreken is voor een goed deel gevormd door de Statenvertaling, die op last van de ,,Hoogh Mogende Heeren Staten Generael", ter synodevergadering te Dordrecht bijeen in 1618/19, gemaakt is en gereedkwam in 1637.

Lutherbijbel. Het Engels heeft zijn beslag gekregen door de taal van de Authorised Version (de zgn. King James-vertaling). Met het oog op de Engelse uitgave van de Bijbel zei Frederick Starrison eens op een college in Oxford dat het „het beste dat onze literatuur in natuurlijk, edel proza geven kan" is. En Thomas Carlyle schreef over de inhoud van de Bijbel: „Het is de prachtigste proeve van literatuur, die ooit uit een menselijke pen is gevloeid!" En hij, zelf een meester van de pen, kon daarover oordelen! De grote Engelse historicus Froude, hoewel geen christen, heeft gezegd: „De grondig gekende Bijbel is een literatuur op zich, de zeldzaamste en de rijkste op alle gebieden van het denken".

Sir William Jones, volgens de Encyclopedia Britannica één van de grootste taalkundigen en kenners van het Oosten die Engeland ooit heeft voortgebracht, schreef op het laatste blad van zijn Bijbel: „Ik heb deze Heilige Schriften regelmatig en aandachtig gelezen en ben van mening dat dit boek (...) meer verhevenheid en schoonheid, meer zuivere zedelijkheid, meer belangrijke geschiedenis en schonere passages van poëzie en welsprekendheid bevat, dan in alle andere boeken gevonden kan worden, in welke eeuw of taal zij ook geschreven mogen zijn". En volgens (de niet-christen) Arthur Brisbane bevat de Bijbel „schitterende voorbeelden van grote literatuur in elke vorm: lyrische poëzie - de Psalmen; epische poëzie - Genesis; dramatische poëzie - Job; historische vertelkunst - de boeken van Samuël, Koningen, Kronieken; landelijke idylle - Ruth; vaderlandsliefde - Esther en Daniël; praktische wijsheid - Spreuken; filosofische bespiegelingen - Prediker; hartstochtelijke welsprekendheid - Jesaja; korte verhalen - de Evangeliën; brieven - de verschillende epistels van het Nieuwe Testament; mystieke vervoering - de Openbaring".

Een dergelijk letterkundig meesterwerk kon niet nalaten grote invloed uit te oefenen op de wereldliteratuur.

Sinds 1900 jaar bestaat er één lange literaire stroom die door de Bijbel geïnspireerd is: bijbelse woordenboeken, encyclopedieën, lexicons en atlassen, maar ook duizenden werken over theologie, godsdienst-onderwijs, hymnologie, de zending, de bijbelse talen, kerkgeschiedenis, religieuze biografieën, stichtelijke werken, commentaren, godsdienstfilosofische, apologetische, dogmatische werken enz. enz. En dan spreken we nog niet eens over de duizenden gedichten, novellen, romans, liederen, mirakelspelen en toneelstukken. Van de Hoofdpersoon van de Bijbel, Jezus Christus, schreef de Yale-historicus K. S. Latourette; „Het is een aanwijzing voor Zijn belangrijkheid, voor de uitwerking die Hij op de geschiedenis gehad heeft en vermoedelijk voor het raadselachtige mysterie van Zijn wezen, dat geen ander wezen ooit levend op deze planeet zo'n geweldig volume aan literatuur onder zo vele volken en talen heeft teweeggebracht, en dat de vloed, verre van weg-ebbend. nog steeds blijft stijgen".

Uniek in zijn morele karakter

Nog belangrijker dan het literaire is het unieke morele karakter van de Bijbel. Zowel christenen als niet-christenen hebben erkend dat de klassieke werken van de antieke beschavingen en de heilige oosterse boeken geestelijk dor zijn, en soms zelfs opvallen door hun grove immoraliteit. Prof. Max. Muller durfde de boeken van de hindoes niet letterlijk te vertalen om niet aangehouden te worden wegens het publiceren van pornografie. Er is een niet te overbruggen morele kloof tussen de Bijbel enerzijds en welke religieuze geschriften dan ook anderzijds. Het unieke van de Bijbel zit hem namelijk hierin dat hij een systeem van moraliteit onderwijst, dat radicaal indruist tegen het normale besef van de mens. Een moraal die bijvoorbeeld inhoudt dat we onze vijanden moeten liefhebben en wél moeten doen aan degenen die ons haten en vervolgen, die inhoudt dat een wellustige blik overspel en haat moord is, kan bepaald uniek genoemd worden.

De Bijbel is ongetwijfeld door mensen op schrift gesteld. En toch hebben die mensen zo totaal anders geschreven dan mensen dat altijd elders hebben gedaan. De mensen beschrijven zichzelf gewoonlijk niet zo ongunstig als in Romeinen 3:10-23 gebeurt („Er is niemand, die doet wat goed is, zelfs niet één"). Ook vertellen ze gewoonlijk niet zo gemakkelijk hoe zij zonder slag of stoot door de duivel overwonnen werden (Genesis 3). En welke mensen zouden ooit een hel hebben uitgedacht als de eeuwige straf voor zonde en ongeloof, of een eeuwige gelukzaligheid hebben verzonnen voor schuldigen, die *zonder* de geringste eigen verdienste, door pure genade, zijn ontheven van een straf die zij evengoed als de verlorenen hadden verdiend? Normaal zoekt de mens Gods gunst altijd als een beloning voor zijn „goedzijn"; zijn religie is altijd een recept ter verbetering van karakter en gedrag. Maar deze gedachte is volkomen vreemd aan de Bijbel, waarin mensen door God gedreven verkondigen dat het verlost worden *genade is,* een geschenk van God die verloren mensen redden wil; dat de mens hopeloos verloren is, en niets anders voor zijn redding kan „doen" dan geloven in Jezus Christus.

Men ziet dit hele verschil in de wijze waarop over de zonde gesproken wordt. De mensen zijn gewoonlijk geneigd om licht over het kwaad te denken. Ze noemen zonde een fout, een tekortkoming of een slechte gewoonte. Maar de Bijbel noemt zonde opstand tegen de heilige en rechtvaardige wil van God.

Neem seksuele zonden. De mensen zijn gewoonlijk geneigd als zij over seksuele onderwerpen spreken óf preuts te zijn óf er wellust aan te beleven. De Bijbel doet dat totaal anders; hij is nooit preuts, maar noemt seksueel kwaad keihard bij de naam; hij is ook nooit wellustig, maar kondigt onverbloemd het oordeel over deze zonden aan. In positieve zin, namelijk waar de seksualiteit binnen het húwelijk beleefd wordt, beschouwt de Bijbel die als een geschenk van God. Uit hun eigen onreine gedachteleven hebben sommigen de Bijbel een zedeloos boek genoemd, omdat hij zo onbewimpeld de zonden van vele hoofdpersonen nauwkeurig beschrijft. Hoe absurd deze beschuldiging is, blijkt uit het feit dat in het Oude Testament seksuele zonden met de dood gestraft werden, en het Nieuwe Testament nog strenger oordeelt als er geen bekering van het kwaad is.

De morele standaard van de Bijbel blijkt misschien nergens duidelijker dan in het feit dat hij zo onverbloemd de zonden en zwakheden van zijn edelste en meest geliefde hoofdfiguren opsomt. Sommigen hebben dit juist als een argument tégen de Bijbel gebruikt en beweerden (zonder veel zelfkennis) dat de hoofdpersonen in de Bijbel minderwaardige, onedele lieden waren, aan wie we beter geen aandacht kunnen schenken. Wel, inderdaad, Noach werd dronken; David maakte zich schuldig aan echtbreuk en moord en Petrus vloekte en zwoer. Dat was verkeerd, maar waren ze zo uitzonderlijk? De Bijbel tekent gewoon de mens zoals hij is! Ook de aantrekkelijkste en edelste mens is niet beter dan wie ook. De Bijbel is levensecht - op unieke wijze. Laten we ons eens indenken dat de Bijbel door een godsdienstig genootschap was samengesteld en uitgegeven, zouden we dan ooit iets gehoord hebben over de sluwe leugen van Abraham, de laffe verloochening van Petrus, de dwaze afgoderij van Salomo, de schande van Lot, het bedrog van Jakob, de twist tussen Paulus en Barnabas of de eigengereidheid van Mozes? Geen sprake van. Een commissie van eerbiedwaardige geestelijken zou ons een Bijbel voorgeschoteld hebben vol vlekkeloze mensen, toonbeelden van onberispelijke vroomheid en heilige wandel, en niet een Bijbel van de arme, ellendige zondaren die zij in werkelijkheid waren. Sterker nog: sommige bijbelschrijvers schamen zich zelfs niet voor een beschrijving van hun *eigen* zonden, zoals Matteüs, Johannes en Paulus. Welke andere boeken kan men aanwijzen die dergelijke opmerkelijke karaktertrekken vertonen?

Maar ligt hier ook niet de kiem van de emoties rond de Bijbel? Het absoluut unieke morele karakter van dit boek dwingt de mens onherroepelijk tot een keus, een beslissing. Niemand schijnt onbewogen en neutraal tegenover de Bijbel te kunnen blijven staan. Is dat wellicht niet de reden dat de Bijbel het meest verkochte, meest verspreide, meest vertaalde en meest gelezen, maar ook het meest gehate boek ter wereld is? Is dát de reden dat geen boek zo aangevallen, bekritiseerd, bestreden en vernietigd is als de Bijbel? Haten zij de Bijbel misschien om dezelfde reden waarom de misdadiger de wet haat op grond waarvan hij gestraft wordt?

Maar ook het omgekeerde is waar: de Bijbel is, zoals gezegd, ook het meest geliefde boek ter wereld. Christus zei eens van de valse profeten: „Aan hun vruchten zult gij hen kennen... Iedere goede boom brengt goede vruchten voort, maar de slechte boom brengt slechte vruchten voort". Precies hetzelfde kan van de Bijbel gezegd worden. Als zijn moraal niet alleen uitzonderlijk en interessant, maar werkelijk goed en nuttig is, kortom, als de Bijbel een *goed* boek is, dan moet dat blijken uit de vruchten die hij voortbrengt. Marcus Aurelius, Confucius en andere moralisten hebben hoogstaande standaardwerken over de ethiek geschreven. Maar wie kent er een voorbeeld van dat ooit een mens tot een werkelijk goed en heilig leven gebracht is door deze boeken te bestuderen? Zij presenteren een bepaald ideaal, maar de praktijk leert dat zij de kracht missen die kennelijk alleen de Bijbel bezit, om de gevallen mens ook tot het niveau van dat ideaal te verheffen.

De Bijbel doet dit door ons in contact te brengen met Jezus Christus, die de gevallen mens niet „opknapt", maar voor hem gestorven is. De gevallen mens is in en met Christus gestorven - tenminste, dat mag volgens het getuigenis van de Bijbel degene weten die Christus in waarachtig geloof heeft aangenomen - en hij is in de opgestane Christus een volkomen, nieuwe mens geworden, een nieuwe schepping. Het grote bijbelse antwoord op het morele probleem van de moderne mens is persoonlijke, geestelijke wedergeboorte, ware innerlijke levensverandering - niet bekering tot een systeem maar tot een Persoon - en een oprecht en levend geloofsvertrouwen in de opgestane Here Jezus Christus.

HOOFDSTUK 2

Van kleitablet tot boekdrukkunst

Wij vinden het vanzelfsprekend dat wij naar een winkel kunnen stappen en een gedrukte Bijbel kunnen kopen. Dat is ook wel eens anders geweest. Eeuwenlang moesten de christenen in Europa het, wat de inhoud van de Bijbel betreft, doen met voorstellingen in houtsnijwerk en op gebrandschilderde ramen in kerken en met uitbeeldingen zoals in mirakelspelen...! Verder moesten ze zich tevreden stellen met het voorlezen van de Bijbel (gewoonlijk in het Latijn!) in de kerk, zoals de joden het moesten hebben van de voorlezing van hun heilige wetsrollen in de synagogen en van hun Talmoed-studies (zie hoofdstuk 3). De Bijbel was niet voor het gewone volk. Dat kwam natuurlijk ook doordat er (door het ontbreken van de boekdrukkunst)

▲ Een van de oudste materialen om op te schrijven was klei. Deze kleitabletten van Ebla zijn er een voorbeeld van. In de zachte klei werden met een stift de tekens gedrukt.

maar zo weinig Bijbels waren, afhankelijk als hij was van kopiëring door mensenhanden. We kunnen ons nu nauwelijks voorstellen dat een boek waarvan de oudste delen minstens 3400 jaar oud zijn, gedurende *85%* van zijn bestaan afhankelijk is geweest van vermenigvuldiging door eindeloos overschrijven!

Als we zeggen dat die oudste delen van de Bijbel minstens 3400 jaar oud zijn, dan bedoelen we dat de Bijbel in zekere zin *ontstaan* is toen het volk Israël, na zijn spectaculaire uittocht uit Egypte, bij de berg Sinaï (in de tegenwoordige Sinaï-woestijn) was aangekomen. Hun grote leider Mozes beklom de berg, die gehuld was in vuur en rook, verbleef daar veertig dagen en later nog eens veertig dagen, en sprak daar volgens de Bijbel met Jahweh, de God die hemel en aarde geschapen had en die daar op de Sinaï met Israël een verbond sloot. En wat ons nu vooral interesseert: die God sprak volgens Exodus 34: 27 tot Mozes:

„*Schrijf u deze woorden op,* want op grond van deze woorden heb Ik met u en met Israël een verbond gesloten". Mozes had al eens eerder een dergelijke opdracht gekregen (Exodus 17:14) en was ook bij de Sinaï al eerder uit zichzelf gaan schrijven: alle woorden van Jahweh

Een luchtfoto van de Djebel Musa in het zuiden van het Sinaï-gebied. Deze berg is te vinden in het zuiden van het Sinaï-gebied en wordt traditioneel geïdentificeerd als de berg Sinaï of Horeb waar God via Mozes aan het volk zijn wetten gaf.

schreef hij in wat genoemd wordt het „boek van het verbond" (Exodus 24:4,7). Ook gedurende de verdere, veertigjarige woestijnreis lezen we meermalen dat Mozes de reis en de lotgevallen van het volk beschreef (Numeri 33:2) en hun wetten opschreef in een boek (Deuteronomium 31:9, 19, 22, 24-26).

Wie schreef de Pentateuch?
Als we ons even niets aantrekken van allerlei moderne theologische hypothesen (die bijvoorbeeld de boeken van Mozes een heel wat geringere ouderdom toeschrijven) en eenvoudig de uitspraken van de Bijbel zélf serieus nemen, dan kunnen we niet anders dan concluderen dat Mozes globaal gesproken de boeken Genesis tot en met Deuteronomium, zoals we die in onze Bijbel hebben, geschreven moet hebben. Wie dat ontkent, moet wel sterke argumenten hebben om tegen de duidelijke uitspraken van de Bijbel te willen ingaan. Talloze gedeelten in deze boeken werden rechtstreeks tot Mozes gesproken en we lezen zoals gezegd meermalen uitdrukkelijk dat Mozes de woorden van God in boeken opschreef (wat niet uitsluit dat hij deze woorden aan anderen gedicteerd kan hebben, of dat een redactor enkele verzen later heeft toegevoegd, zoals bijvoorbeeld Numeri 12: 3 en Deuteronomium 34). Mozes was daarvoor bij uitstek geschikt. Door zijn opvoeding was hij een ontwikkeld man (vgl. Handelingen 7:22), hij bezat (wat eventuele latere auteurs in Palestina níet bezeten zouden hebben) een nauwkeurige kennis van het klimaat en de geografie van Egypte en de Sinaï-woestijn (waarvan de Pentateuch - de „vijf boeken van Mozes" - duidelijk getuigenis aflegt), en hij was vertrouwd met de vroege geschiedenis van de Hebreeën (de voorvaders van Israël). Als de politieke en geestelijke leider van de twaalf stammen van Israël was hij de aangewezen man om deze boeken te schrijven - en hij had er in de veertig jaar dat de omzwervingen in de woestijn duurden ook ruimschoots de tijd voor.

Ook de latere delen van de Bijbel spreken zich duidelijk uit over dit auteurschap van Mozes; zie bijvoorbeeld Jozua 8:31-34; 23:6; I Koningen 2:3; 2 Kronieken 25:4; 35:12; Nehemia 8:2; Marcus 12:19. Ook de apostelen (bijvoorbeeld Romeinen 10: 5) en Christus zélf (zie vooral Johannes 5: 45-47) schrijven de wetboeken uitdrukkelijk aan Mozes toe. En dit is ook het getuigenis van de joodse (zie de apocriefe boeken, de Talmoed en antieke schrijvers als Philo en Flavius Josephus) en de vroeg-christelijke traditie, zoals uit de geschriften van verschillende kerkvaders en uit oude canonieke lijsten blijkt. Tegenover de bewering van bepaalde modernistische theologen dat de Pentateuch pas bijna duizend jaar later geschreven zou zijn, staat bijvoorbeeld ook de interessante bevinding dat de literaire structuur van het boek Deuteronomium en de vorm van zijn onderwijs kenmerkend zijn voor het tweede millennium (2000-1000) v. Chr. en nu juist niet voor het eerste millennium v. Chr. Dit is onder andere gebleken door vergelijking met gegevens uit Hetitische archieven.

De hele stijl en het geografische woordgebruik is trouwens die van de tijd rond Mozes, en dit geldt ook voor andere boeken. In de beschrijving van de woestijnreis in het boek Numeri vinden we allerlei bijzonderheden die voor het trekkende volk zelf van groot belang waren (zoals de marsorde en de wijze van legering; hoofdstuk 1-4 en 10), maar waarvan men zich nauwelijks kan voorstellen dat een auteur 800 jaar later ze zo nauwkeurig en uitvoerig in zijn geschrift zou hebben opgenomen. Ook allerlei opmerkelijke Egyptische invloeden, hetzij in de geografie (Numeri 13: 22) hetzij in het woordgebruik, zijn praktisch niet te verklaren, tenzij men uitgaat van een auteur uit het tweede millennium die een grote kennis van Egypte had. De vermelding van zeer oude gebruiken (zoals de verbondssluiting in Genesis 15) en het voorkomen van antieke spellingswijzen in het Hebreeuws wijzen even-eens op een zeer hoge ouderdom.

Afwijkende opvattingen

Nu zal wellicht menigeen zich afvragen of het er nu veel toe doet of de Pentateuch duizend jaar ouder of jonger is en of Mozes er nu de auteur van is of een andere vrome Israëliet. Inderdaad doen deze vragen op zichzelf niets aan de waarde van de Pentateuch toe of af. Maar toch hebben we hier met een heel fundamenteel vraagstuk te maken. Want als het getuigenis van de Bijbel zelf zó duidelijk vóór het auteurschap van Mozes ten aanzien van de Pentateuch pleit, dan moet men zich toch afvragen hoe het dan komt dat de meeste theologen tegenwoordig geloven, dat het verhaal dat Mozes er de auteur van is, maar een vrome legende is. Zij menen dat deze boeken pas vele eeuwen later ontstonden, als vrucht van de geleidelijke optekening van allerlei (vaak tegenstrijdige) mondelinge overleveringen, die alleen een religieuze betekenis zouden hebben en historisch van weinig betekenis zouden zijn.

We moeten deze theorie hier wel even noemen, omdat zij in de moderne theologie zo'n grote rol speelt, en we zullen er later dan ook uitvoerig op terugkomen. Op dit ogenblik volstaan we ermee te zeggen dat wij deze theorie volledig afwijzen, omdat zij niet gegrond is op exegetische en contextuele argumenten, maar veel meer stoelt op een soort wijsgerig denken uit de tijd van de Verlichting (18e eeuw). Dit rationalistische denken beïnvloedde de hele cultuur en last but not least ook de theologie. Deze invloed uitte zich vooral op twee manieren: ten eerste door een afkeer van alles wat bovennatuurlijk en wonderbaarlijk was. De idee van de „inspiratie", het spreken van God en de wonderen van de Bijbel werden daarmee naar het rijk der fabelen verwezen. Men wilde de mensen doen geloven dat wonderen „onwetenschappelijk" waren, maar we zullen laten zien dat dit een ernstig misverstand is.

De tweede uiting van het „verlichte" denken in de theologie was het evolutionisme, dat een heel nieuwe kijk gaf op het ontstaan van de wereld en van de mens, maar ook op de ontwikkeling van de godsdienst. De geschiedenis en religie van Israël werden door veel theologen voortaan evolutionistisch geïnterpreteerd, en ook hier deden zij dat omdat zij meenden dit aan de nieuwe ontwikkelingen in de natuurwetenschap verplicht te zijn. Als niet-biologen hadden zij er, zeker in de eerste geestdriftige opkomst van de evolutieleer, moeite mee filosofie van wetenschap en beweringen van feiten te onderscheiden. Ook na de opkomst van de neo-orthodoxie, een reactie op het negentiende-eeuwse modernisme dat in het begin van deze eeuw opkwam, bleven veel theologen tegenover het publiek volhouden dat het moderne natuurwetenschappelijke wereldbeeld de „moderne mens" nu eenmaal noopte de traditionele visie op én het ontstaan én de inhoud van Genesis totaal te herzien.

Genoeg daarover op dit moment. Met duizenden natuurwetenschappers en duizenden theologen over de hele wereld zijn wij overtuigde tegenstanders van dit anti-supernaturalisme (afkeer van het bovennatuurlijke) en het evolutionisme, en we voelen dus niet de minste behoefte de traditionele, krachtig op de Bijbel steunende visie op Genesis en de rest van de Pentateuch prijs te geven. Bovendien zijn we ons ervan bewust dat we in dit opzicht de archeologie aan onze zijde hebben. Er zijn vandaag talloze archeologische aanwijzingen voor de hoge ouderdom van de Pentateuch, zoals we al enigermate gezien hebben. De archeologie heeft ons bijvoorbeeld inlichtingen verschaft over de ouderdom van de literaire structuur van de boeken der Pentateuch, heeft ons enorm veel verteld over de historische en culturele achtergrond van het tijdvak dat Genesis beschrijft, waardoor wij nu weten dat de verhalen van de aartsvaders helemaal niet legendarisch van karakter zijn, en heeft door de vele ontdekte parallellen met de wetten van andere oude volken de ouderdom van de Pentateuch bevestigd.

Archeologische vondsten

De interessantste vondst op dit gebied is ook de recentste, en schijnt zo belangrijk te zijn dat zij die van de Dode-Zeerollen misschien nog overtreft. Een Italiaans team van archeologen ontdekte in 1975 in Tell

Mardich (Syrië) na jaren van onderzoek 15.000 kleitabletten, afkomstig van het oude koninkrijk Ebla uit de tijd vóór Abraham (2400-2250 v Chr.).

Op dit ogenblik is deze vondst voor ons verhaal om twee redenen interessant. Het is in de eerste plaats een nieuwe bevestiging dat de schrijfkunst veel en veel ouder is dan men vroeger meende. Toen de Pentateuch-kritiek opkwam, meende men dat de mensen in Mozes' dagen niet of nauwelijks konden schrijven (hoewel uit Richteren 8: 14 al blijkt, dat zelfs jongens het konden). Maar we weten vandaag dat deze oude pijler van de bijbelkritiek gevallen is; de schrijfkunst was al eeuwen vóór Abraham zelfs gemeengoed. Vele vondsten in Soemer, Egypte en Babel, en nu weer in Ebla hebben dat overtuigend aangetoond. Eén van de belangrijkste argumenten waarom Mozes nooit de Pentateuch geschreven zou kunnen hebben, is daarmee volslagen ongegrond gebleken.

Het is wel even de moeite waard ons te bezinnen op de vraag hoe het dan toch kwam, dat de bijbelcritici uit de vorige eeuw er zo van overtuigd waren dat de schrijfkunst eeuwen jonger was dan die in werkelijkheid is. Dit was eenvoudig weer een consequentie van evolutionistisch denken. Men was er bij voorbaat van overtuigd dat hoe verder men in het verleden terugging, hoe primitiever de mensen en volken werden. Kenmerken van een hoge beschaving, waartoe men de schrijfkunst en bijvoorbeeld het monotheïsme rekende, konden daarom niet anders dan betrekkelijk jong zijn. Groot was dan ook de verbazing

▲ De toegangspoort tot de stad en het koninklijk paleis van Ebla. In het koninklijk archief werden de kleitabletten gevonden.

van deze evolutionisten, toen zij ontdekten dat de oudste Soemerische en Egyptische beschavingen al zo buitengewoon hoog ontwikkeld waren en een betrekkelijk vergevorderde wiskunde, architectuur, astronomie, technologie en kunst kenden. En nog opmerkelijker was de ontdekking dat aan deze hoge beschavingen geen langzame en geleidelijke culturele evolutie was voorafgegaan, maar dat ze als paddestoelen uit de grond waren geschoten. Voor hen die op wetenschappelijke gronden de evolutieleer afwijzen en vasthouden aan de historische betrouwbaarheid van Genesis 1-11, is dit geen probleem, omdat voor hen deze oude beschavingen eenvoudig de culturele prestaties van kort ná de wereldwijde zondvloed betekenen. Bij een juiste hantering van de wetenschappelijke dateringsmethoden blijken de primitieve tijden die verondersteld worden aan deze beschavingen vooraf te zijn gegaan, vanzelf weg te schrompelen. Daarover later meer (zie hoofdstuk 7 en 8).

De vondsten die in 1975 in Tell Mardich gedaan zijn, zijn om nog een tweede reden heel belangwekkend. Zij tonen aan dat soortgelijke geschiedenissen als wij in Genesis vinden, al eeuwen vóór Mozes op kleitabletten waren vastgelegd, en dit werpt een verrassend nieuw licht op een al wat oudere, interessante theorie van P. J. Wiseman („Ontdekkingen over Genesis", De Haan, Groningen, 1960). Op grond van allerlei literaire kenmerken van het boek Genesis concludeerde hij dat dit boek waarschijnlijk oorspronkelijk in zeer oud schrift op kleitabletten geschreven werd, en wel door de aartsvaders zelf, die het best van de gebeurtenissen op de hoogte waren. Mozes zou dan zelf de samensteller van het boek zijn, zoals het nu voor ons ligt, en zou zelf in het boek aanduiden welke de bronnen zijn waaruit hij geput heeft (bijvoorbeeld door de formule: „Dit is de geschiedenis [= het geslachtsregister, de nakomelingen, enz.; *toledoth]* van..." , die onder andere in Genesis 2: 4; 5: 1; 6: 9; 10:1 voorkomt en het begin of het eind van een kleitablet zou aanduiden). Vanwege de goede wetenschappelijke grondslagen van deze theorie en de vele problemen die zij oplost, geloven we dat zij van groot belang is, zeker in het licht van de gevonden kleitabletten. Ook hier willen we later dieper op ingaan.

Schrijfmaterialen

Het ontstaan van de Bijbel zou dus al vele eeuwen voor Abraham begonnen kunnen zijn met de beschrijving van de oudste geschiedenis op kleitabletten. Zulke tabletten werden ingegraveerd met een scherp instrument en daarna gedroogd om ze te kunnen bewaren (vergelijk Jeremia 17: 13; Ezechiël 4: 1). Dit materiaal was buitengewoon goed houdbaar, heel wat beter dan het papyrus dat vanouds ook gebruikt werd, maar dat wel veel praktischer was. Het papyrusriet groeide in de ondiepe meren en rivieren van Egypte en Syrië. Grote scheepsladingen papyrus werden via de Syrische haven Byblos verzonden, en men vermoedt dat van dit woord het Griekse woord *biblos* of *bublos is* afgeleid, dat „papyrusplant" en daarvandaan ook „papier, geschrift, boek, brief" betekent. Voor deze laatste betekenissen wordt gewoonlijk *biblion* gebruikt (vergelijk „bibliotheek"). Het meervoud daarvan is *biblia („boeken"),* waarvan het woord „Bijbel" is afgeleid. Van „papyrus" is weer ons woord papier afkomstig.

De papyrus-rietstengels werden afgestroopt en in lange repen gesneden en vervolgens geplet en in twee lagen (haaks op elkaar gelegd) samengeperst. Wanneer het materiaal gedroogd was, werd het witachtige oppervlak glad gepolijst met een steen o.i.d. In de Bijbel komt de papyrus („bies") voor in Exodus 2:3; Job 8: 11 en Jesaja 18:2, hoewel niet als schrijfmateriaal. Wel vinden we in 2 Johannes 12 het woord *chartès* (vgl. „charta"), dat een vel papier gemaakt van papyrusriet betekende. Op dit „papier" werd geschreven met inkt (gewoonlijk een mengsel van houtskool, gom en water) en een pen, gemaakt van een stuk riet dat met een schrijversmes werd gepunt (vgl. Jeremia 8: 8; 36: 23; 3 Johannes 13). Het idee van een ganzenpen schijnt van de Grieken in de derde eeuw v. Chr. afkomstig te zijn.

Volgeschreven papyrusvellen werden tot zeer lange stroken aan elkaar gelijmd en daarna op een stok opgerold. Zo ontstond een „boekrol", meestal aan één kant beschreven, maar soms ook aan twee zijden (Openbaring 5: 1). De gemiddelde rol was zo'n zes tot tien meter lang, maar er zijn ook rollen bekend van ruim veertig meter lengte. Papyrus bleef in gebruik tot de zevende eeuw n. Chr., toen de verovering van Egypte door de Arabieren een eind maakte aan het gebruik van papyrus als schrijfmateriaal. Al eeuwen tevoren was echter een ander schrijfmateriaal in gebruik gekomen, namelijk perkament. In het Grieks heet dit *membrana* (vgl. ons woord „membraan") terwijl het woord „perkament" komt van de naam van de stad Pergamum in Klein-Azië (vgl. Openbaring 2:12), waar dit materiaal een tijdlang in het bijzonder werd vervaardigd. Perkament werd gemaakt van de geschoren en geschuurde huiden van schapen, geiten, antilopen en dergelijke dieren. Perkament van kalfshuid werd *vellum* genoemd. Vellum werd dikwijls purper ge-kleurd en daarop werd dan met goud of zilver geschreven; er zijn verschillende kostbare bijbelhandschriften op vellum bekend.

In de tijd van het Nieuwe Testament werd perkament, dat houdbaarder en kostbaarder was dan papyrus, hoofdzakelijk voor waardevolle documenten gebruikt. In 2 Timoteüs 4:13 vraagt de apostel Paulus aan Timoteüs om voor hem zijn mantel mee te brengen en ook

de „boeken", vooral de „perkamenten". Hier ging het dus om boekrollen, gedeeltelijk van papyrus, gedeeltelijk van perkament (misschien waren deze laatste kostbare documenten gedeelten van het Oude Testament). Niet lang na de apostolische tijd, in de derde eeuw n. Chr., kwam een heel nieuwe boekvorm in gebruik, namelijk de codex, een boek met bladzijden zoals wij dat kennen. De vellen van papyrus of perkament werden nu aan beide zijden beschreven en als bladen van een boek samengevoegd. Sommigen menen dat de snelle opkomst van het christendom en de grote behoefte aan geschriften tot de ontwikkeling van deze zoveel handzamere boekvorm leidde.

Behalve aan de aard of staat van het schrijfmateriaal kan men de juiste ouderdom van een boekrol of codex ook afmeten aan de gebruikte schrijfmethode: de grootte en vorm van de letters, de leestekens, de

▲ Voordat het boek in gebruik kwam met bladzijden zoals het boek waar u nu in leest, gebruikte men vaak de boekrol. Stroken papyrusvellen of perkament werden aan elkaar gehecht, zodat rollen van 6 à 10 meter ontstonden.

indeling van de tekst en de schrijfversieringen. Wat de gebruikte lettertypen betreft, onderscheidt men het schrijven in *uncialen* of *majuskels* (hoofdletters) en in *minuskels* (kleine letters), oftewel in blokletters dan wel in schrijfletters. De manuscripten die deze lettertypen bevatten, worden zelf ook uncialen respectievelijk minuskels genoemd. Vanaf de negende eeuw verdrongen de minuskels de uncialen snel. Een ander typisch kenmerk van de schrijfwijze op de manuscripten (of „handschriften") is, dat zowel de Griekse als de Hebreeuwse handschriften doorlopend geschreven werden, zonder onderbrekingen tussen de woorden. Bovendien werden de Hebreeuwse handschriften tot ± 900 n. Chr. zonder klinkers geschreven (zie hoofdstuk 3).

De groei van het Oude Testament

Na deze korte uiteenzetting over de manieren waarop de bijbelboeken geschreven werden, zullen we eens nagaan hoe de Bijbel zelf geleidelijk groeide. Zoals we zagen, stammen de oudste delen van de Bijbel misschien al uit de vroegste tijd van de geschiedenis, van lang vóór de zondvloed die rond 5000 v . Chr. over de hele wereld moet hebben plaatsgevonden. Deze oude geschiedenissen werden dan waarschijnlijk vastgelegd op kleitabletten en kwamen via de aartsvaders in het bezit van Mozes, die ze samenvoegde en redigeerde tot het boek Genesis. Zelf schreef hij gedurende de woestijnreis de boeken Exodus, Leviticus, Numeri en Deuteronomium. Het laatste hoofdstuk van Deuteronomium (dat de dood van Mozes beschrijft) is wellicht toegevoegd door Jozua, die mogelijk ook het boek Jozua geschreven heeft (vgl. Jozua 24: 26). Geleidelijk groeide het aantal heilige boekrollen, en we mogen aannemen dat in de dagen van koning Salomo ook de boeken Richteren, Ruth en Samuël gereed waren, al is het mogelijk dat naderhand nog delen aan deze boeken zijn toegevoegd.

Toen de Babylonische ballingschap van Juda begon, waren ook de boeken Koningen (althans in eerste versie), Psalmen, Spreuken, Prediker, Hooglied en verschillende profetische boeken (Jesaja en enkele kleine profeten) klaargekomen. In de dagen van de terugkeer van het volk naar Palestina onder de priester Ezra en de stadhouder Nehemia kwam het Oude Testament gereed, op de profetie van Maleachi na. Intussen moet ook de gehechtheid aan de heilige boeken zeer zijn toegenomen, doordat Israël onder de handen van koning Nebukadnezar zijn heilige tempel had verloren en de offerdienst een eind genomen had. Zo vielen de Israëlieten terug op wat zij nog over hadden en vroeger vaak hadden verwaarloosd (vgl. 2 Kronieken 34:14-

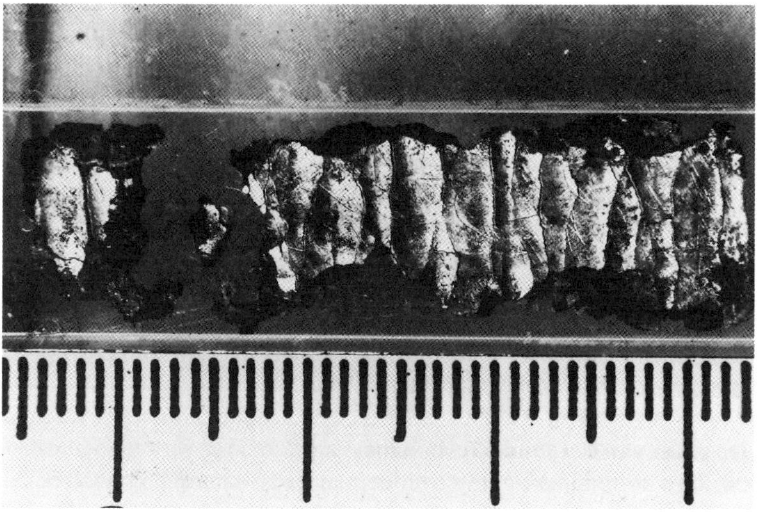

19): hun Bijbel! Al vóór en tijdens de ballingschap in Babel hebben zij waarschijnlijk vergaderplaatsen gehad (voor onderwijs door de Levieten) die later in het Grieks *synagogen* genoemd zouden worden en waar men zich wijdde aan bijbelstudie en gebed. De synagoge werd later een vervanging van de tempel, en de lezing van de Torah (de Pentateuch) een vervanging van de offerdienst. Ook had de synagoge een belangrijke sociale functie als vergaderplaats en ontmoetingspunt; misschien hebben we daar een aanwijzing voor in Ezechiël 14:1 en 20:1.

In de synagoge werden ook de kostbare wetsrollen bewaard, waaruit op de sabbatten en de hoogtijdagen werd voorgelezen. Na de ballingschap werden deze mee teruggenomen naar Israël en ook daar bleef de wetsvoorlezing een voorname plaats innemen (zie Ezra 7: 6, 10, 25v; Nehemia 8; 13: 1). Niet alle joden keerden echter naar Israël terug; niet allen waren trouwens in ballingschap naar Babel getrokken. In Jeremia 41-44 lezen we dat een groot aantal joden in plaats daarvan naar Egypte was afgedaald en zich daar had gevestigd; sindsdien is Egypte nooit meer zonder een joodse kolonie geweest. Grote betekenis kreeg deze kolonie toen Alexander de Grote in 332 v. Chr. de stad Alexandrië stichtte. Praktisch vanaf het begin namen de joden een zeer voorname plaats in deze stad in; rond het begin van onze jaartelling

▲ Het oudste bijbelse geschrift ooit gevonden. Dit is de kleinste van de twee zilveren rollen daterend uit het eerste tempeltijdperk, gevonden in Jeruzalem.

was de stad zelfs bijna voor de helft joods en waren er zowat een miljoen joden in heel Egypte! Deze joden raakten echter steeds minder vertrouwd met het Hebreeuws en hadden het Grieks als voertaal, zoals heel Alexandrië.

Dit betekende een heel nieuwe fase in de geschiedenis van de Bijbel! Wilde de Bijbel voor de Alexandrijnse joden nog enige betekenis hebben, dan moest hij vertaald worden; en daarmee werd, voorzover we weten, de Bijbel het eerst vertaalde boek van deze omvang ter wereld (zie hoofdstuk 1). Het werk aan deze Griekse vertaling begon in Alexandrië in de derde eeuw v. Chr., misschien eerst door verschillende vertalers onafhankelijk van elkaar. Op z'n laatst in de tweede eeuw v. Chr. kwam echter de standaardversie van het Griekse Oude Testament tot stand, die sindsdien de *Septuaginta* (= „Zeventig") genoemd wordt, vanwege een verhaal als zou deze vertaling gemaakt zijn door tweeënzeventig geleerden, zes van elke stam van Israël. Al spoedig werd deze vertaling overal gebruikt waar synagogen stonden in het Middellandse-Zeegebied. Het is ook de vertaling waaruit meer dan eens geciteerd wordt, wanneer in het Nieuwe Testament teksten uit het Oude worden aangehaald.

De Septuaginta was van geweldige betekenis voor de eerste christenen, omdat zij daardoor bij hun Evangelieverkondiging ingang hadden in de hele antieke wereld, waar het Grieks overal de voertaal was. De Jesajarol waaruit de kamerling van de koningin van Ethiopië las (Handelingen 8:26-40), zal ongetwijfeld een deel van de Septuaginta geweest zijn. Ook in hun latere disputen met de joden maakten de christenen steeds gebruik van de Septuaginta, waardoor de joden zelf hun belangstelling voor deze Griekse versie begonnen te verliezen. Een andere oorzaak voor dit verlies aan interesse was hun eigen hernieuwde belangstelling voor het Hebreeuwse Oude Testament, zoals we later zullen zien (hoofdstuk 3). Naast de majestueuze arbeid die de joden zo ongeveer van het jaar 100 tot 900 n. Chr. aan de Hebreeuwse tekst van het Oude Testament besteedden, maakten zij ook zelf hun eigen nieuwe Griekse vertalingen, zoals die van Aquila, Theodotion en Symmachus.

De groei van het Nieuwe Testament

Intussen kwam ook al even het Nieuwe Testament ter sprake. De vroege christelijke gemeenten bezaten hun geliefkoosde Griekse Oude Testament, maar in de tweede helft van de eerste eeuw begonnen zij ook de goddelijk-geïnspireerde geschriften van de apostelen en nieuwtestamentische profeten te kopiëren en te verzamelen. Waar eerst waarschijnlijk Rome het Evangelie van Marcus kende (dat hij daar als metgezel en uitlegger van Petrus geschreven zal hebben) en Syrië het Evangelie van Matteüs had, terwijl een groep gelovigen uit de volken dat van Lucas bezat en Efeze dat van Johannes, daar schijnen deze vier Evangeliën al tegen het einde van de eerste eeuw in één bundel te zijn samengevoegd, die *Het Evangelie* genoemd werd. Omstreeks diezelfde tijd waren de brieven die de apostel Paulus aan verschillende gemeenten en individuele personen geschreven had, gebundeld en deed een tweede collectie de ronde door de gemeenten onder de titel *De Apostel*. Bij deze bundel was het boek De Handelingen der Apostelen als toelichting erg belangrijk; het was een geschrift van Lucas dat met zijn Evangelie oorspronkelijk één boek moet hebben gevormd. Naast deze bundels werden ook de brieven van andere apostelen en van „apostolische mannen", alsook de Openbaring van de apostel Johannes, er-kend als van goddelijke oorsprong en in de canon van het Nieuwe Testament opgenomen (zie hoofdstuk 4).

We zullen later uitvoeriger ingaan op de problemen rond de vaststelling van de canon (de lijst van de heilige, goddelijk-geïnspireerde geschriften) van het Oude en Nieuwe Testament (hoofdstuk 5). We stellen nu alleen vast dat in de tweede eeuw n. Chr. de Bijbel niet alleen compleet geschreven was, maar ook in complete bundels begon te circuleren. Deze Bijbel bevatte het Oude Testament in de Griekse vertaling van de Septuaginta en het Nieuwe Testament in het Grieks waarin het geschreven was. Toen in de derde eeuw, zoals we zagen, de codex ontstond, werd het voor het eerst mogelijk de Bijbel in één band samen te vatten. Van zulke Bijbels is er niet één enkele compleet bewaard gebleven, deels doordat het gebruikte materiaal nog hoofdzakelijk vergankelijk papyrus was, deels doordat verschillende Romeinse keizers (met name Diocletianus, aan het eind van de derde eeuw) ware drijfjachten op de Bijbel hielden en er talloze vernietigden (zie hoofdstuk 1). De oudste bijna complete Griekse Bijbel die nog bestaat, is de beroemde *Vaticanus,* een bijbelhandschrift uit het midden van de vierde eeuw, dat in het Vaticaan bewaard wordt (zie hoofdstuk 4).

De geweldige verspreiding van het christelijk geloof in de eerste eeuwen maakte een gigantische kopiëring van de bijbelhandschriften noodzakelijk om de als paddestoelen uit de grond schietende gemeenten van Bijbels te kunnen voorzien. Alles moest met de hand geschreven worden, zodat maar één kopie per keer kon worden gemaakt. Afzonderlijke kopiisten konden daarom onmogelijk de vraag naar Bijbels bijhouden. Daarom werd een nieuwe methode gebruikt. In een zaal die het „scriptorium" heette, las een voorlezer langzaam de Schriften voor, terwijl een aantal schrijvers of scriba's opschreef wat voorgelezen werd. Zo konden per keer evenveel kopieën gemaakt worden als er scriba's in de zaal aanwezig waren.

Bijbelboekrollen en -codices werden in winkels verkocht, net zoals de Bijbels vandaag verkocht worden, alleen in veel kleinere aantallen uiteraard. Alleen de rijken konden deze kostbare handschriften betalen, maar reizigers namen ze mee naar groepen van christenen tot in de verste uithoeken van het Romeinse Rijk en daarbuiten. Toen de christenvervolgingen voorbij waren en keizer Constantijn zich (uiterlijk of werkelijk) tot het christendom had bekeerd, werden de bijbelhandschriften zelfs met officiële goedkeuring en ondersteuning van de regering vermenigvuldigd (hoofdstuk 1). Mogelijk is het de bekende christengeleerde Eusebius geweest, die de keizer onder de aandacht bracht hoe weinig en wat voor versleten handschriften de gemeenten bezaten. Groot zal daarom zijn blijdschap geweest zijn over de vijftig kopieën die op bevel en op kosten van Constantijn gemaakt werden en aan de gemeenten werden verstrekt.

De oude bijbelvertalingen

Het spreekt vanzelf dat bij de verspreiding van het christendom de Bijbel ook onder mensen kwam die het Grieks minder goed of helemaal niet verstonden. Daarom ontstonden al in de vroegste eeuwen van de kerkgeschiedenis overzettingen van de Bijbel in andere antieke talen. Eén van die talen was het Syrisch, dat is het Aramees dat veel vroege christenen spraken. Uit de verschillende oud-Syrische versies van de Bijbel die het licht zagen, ontwikkelde zich een standaardversie die bekend staat als de *Pesjitta* (d.i. „Eenvoudig"). Wat het Nieuwe Testament betreft, was deze versie waarschijnlijk een revisie van oud-Syrische vertalingen, uitgevoerd door bisschop Rabbula van Edessa in het begin van de vijfde eeuw. Het Oude Testament van de Pesjitta berustte op een vertaling uit het Hebreeuws die al in de eerste eeuwen onder invloed van de Septuaginta tot stand kwam. Andere antieke vertalingen waren die in het Koptisch (oud-Egyptisch) - en dat zelfs in twee verschillende dialecten: het Sahidisch van Opper-Egypte en het Bohairisch van Neder-Egypte dat de standaardversie van de Koptische kerk werd. Verder ontstonden in de eerste eeuwen vertalingen in het Ethiopisch, het Arabisch, het Armeens, het Georgisch en andere.

Voor de geschiedenis van de Bijbel in Europa zijn echter vooral de Latijnse vertalingen van belang. Al in de vierde eeuw waren verschillende „oud-Latijnse" vertalingen bekend, maar die waren weinig bevredigend en liepen nogal uiteen. In 382 vroeg bisschop Damasus van Rome daarom aan de christengeleerde Hieronymus een revisie van de Latijnse Bijbel te vervaardigen, dus ongeveer zoals Rabbula dat bijna terzelfdertijd met de Syrische Bijbel deed. Hieronymus vatte zijn taak erg serieus op. Hij vestigde zich in Betlehem waar hij alle oudste handschriften van het Hebreeuwse Oude Testament en het Griekse Nieuwe Testament bestudeerde die hij maar te pakken kon krijgen. Na twintig jaar arbeid (386-405 n. Chr.) kwam hij klaar met zijn Latijnse vertaling die de naam *Vulgaat* zou krijgen, d.w.z. „gewoon, populair" (zijn Latijn was dat van het gewone volk); vgl. de naam Pesjitta hierboven. Dit knappe stuk werk van Hieronymus werd niet onmiddellijk met geestdrift ontvangen, maar ontwikkelde zich toch geleidelijk tot dé standaardversie in het Latijn en werd tenslotte de officiële Bijbel van de rooms-katholieke kerk tot op vandaag. Hoe belangrijk deze bijbelvertaling is, blijkt ook uit het feit dat veel oude Europese bijbelvertalingen niet op de grondtekst steunden maar op de Vulgaat.

In dezelfde eeuw dat de Vulgaat gereedkwam begon het Romeinse Rijk langzaam af te brokkelen. Germaanse stammen uit het noorden, zoals de Vandalen en de Goten, drongen het keizerrijk binnen en richtten grote verwoestingen aan - een waar „vandalisme". Ook de christelijke kerk had veel van deze plundertochten te lijden. In eenzame kloosters gingen dappere monniken echter door met het kopiëren van het Heilige Boek. Hun handschriften zijn vaak ware juweeltjes van schrijf- en decoratiekunst. Hun ijver en toewijding bij dit „monnikenwerk" was van grote betekenis voor de overlevering van de Bijbel in die donkere tijd, want bij de invallen van de barbaren werden veel handschriften ernstig beschadigd of gingen verloren. Moedig verder gaan met kopiëren was één methode om deze vernielingen het hoofd te bieden; maar sommige dappere christenen begrepen dat er nog een andere „methode" was: de verkondiging van het christendom aan deze Germaanse barbaren!

Eén zo'n kloeke zendeling die ons nu bijzonder interesseert, was Wulfila (of Ulfilas), de „apostel van de Goten", die begreep dat hij deze woeste Germanen alleen met het christendom kon bereiken, als hij de Bijbel in hun eigen taal vertaalde. En zo ontstond al in de vierde eeuw de allereerste bijbelvertaling in een Germaanse taal! Andere moedige zendelingen verkondigden het Evangelie aan andere Germaanse volksstammen. Het gevolg daarvan was, dat de christelijke kerk niet alleen de afschuwelijke Germaanse invasies overleefde, maar uiterlijk zelfs sterker werd dan ooit, doordat de barbaren zelf christenen werden. We zeggen „uiterlijk", omdat het natuurlijk de vraag blijft voor hoevelen het christelijk geloof werkelijk een zaak van het hart en het geweten werd en een innerlijke levensverandering teweegbracht.

Ondanks het vroege ontstaan van de Gotische vertaling van Wulfila moet men niet denken dat de Bijbel in de volgende eeuwen nu in allerlei Europese talen en dialecten vertaald werd. Het Latijn was de voertaal in de rooms-katholieke kerk en de bestudering van de Bijbel werd voorbehouden aan de kerkelijke leiders. Zelfs tegen het eind van de dertiende eeuw waren stukken van de Bijbel nog slechts in zeven Europese talen vertaald, en de kerk beperkte zich ertoe de boodschap van de Bijbel aan het volk bekend te maken in - voornamelijk Latijnse! - preken en in beeldvorm door middel van schilderingen op kerkmuren, houtsnijwerk, beeldhouwwerk, gebrandschilderde ramen en ook van godsdienstige toneelstukken („mirakelspelen") die werden uitgevoerd in kerken en op kerk- en marktpleinen. Het volk wilde de boodschap van de Bijbel echter in zijn eigen landstaal horen...

Latere bijbelvertalingen

Pogingen om delen van de Bijbel in de landstaal onder het volk te verspreiden stuitten in de Middeleeuwen op groot verzet van de bisschoppen en kardinalen, die bang waren dat de mensen de Bijbel niet op de officiële wijze zouden opvatten en uitleggen. In 1199 werden in Lyon (Frankrijk) enkele mensen tot de brandstapel veroordeeld, omdat zij bijbelgedeelten in het Frans onder de mensen verspreid hadden. Deze martelaren hoorden tot de Waldenzen, een evangelisch getinte bewe-ging die in de elfde eeuw schijnt te zijn ontstaan.

In Engeland stammen de oudst vertaalde bijbelgedeelten al uit de achtste eeuw, maar het duurde tot de veertiende eeuw voordat de Bijbel helemaal in het Engels werd vertaald. Dit werk werd uitgevoerd door de Britse geleerde en priester John Wycliffe, samen met John Purvey en Nicholas de Hereford, en kwam in 1388 gereed. In het diepste geheim (uit vrees voor de kerkelijke autoriteiten) werd deze

John Wycliffe

handgeschreven Engelse Bijbel vele malen gekopieerd, en de gereedgekomen kopieën gaf Wycliffe aan zijn volgelingen („Lollards" genoemd) mee, die als lekepredikers uitgezonden werden om in de dorpen en steden uit deze Bijbels voor te lezen en te onderwijzen. Vaak werden deze moedige mannen gevangengenomen en gestraft, soms ook op de brandstapel ter dood gebracht. Wycliffe zelf was gestorven voor de vervolging uitbrak, maar zijn lichaam werd opgegraven en verbrand en de as werd in de rivier geworpen.

Er waren echter drie grote gebeurtenissen op til, die geen enkele vervolging kon tegenhouden! De eerste grote gebeurtenis was de uitvinding van de boekdrukkunst rond het midden van de vijftiende eeuw: in Nederland door Laurens Jansz. Koster en in Duitsland door Johann Gutenberg. En ziedaar: het eerste boek dat van de drukpersen rolde, was de Bijbel. In 1452-55 drukte Gutenberg namelijk de Vulgaat, deels op perkament (+ dertig stuks), deels op papier (+ 120 stuks). De twee delen van deze wereldberoemde „Gutenberg-Bibel" beslaan samen 1282 pagina's. De initialen en sierranden in deze Bijbel werden nog met de hand geschilderd, en ook gebruikte Gutenberg voor elke letter verscheidene lettertypen, om door deze variatie zijn gedrukte Bijbel zoveel mogelijk op een handschrift te laten lijken! Er zijn van deze Gutenberg-Bijbel nog ongeveer vijftig exemplaren over, en ze brengen per stuk enkele miljoenen guldens op (zie hoofdstuk 1). De geweldige uitvinding van de boekdrukkunst verbreidde zich snel, en binnen vijftig jaar waren er al delen van de Bijbel gedrukt in zes talen.

De tweede belangrijke gebeurtenis was de nieuwe kennis van en nieuwe belangstelling voor de Griekse taal. Bijna alle Europese vertalingen waren tot dusver gebaseerd geweest op de Vulgaat, maar nu kwamen er veel oude handschriften vanuit de christelijke kerken in het Midden-Oosten naar Europa toe en daar werden zij ijverig bestudeerd. De eerste die een gedrukte uitgave van het Griekse Nieuwe Testament publiceerde, was de Rotterdamse geleerde Desiderius Erasmus, die een beperkt aantal handschriften vergeleek en in 1516 in Basel een Griekse tekst uitgaf, samen met een parallelle Latijnse vertaling. Eigenlijk was het haastwerk - de uitgave zat vol fouten en moest verscheidene malen herzien en heruitgegeven worden - want Erasmus wilde zijn werk eerder klaar hebben dan de Spaanse kardinaal Ximenes, aartsbisschop van Toledo. In feite had deze trouwens toch de race gewonnen, want hij was al in 1502 met zijn werk begonnen en zijn Griekse Nieuwe Testament was al in 1514 gedrukt. Hij hield deze uitgave echter achter, omdat hij die wilde samenvoegen met een uitgave van het Hebreeuwse Oude Testament. Deze kwam in 1517 gereed (met hulp van joodse christenen), maar nóg duurde het (mogelijk door de kerkelijke bureaucratie) tot 1522 voor deze „Complutensische Polyglot" verscheen. („Complutensisch" betekent: van Complutum, de Latijnse naam van de stad Alcala, waar het werk was uitgevoerd; „Polyglot" betekent: een veeltalig werk.)

Een hele reeks uitgaven van het Griekse Nieuwe Testament ontstond nu, alle gebaseerd op het gebrekkige, maar intussen sterk gecorrigeerde werk van Erasmus. De belangrijkste van deze uitgaven was die van de Parijse drukker Estienne (of Stephanus) in 1550, omdat het deze uitgave was die driehonderd jaar lang steeds herdrukt zou worden als de standaardtekst van het Griekse Nieuwe Testament en als grondslag zou dienen voor vele bijbelvertalingen.

De Reformatie

De derde van de drie belangrijkste evenementen waar wij op doelden, was de Reformatie die in 1517 door Martin Luther in gang werd gezet. Deze gebeurtenis betekende niet alleen een omwenteling in de geschiedenis van de kerk, maar ook in die van de Bijbel. In verscheidene landen van Europa waar de Reformatie vaste voet kreeg, begon men de Bijbel in de landstaal over te zetten, vaak echter nog onder veel tegenstand. Luther werd door zijn vrienden ontvoerd naar de Wartburg, waar hij met gebrekkige hulpmiddelen in recordtijd het Nieuwe Testament vertaalde (van december 1521 tot maart 1522!), waarvan de eerste oplage (5000 ex.) binnen een jaar uitverkocht was. In 1534 verscheen de hele Bijbel in het Duits. Overigens was dit niet de eerste gedrukte Bijbel in het Duits; al in 1487 was een Duitse Bijbel gedrukt (waarschijnlijk door een monnik voor een zekere Desideri vervaardigd), waarvan de initialen en tekeningen nog met de hand geschilderd waren.

In Engeland was het de Oxford-geleerde en priester William Tyndale, die er vurig naar verlangde zijn landgenoten een gedrukte Bijbel in hun eigen taal te geven. Vanwege de tegenstand van de kerkelijke autoriteiten ging Tyndale naar Hamburg om daar het werk in het geheim te beginnen, met het risico van een ernstige straf. Toen hij het Nieuwe Testament klaar had, maakte hij een afspraak met een drukker, maar werd door de autoriteiten ontdekt. Hij vluchtte naar een ander deel van Duitsland, en daar wist hij er 3000 te drukken (1525). Vele exemplaren werden via kooplui naar Engeland gesmokkeld en daar enthousiast ontvangen en gelezen. Vele kopieën werden echter gesnapt en in het openbaar verbrand, maar de boeken kwamen sneller van de pers dan de autoriteiten ze konden verbranden. Intussen werkte Tyndale in Duitsland door, verbeterde zijn vertaling van het Nieuwe Testament en vertaalde delen van het Oude Testament. Toen hij daarmee voor de helft klaar was, werd hij verraden en in de buurt van Brussel gevangengezet. Na anderhalf jaar werd hij op de brandstapel wreed gewurgd en daarna verbrand; zijn laatste woorden waren: „Heer, open Gij de ogen van de koning van Engeland!" Anderen zetten zijn werk voort en in 1535 kwam de hele vertaling gereed. Intussen was de houding van de autoriteiten veranderd, want de tweede uitgave van deze „Coverdale Bible" kwam tot stand met toestemming van de ko-ning. Tyndale's gebed was verhoord. In Nederland zijn uit de negende en tiende eeuw al verschillende vertalingen van psalmen in verscheidene Nederlandse dialecten bekend. Uit omstreeks 1400 dateert de vertaling van het Nieuwe Testament en de Psalmen van Johan Schutken. De eerste gedrukte Nederlandse Bijbel was de Historie-Bijbel van 1477 (in 1977 500 jaar oud), die bij Jacob Jacobszoon van der Meer en Mauritius Yemantszoon van Middelborch verscheen in Delft en daarom ook wel als de „Delftse Bijbel" bekendstaat. Deze Bijbel bevatte alleen het Oude Testament, zonder de Psalmen, en ging terug op de Historie-Bijbel van 1360 die door een onbekende Vlaamse auteur uit het Latijn was vervaardigd; onduidelijke passages lichtte hij toe aan de hand van de *Historia Scholastica* van de rond 1150 levende Petrus Cometor.

Ook de Nederlandse Bijbel kwam niet zonder bloedvergieten tot stand. Zo verscheen in 1526 de zeer beroemd geworden Liesveldt-Bijbel, gedrukt door Jacob van Liesveldt in Antwerpen en door hem van kanttekeningen voorzien, die bij elke nieuwe uitgave steeds reformatorischer van inhoud werd. In 1545 moest Van Liesveldt zwaar boeten voor zijn geloofsmoed en werd hij onthoofd. Het feit dat hij in één van zijn kanttekeningen had geschreven dat de zaligheid van de mensen alleen door Jezus Christus verkregen wordt, werd door de kerkelijke autoriteiten als een halsmisdaad beschouwd! Na deze eerste complete Nederlandse Bijbel volgden verscheidene andere, roomse, doopsgezinde en lutherse Bijbels in het Nederlands, en tenslotte de beroemde gereformeerde „Deux-Aes-Bijbel" (genoemd naar een zonderlinge kanttekening) die in 1562 in Emden verscheen en het hart won van heel gereformeerd Nederland. De tweede druk van deze Bijbel verscheen in 1571 bij Jan Canin in Dordrecht en werd daardoor de eerste in Holland gedrukte gereformeerde Bijbel - maar hij kostte Jan Canin het leven...

De weg van de Bijbel naar Nederland, vanaf de vroegste kleitabletten tot aan de eerste in Nederland en in het Nederlands gedrukte Bijbel, is een spannende en wonderbaarlijke weg. Ook hier blijkt weer dat de Bijbel een uniek boek is! Er zijn heel wat mensen geweest die hun leven gegeven hebben voor dat boek - en dat deden zij, omdat zij in dat boek Iemand ontdekt hadden die zijn leven voor hén gegeven had aan het kruis van Golgotha. Hebben al deze mensen gedwaald - gaven zij hun leven voor niets? Of is de wonderlijke weg van de Bijbel zelf eenvoudig en rationeel te verklaren? Is er dan toch iets héél bijzonders met dat boek aan de hand? Zou het toch het Boek van God zijn?

HOOFDSTUK 3

Wie gaven ons het Oude Testament?

In het vorige hoofdstuk hebben we heel globaal de weg van de Bijbel door de geschiedenis gevolgd, tot even voorbij de boekdrukkunst. We hebben gezien wanneer de Bijbel vermoedelijk ontstaan is, we hebben nagegaan op wat voor materiaal de Bijbel werd opgeschreven, van kleitabletten via papyrus boekrollen tot perkamenten *codices (boeken)*, en tenslotte tot gedrukte boeken. Maar nu moeten we eens in de Bijbel zelf gaan kijken en ons bezighouden met de belangrijke vraag welke handen door de eeuwen heen aan de bijbeltekst vanaf zijn ontstaan gewerkt hebben. We doen dat in dit hoofdstuk eerst voor het Oude Testament (het eerste deel van onze Bijbel, dat tevens het heilige Boek van de joden is, dat zij helaas beschouwen als de complete

▲ De heilige Torah-rollen worden in de joodse synagoge bewaard in de ,,heilige ark". De rollen zijn eerbiedig gehuld in vaak schitterend geborduurde en bewerkte doeken. Als zo'n boekrol versleten is, wordt hij niet weggegooid, maar begraven. Een nieuwe rol wordt, ook nu nog, met de hand overgeschreven van de oude, voordat men die begraaft.

Schrift). Dit oude Testament is, zoals al eerder gezegd, een boek waarvan de vroegste delen al vele duizenden jaren oud zijn, en de vraag rijst dan ook of de huidige tekst van dat boek nog wel lijkt op de tekst zoals die duizenden jaren geleden opgeschreven werd! Voor talloze christenen is de woordelijke „inspiratie" (goddelijke ingeving) van de Bijbel (zie hoofdstuk 6) van doorslaggevende betekenis - maar als de tekst van die Bijbel door de eeuwen heen erg verbasterd is, heeft die „woordelijke inspiratie" natuurlijk weinig meer te betekenen, want dan kennen we de oorspronkelijke bewoordingen van de Bijbel helemaal niet meer...

Hoe nauwkeurig is de bijbeltekst dan wel? Anders gezegd: welke handen zijn in de loop der eeuwen eventueel met die bijbeltekst bezig geweest? Dat zijn er zeker niet weinige geweest, want in hoofdstuk 2 zagen we al dat tot op ± 1450 de overlevering van de Bijbel afhankelijk was van overschrijving door mensenhanden. En dat niet alleen; in de loop der tijden zijn er ook mensen geweest die aan onze Bijbel „redactioneel werk" hebben verricht (al moeten we met die term oppassen, omdat die door de bijbelkritiek zo belast is; zie de hoofdstukken 7 en 8). Is de Bijbel daar beter of slechter van geworden? Wel, dat zullen we nagaan; we zullen eens zien door welke handen de Bijbel is heengegaan. Dat waren allereerst de handen van de bijbelschrijvers zelf; dat waren vervolgens de handen van de profeten en schriftgeleerden die de bijbelboeken hebben samengevoegd; dat waren verder de handen die de bijbelboeken zo nauwkeurig mogelijk hebben vermenigvuldigd (door overschrijving); en dat waren tenslotte de handen van grote geleerden die door vergelijking van bijbelhandschriften geprobeerd hebben de oorspronkelijke tekst vast te stellen en te bewaren.

Schrijvers en samenstellers

In hoofdstuk 2 hebben we al gezien dat het boek Genesis misschien is samengesteld uit een aantal heel oude documenten (oorspronkelijk vastgelegd op kleitabletten), dat Mozes de samensteller was en dat hij ongetwijfeld de overige boeken van de Pentateuch (Genesis t/m Deuteronomium) door goddelijke inspiratie zelf heeft geschreven. Het is van belang dat er kennelijk vanaf het begin van het ontstaan van de Bijbel een duidelijk besef van de heiligheid van de Bijbelboeken bestond en dat ze als goddelijk gezaghebbende boeken met bijzondere zorg en eerbied werden behandeld. Het wetboek van Mozes (de Pentateuch of de *Torah)* werd zorgvuldig opgeborgen naast de ark, de heilige schrijn in de tabernakel van God (Deuteronomium 31: 24-26) en later in de tempel in Jeruzalem (vgl. 2 Koningen 22: 8). Jozua voltooide wellicht het boek Deuteronomium door er hoofdstuk 34 aan toe te voegen, schreef ook zelf zijn verhaal (het boek Jozua) en verenigde dit met „het wetboek van God" en legde het waarschijnlijk eveneens in het heiligdom van Jahweh (vgl. Jozua 24: 26). De volgende bijbelschrijver was vermoedelijk de profeet Samuël, die in ieder geval de wetten van het koningschap opschreef in een boek en dit ook weer „voor het aangezicht van Jahweh" neerlegde (I Samuël 10:25). Samuël is een belangrijk persoon omdat hij een profetenschool leidde (vgl. I Samuël 19: 20), waaruit mogelijk heel wat profeten zijn voortgekomen die een rol gespeeld hebben bij de groei van de collectie der heilige boeken. Zo moet het boek Richteren, dat direct op het boek Jozua aansluit, in Samuëls tijd, nadat ook het koningschap in Israël was ingesteld, zijn klaargekomen (vgl. Richteren 17: 6; 18: 1; 19: 1; 21: 25), misschien door de hand van Samuël zelf. In ieder geval hebben hij en de profeten Nathan en Gad de geschiedenis van koning David beschreven (I Kronieken 29: 29), als eerste van een hele reeks van profetische boeken over het tijdvak der koningen: de profeten Natan. Ahia en Jedo (= Iddo) beschreven de geschiedenis van koning Salomo (2 Kronieken 9:29), Semaja en Iddo die van koning Rehabeam (2 Kronieken 12: 15), Iddo voegde daaraan de geschiedenis van koning Abia toe (2 Kronieken 13: 22). De profeet Jehu beschreef de geschiedenis van koning Hizkia (2 Kronieken 32:32), andere profeten beschreven die van koning Manasse (2 Kronieken 33: 19), en ook de geschiedenissen van de laatste koningen werden in boeken beschreven (2 Kronieken 35: 27).

Deze profetische boeken zijn niet de boeken die wij in onze Bijbel hebben en ze zijn zelfs geheel verloren gegaan. Wel wordt echter in de bijbelse geschiedenis steeds naar deze onbekende boeken verwezen, omdat deze kennelijk veel uitgebreidere verslagen van de regeringen der beschreven koningen gaven. Kennelijk zijn de bijbelse boeken Samuël, Koningen en Kronieken samenvattingen die door profeten uit de bovengenoemde, meer volledige boeken zijn samengesteld en geredigeerd. Misschien weten we zelfs wie deze redacteur(s) waren! De grote profeet Jeremia, die kort voor en tijdens de joodse ballingschap (6e eeuw v. Chr.) geschreven heeft, wordt niet genoemd als één van de schrijvers van de geschiedenissen der koningen. Toch heeft hij veel geschreven, zoals blijkt uit zijn boeken Jeremia en Klaagliederen en de uitdrukkelijke mededelingen daarin (zie Jeremia 30:2; 36: 1,2,18; 45: 1,2; 51 :60,63). Verder komt het laatste hoofdstuk van 2 Koningen sterk overeen met wat Jeremia beschrijft in Jeremia 39-41 en 52. Ook is het opmerkelijk dat tijdens de ballingschap de profeet Daniël kennelijk de beschikking had over de boeken van Mozes en de profeten, onder wie hij Jeremia met name noemt (Daniël 9: 2, 6, 11). Het is daarom acceptabel te veronderstellen dat het Jeremia was die het uittreksel uit de profetische boeken maakte dat wij vandaag kennen als de boeken der Koningen, een gedachte die door de Talmoed (zie onder) wordt gesteund.

Zo zien we hoe vanaf het begin bijzondere „mannen Gods" (zoals de profeten soms genoemd worden), Mozes, Jozua, Samuël en Jeremia, een ononderbroken arbeid verrichtten aan het schrijven, samenstellen en redigeren van de collectie heilige boeken. Tijdens de ballingschap werd deze arbeid door andere grote profeten, Ezechiël en Daniël, voortgezet. Sommigen menen dat Ezechiël in zijn boek (hoofdstuk 13: 9) doelt op het bestaan van een officieel register van profeten in de tempelarchieven (misschien een lijst van de genoemde schrijvers en samenstellers van de bijbelboeken?); hij noemt ook Daniël als één van de vooraanstaande dienstknechten van God (Ezechiël 14: 14). Aangezien Daniël zelf (als het tenminste om dezelfde persoon gaat) kennelijk de boeken van Mozes en de profeten (d.w.z. Jozua t/m Koningen, en wellicht enkele profetische boeken, waaronder in elk geval Jeremia) bezat, kan men veronderstellen dat de joden aan het eind van de Babylonische ballingschap al verreweg het grootste deel van het Oude Testament bezaten. Uit de boeken Ezra (6: 18) en Nehemia (9: 14,26-30) is het duidelijk dat de naar Israël teruggekeerde ballingen over de boeken van Mozes en de profeten de beschikking hadden.

Na de ballingschap heeft ook de priester-schriftgeleerde Ezra kennelijk een versie van de geschiedenis der koningen gegeven, en wel in de boeken der Kronieken. Het is vooral de geschiedenis van het koninkrijk Juda en van de tempel (vgl. Nehemia 12:23); het is een typisch priesterlijk relaas, zoals de boeken der Koningen een echt profetisch verslag vormen, zodat de twee paren van boeken prachtig harmonieuze tegenhangers van elkaar zijn. De boeken der Kronieken zijn met het boek Ezra verbonden, doordat de laatste verzen van Kronieken de eerste verzen van Ezra vormen. Op Ezra volgt nog het boek van de stadhouder Nehemia, terwijl in diens dagen ook de laatste profeetschrijver profeteerde, namelijk Maleachi. Daarmee werd het Oude Testament compleet; de Babylonische Talmoed vermeldt: „Na de laatste profeten Haggaï, Zacharia en Maleachi week de Heilige Geest van Israël".

De Hebreeuwse bijbelboeken

Vier eeuwen vóór onze jaartelling was het Hebreeuwse Testament dus volledig. Het bevatte:

De Wet (Torah)
1. Genesis
2. Exodus
3. Leviticus
4. Numeri
5. Deuteronomium

De Profeten (Nebhiim)
A. Vroege profeten
1. Jozua
2. Richteren
3. Samuël
4. Koningen

B. Late profeten
1. Jesaja
2. Jeremia
3. Ezechiël
4. De twaalf „kleine profeten"

De Geschriften (Ketubhim of Hagiographa)
A. Dichterlijke boeken
1. Psalmen
2. Job
3. Spreuken

B. De vijf „rollen" *(Megilloth)*
1. Ruth
2. Hooglied
3. Prediker
4. Klaagliederen
5. Esther

C. Historische boeken
1. Daniël
2. Ezra-Nehemia
3. Kronieken

Dit is ook de gewone volgorde van de boeken in de gedrukte Hebreeuwse Bijbel. In zijn geheel wordt deze wel de *Tenach* genoemd, naar de beginletters (T, N en K=Ch) van de drie hoofddelen. Men ziet dat de Hebreeuwse Bijbel naast de Torah en de Profeten nog een derde groep, de Geschriften, bevat, een verzameling van dichterlijke, bespiegelende en historische boeken die vanaf het begin als even gezaghebbend als de overige boeken werden beschouwd. Dit blijkt uit het feit dat een psalm van David, Psalm 18, in 2 Samuël 22 geciteerd wordt, terwijl in I Koningen 4:32 naar Salomo's Spreuken en Liederen verwezen wordt. Ook de profeet Jona citeert delen van veel Psalmen (Jona 2), en Ezechiël vermeldt zowel Job als Daniël (Ezechiël 14: 14,20). In Lucas 24:44 vat Christus de Hebreeuwse Bijbel samen in zijn drie delen: „...de wet van Mozes en de profeten en de psalmen" (met de psalmen duidt Hij hier de derde groep, die van de Geschriften, aan, waarvan de Psalmen het eerste en langste boek vormen). In Matteüs 23:35 (en Lucas 11:51) vat de Here Jezus het Oude Testament nog op een andere, heel opmerkelijke wijze samen, door te zeggen: „...van het bloed van Abel, de rechtvaardige, tot het bloed van Zacharia, de zoon van Berechja". In de Hebreeuwse Bijbel is Abel namelijk de eerste (Genesis 4: 8) en Zacharia de laatst vermelde martelaar (2 Kronieken 24:21). Christus zei dus in feite: „...van Genesis tot Kronieken", zoals wij (naar de volgorde die wij hanteren) zouden zeggen: „...van Genesis tot Maleachi". Op de kwestie van de nauwkeurige vaststelling van de *canon* (de lijst van heilige, goddelijk geïnspireerde boeken) komen wij in hoofdstuk 5 terug.

De schriftgeleerden

Na het schrijven en samenvoegen van de boeken van het Oude Testament begon een nieuwe fase. Het werd nu zaak de Hebreeuwse Bijbel zo getrouw mogelijk aan het nageslacht over te leveren. We hebben gezien dat de samenstellers van het Oude Testament een diepe eerbied voor de heilige boeken aan de dag legden en ze soms zelfs op de allerheiligste plaatsen bewaarden. Deze samenstellers waren, zoals we zagen, *profeten;* maar de (wellicht) laatste van hen, Ezra, was de vertegenwoordiger van de priesterklasse die voor de Bijbel van toenemende betekenis werd. Ezra was tegelijk priester en schriftgeleerde (Nehemia 8:10). De schriftgeleerden (letterlijk „schrijvers") waren oorspronkelijk politieke of juridische functionarissen, vaak verbonden aan het hof (zie bijv. 2 Koningen 12:10; 18:18; I Kronieken 27:32). Pas na de ballingschap gingen de schriftgeleerden de rol spelen van overschrijvers, bewaarders en uitleggers van de wet (Ezra 7: 6,11). In de tweede eeuw v. Chr. waren de meeste schriftgeleerden priesters (zie

het apocriefe [= niet-bijbelse maar wel oude] boek I Maccabeeën 7: 12). Waarschijnlijk woonden zij samen in families en „gilden" (vgl. 1 Kronieken 2: 55). Hun voornaamste taak was een „full-time" studie van de wet die niet te combineren was met een gewoon beroep (zie het apocriefe boek Jezus Sirach 38: 25-39).

Deze schriftgeleerden (de *Sopherim)* waren de stichters van de godsdienstoefeningen in de synagogen, waarover we in hoofdstuk 2 spraken. In de tijd van het Nieuwe Testament was hun taak drieledig geworden (toen zij lang niet allemaal priesters meer waren):

a. Zij bewaarden en kopieerden de „wet" (de Hebreeuwse Bijbel). Daarbij waren zij de grondige bestudeerders van die wet en verdedigden haar, vooral toen de priesterklasse verkeerde elementen was gaan bevatten. Ook leverden zij ongeschreven wettelijke besluiten over, die geboren waren uit hun pogingen de wet van Mozes in het dagelijks

▲ De kopiisten van de bijbelboeken hebben een uitermate belangrijke rol gespeeld bij de overlevering van de tekst.

leven toe te passen. In de praktijk beschouwden zij deze mondelinge wet echter als nog belangrijker dan de geschreven wet (Marcus 7:5v.) en kwamen daarbij in conflict met Christus. b. Zij verzamelden leerlingen om zich heen om hun de wet te onderwijzen. Dit gebeurde in de tempel of in de synagogen (vgl. Lucas 2:46; Johannes 18 : 20).

c. Zij werden ook „wetgeleerden" of „leraars der wet" genoemd, omdat zij belast waren met de hantering van de wet als rechters in de joodse Hoge Raad: het Sanhedrin (vgl. Matteüs 22:35; Marcus 14:53; Handelingen 4:5).

Na de val van Jeruzalem in het jaar 70 werd de rol van de schriftgeleerden nog veel belangrijker. Zij legden de mondelinge wet (zie hierboven punt a) in geschreven vorm vast en leverden zeer getrouw de Heilige Schriften over. Wat het eerste betreft: de vastlegging van de mondeling overgeleverde wet leidde tot het ontstaan van de *Talmoed,* naast de Bijbel het belangrijkste joodse wetboek. De Talmoed bestaat uit twee delen: de *Misjna,* dat is de eigenlijke mondelinge wet die gegroeid was vanaf de dagen van Ezra en tegen het einde van de tweede eeuw n. Chr. werd verzameld door rabbi Juda de Vorst; en de *Gemara,* de rabbijnse commentaren op de Misjna van ± 200-500 n. Chr. De Talmoed is de bron voor de joodse religieuze en burgerlijke wetgeving en is bindend voor geloof en leven van de orthodoxe jood. Voor christenen is het een belangwekkend boek, omdat het licht werpt op de vraag hoe de joden het Oude Testament uitlegden en hoe sommige delen van het Nieuwe Testament begrepen moeten worden.

Naast deze catalogisering van de joodse wetten hadden de „talmoedisten" nog een tweede, minstens even belangrijke taak, namelijk (zoals gezegd) de nauwgezette overlevering van de heilige boekrollen. Het is bijna onvoorstelbaar wat een minutieus systeem de talmoedisten hadden uitgewerkt om de rollen nagenoeg perfect over te schrijven! Niets kan duidelijker de diepe eerbied illustreren die de gelovige joden voor het Oude Testament hadden dan de voorschriften die zij bij dit overschrijven hanteerden en waarvan we er enkele uit de talmoed aanhalen: (I) een boekrol moest worden geschreven op de huiden van (cultisch) reine dieren, die samengevoegd moesten worden met de pezen van reine dieren; (2) de lengte van elke kolom moest liggen tussen de achtenveertig en zestig regels en de breedte moest bestaan uit dertig letters; (3) het hele manuscript moest eerst gelinieerd worden, en als drie woorden geschreven werden zonder een lijn, was het waardeloos; (4) de inkt mocht alleen zwart zijn en moest volgens een speciaal recept bereid worden; (S) als voorbeeld moest een authentiek manuscript gebruikt worden, waarvan de overschrijver niet in het minst mocht afwijken; (6) geen woorden of letters mochten uit het geheugen opgeschreven worden, dus zonder dat de overschrijver eerst naar het voorbeeld gekeken had; (7) tussen de letters moest een ruimte uitgespaard worden zo breed als een haar of een draad; tussen de paragrafen een ruimte van negen letters; tussen de boeken een ruimte van drie regels; (8) de overschrijver moest een jood zijn, gekleed in volledig joods gewaad, zijn lichaam geheel gewassen; (9) hij mocht niet beginnen de naam van God te schrijven met een opnieuw in de inkt gedoopte pen; (10) als een koning hem aansprak terwijl hij die heilige naam schreef, mocht hij geen aandacht aan hem schenken. Boekrollen die niet aan al deze voorwaarden voldeden, moesten in de grond begraven of verbrand worden, of ze werden naar de scholen verbannen om als leesboeken gebruikt te worden.

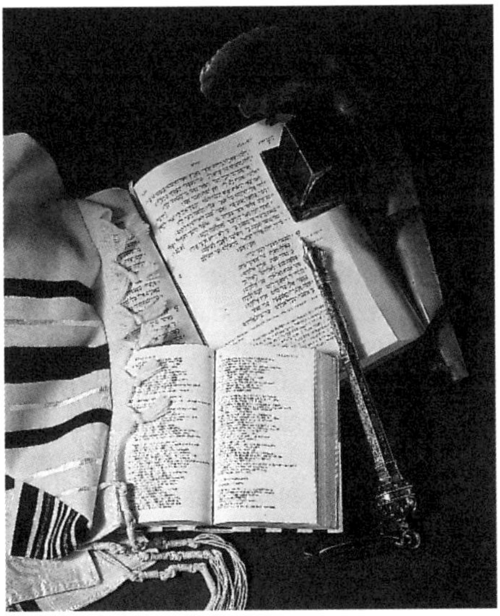

De tekst van de Bijbel is voor de rabbijnen zo heilig dat die bij het voorlezen niet met de vinger mag worden aangeraakt. Daarom gebruikt met een sierlijk handje, 'jat' genaamd.

Hoe vreemd het ook mag klinken: de uiterste zorg waarmee de overschrijving geschiedde, verklaart tevens waarom wij zo weinig zeer oude handschriften van het Oude Testament bezitten. Wanneer een manuscript vervaardigd was volgens bovenstaande voorschriften en het resultaat grondig gecontroleerd was, dan werd het geacht even authentiek en van gelijke waarde te zijn als de oude kopie. Als alle kopieën identiek waren, maakte een hoge ouderdom een manuscript inderdaad niet waardevoller; integendeel, een oud manuscript zou wel eens beschadigd kunnen zijn. Zulke oude, gebrekkige handschriften werden opgeborgen in de *geniza*, een rommelkamertje zoals elke synagoge dat bezat, waar deze handschriften teloorgingen, of door verwaarlozing of doordat ze begraven werden, wanneer het kamertje overvol was. De joden beschouwden dus niet hun oudere, maar juist hun nieuwste handschriften als de waardevolste, zodat het ontbreken van zeer oude manuscripten van het Oude Testament ons bepaald niet hoeft te verontrusten. Overigens zijn sommige van de oudste handschriften die we nog hebben, juist uit zo'n *geniza* afkomstig (zie onder)!

De Masoreten

Tot nu toe hebben we twee fasen in de overlevering van het Oude Testament kunnen onderscheiden: het schrijven en samenstellen, dat in de tijd van Ezra en Nehemia gereedkwam, en vervolgens ontstond in diezelfde tijd de arbeid van de *sopherim,* die het Oude Testament (vooral de Torah) nauwkeurig bestudeerden en met de uiterste zorg kopieerden. Rond 500 n. Chr. trad nu een derde fase in, die rond het jaar 1000 een einde nam. In deze periode vonden namelijk de activiteiten plaats van nieuwe scholen van schriftgeleerden, die zich niet alleen bezighielden met de nauwgezette kopiëring van de tekst, maar ook met de redactie en standaardisatie van de overgeleverde tekst. Men noemt deze joodse geleerden de *masoreten (masora* = traditie, overlevering); hun belangrijkste taak was wel de heilige tekst te voorzien van leestekens en klinkers. Het karakter van de Hebreeuwse taal is zodanig, dat deze taal gemakkelijk alleen met medeklinkers geschreven kon worden (zoals nog steeds in het nieuw-Hebreeuws of Ivriet gebeurt) zolang het maar een levende taal was en de voorlezers door overlevering wisten hoe de woorden moesten worden uitgesproken. Toen het Hebreeuws als omgangstaal echter geleidelijk verdween, was het niet meer voor iedereen duidelijk hoe de heilige, onaantastbare tekst moest worden uitgesproken en ontstond de behoefte de overgeleverde uitspraak door een vernuftig systeem van lees- en klinkertekens, die aan de tekst werden toegevoegd, vast te leggen.

De scholen van de masoreten bevonden zich in twee centra, waar vanouds de schriftgeleerden hun arbeid verricht hadden, namelijk in Babylonië en in Palestina (zo bestaat er zowel een Babylonische als een Palestijnse Talmoed!). De joden in Babylonië waren daarheen uitgeweken vanwege de opkomende Hellenistische (Grieks-culturele) én christelijke invloed en voegden zich daar bij de joodse nakomelingen van degenen die daar sinds de ballingschap waren blijven wonen. In Noord-Palestina ontstonden na de derde eeuw centra van schriftgeleerdheid in de plaats Tiberias; deze namen nog in betekenis toe nadat Jeruzalem in 637 door de mohammedanen veroverd was. Over de interessante arbeid van deze masoreten zou heel veel te vertellen zijn, maar we moeten ons hier beperken tot enkele hoofdpunten. De masoreten gingen voor hun arbeid uit van de door de *sopherim* overgeleverde medeklinker-tekst, waarvan zij een officiële standaardversie vaststelden die voor hen onaantastbaar was. Vervolgens plaatsten zij naast de tekst een aantal kanttekeningen en brachten ook in de tekst zelf een aantal tekens, vooral lees- en klinkertekens aan. De kanttekeningen vormen samen de *masora* en omvatten o.a. *tellingen* van alle letters, woorden en verzen in een bijbelboek, ter beveiliging van de nauwkeurige overschrijving van de medeklinker-tekst; daartoe werd bijvoorbeeld ook uitgerekend welke letter en welk vers het midden vormden van elk bijbelboek en van de hele Hebreeuwse Bijbel; ook werd berekend hoe vaak bepaalde woorden in een bijbelboek of in de Bijbel voorkwamen en zelfs hoe vaak elke letter van het alfabet voor-kwam; zelfs noteerden zij naast de tekst bepaalde ezelsbruggetjes om zulke totalen te kunnen onthouden. Voor een deel doet dit overdreven aan, maar het bewijst wel de grenzeloze eerbied van de masoreten voor de heilige tekst, waarvan zij nog niet het kleinste lettertje of stuk van een letter verloren wilden laten gaan.

Vervolgens vinden we in de masoretische handschriften *redactionele* opmerkingen; de masoreten durfden niets aan de overgeleverde medeklinker-tekst te veranderen, maar vaak gaven zij in de kantlijn aan hoe volgens hen de „geschreven" tekst *(ketibh* genoemd) gelezen moest worden; de voorgestelde „gelezen" tekst heette de *qeré*. Het beroemdste voorbeeld van een *qeré* is de naam van God zelf. Deze wordt in het Hebreeuws geschreven met de vier medeklinkers *JHWH,* die oorspronkelijk zeer waarschijnlijk werden uitgesproken als *JaHWeH*. Maar aangezien de joden na Nehemia's tijd die naam niet meer durfden uitspreken (uit angst die te misbruiken), werd bij de voorlezing van de Bijbel in de synagogen in plaats van Jahweh de naam *Adonai* („Heer") gelezen. Ter herinnering daaraan voegden de masoreten bij de medeklinkers JHWH steeds de klinkers van *aDoNaJ,* waardoor ogenschijnlijk het niet bestaande woord *JaHoWaH* ontstond, oftewel „Jehova". Een niet begrijpen van deze *qeré* leidde ertoe dat de christenen lange tijd meenden dat Jehova de naam van God was, in plaats van Jahweh.

Een andere manier die de masoreten toepasten om iets anders gelezen te krijgen dan er in feite stond, was de toevoeging van een medeklinker, die echter, ter onderscheiding van de bestaande onaantastbare medeklinkertekst, hoger boven de lijn werd geplaatst en daarom een *litera suspensa* („zwevende letter") genoemd wordt. Een fraai voorbeeld vinden we in Richteren 18: 30, waar sprake is van een zekere afgodenpriester Jonathan, een kleinzoon van Mozes. Men vond deze smet op de naam van Mozes zo aanstootgevend, dat een zwevende letter N werd ingevoegd, zodat men in plaats van Mozes *(MSH)* de naam Manasse *(MNSH)* kreeg, die uit piëteit werd voorgelezen in plaats van de naam van de grote knecht van God. In oude bijbelvertalingen heeft men zich niet altijd van deze verandering rekenschap gegeven (zie de Statenvertaling in dit vers).

Heel andere *redactionele* kanttekeningen hebben betrekking op de vraag, niet of uit eerbied of piëteit bepaalde woorden beter anders gelezen zouden kunnen worden, maar of de tekst zelf hier en daar misschien onjuist is overgeleverd. Zo plaatsten de masoreten stippen boven het woord „en Aäron" in Numeri 3: 39, omdat zij vonden dat dat woord eigenlijk niet in de tekst thuishoorde. Hetzelfde vonden zij van Numeri 10: 35, 36, wat zij aangaven door deze twee verzen tussen twee omgekeerde Hebreeuwse letters N te plaatsen. Interessant is dat volgens de masoreten in achttien gevallen de tekst van het Oude Testament door vroegere schriftgeleerden gewijzigd was. Uit eerbied voor de medeklinker-tekst wilden zij deze niet terugveranderen, maar zij gaven wel aan waar deze *tiqquné sopherim* („verbeteringen van de schriftgeleerden") voorkwamen. Zo lezen we nu in Genesis 18:22: „...maar Abraham bleef nog staan voor Jahweh"; volgens de masoreten stond hier oorspronkelijk: „...maar Jahweh bleef nog staan voor Abraham". De schriftgeleerden wijzigden dit echter, omdat zij liever de heilige tekst wilden veranderen dan bij de voorlezing de indruk wekken dat Jahweh een (onwaardige) afwachtende houding tegenover Abraham aannam.

De belangrijkste arbeid van de masoreten betrof ongetwijfeld twee soorten toevoegingen in de tekst, namelijk de leestekens die de wijze van voordragen van de tekst bepaalden, maar bovenal de klinkertekentjes die eens voor altijd de overgeleverde uitspraak van de tekst ondubbelzinnig vastlegden. De klinkers werden aangeduid door puntjes en streepjes, die boven of onder de medeklinkers geplaatst werden. Zowel in Babylonië als in Palestina werden op dit punt heel geleidelijk bepaalde systemen ontwikkeld, maar uiteindelijk werden die alle verdrongen door het klinkersysteem dat in Tiberias was uitgewerkt. De masoreten die de voornaamste rol hebben gespeeld bij de vaststelling van de van kanttekeningen en klinkers voorziene tekst (een tekst die nu dus tot in de kleinste details was vastgelegd), behoorden tot de familie Ben Asjer in Tiberias, van wie Mosje ben Asjer en zijn zoon Aaron ben Mosje ben Asjer de belangrijkste waren (negende/tiende eeuw n. Chr.). Het zijn hun handschriften die vandaag de basis van de gedrukte Hebreeuwse Bijbel vormen. Daarnaast kunnen de handschriften van de familie Ben Naphtali genoemd worden, waarvan de betekenis echter lager wordt aangeslagen.

Handschriften
Daarmee zijn we gekomen tot de uiterst belangrijke kwestie van de bijbelhandschriften die wij van het Oude Testament bezitten. Tot in de vorige eeuw waren de belangrijkste handschriften die van de Ben Asjer familie, die zoals gezegd nog steeds de basis voor de bijbeltekst vormen, maar nu getoetst kunnen worden aan sindsdien ontdekte, veel oudere handschriften. Het voornaamste Ben Asjer-handschrift is de *Leningrad Codex* uit het jaar 1008, vooral omdat het het grootste en enige volledige manuscript van het Oude Testament is. Het werd vervaardigd naar een gecorrigeerde tekst van rabbi Aaron ben Mosje ben Asjer, geschreven op vellum en voorzien van het Babylonische klinkersysteem. De *Aleppo Codex* stamt uit het begin van de tiende eeuw en werd door Aaron ben Mosje niet zelf geschreven maar wel van klinkers en *masora* voorzien. Tot voor kort omvatte zij eveneens het hele Oude Testament, maar door antisemitische onlusten heeft zij erg geleden: in 1947 gingen er geruchten dat de codex vernietigd was, maar in 1958 werd ze gelukkig weer ontdekt, zij het met verlies van een kwart van haar omvang; dit kostbare manuscript wordt nu wetenschappelijk bestudeerd om het te gebruiken voor toekomstige uitgaven van de Hebreeuwse Bijbel. De *Cairo Codex* van 895, die de vroege en late profeten omvat, is waarschijnlijk het oudst bekende masoretische handschrift en werd geschreven en van klinkers voorzien door Mosje ben Asjer. In 1099 werd het manuscript in Jeruzalem door kruisvaarders in beslag genomen maar later kwam het in handen van de joodse gemeente in Cairo, waar het tot vandaag berust. De *Petersburger Profetencodex* van 916 bevat alleen de late profeten; zij werd in 1839 ontdekt in een synagoge in de Krim.

Aan het eind van de vorige eeuw werd een belangrijke ontdekking gedaan die een bijzonder licht wierp op de geschiedenis van de masoretische arbeid. In 1890 werd de duizend jaar oude synagoge van Oud-Cairo herbouwd en daarbij ontdekte men een dichtgemetselde en in vergetelheid geraakte *geniza* die een onvoorstelbare schat aan oude manuscripten bevatte. Men schat het aantal aangetroffen fragmenten (die meest uit de zesde tot achtste eeuw stammen) op maar liefst 200.000! Hieronder waren talloze joodse geschriften van allerlei aard, maar ook heel veel bijbelfragmenten in het Hebreeuws en in Aramese (zie onder) en Arabische vertaling, sommige misschien al uit de vijfde eeuw. Ze geven een schitterend beeld van de ontwikkeling van de masoretische arbeid van vóór de grote masoreten van Tiberias en tonen op welke wijze de klinkersystemen tot stand kwamen. Afgezien van een klein, in 1902 ontdekt papyrus-fragment (de *Papyrus Nash)* vormden de *Geniza-fragmenten* tot voor kort de oudste „tekstgetuigen" van de Hebreeuwse bijbeltekst. We hebben echter al aangeduid waarom hun hoge ouderdom ze toch niet noodzakelijkerwijs waardevoller maakt dan de grote Ben Asjer-handschriften die ons het eindresultaat bieden van 500 jaar wetenschappelijk werk. Hoewel deze handschriften ongeveer 1400 jaar jonger zijn dan de jongste oorspronkelijke delen van het Oude Testament, geven ze ons toch alle reden (zoals we geprobeerd hebben aan te tonen) in de nauwkeurigheid van hun bijbeltekst het volste vertrouwen te hebben.

Maar daarbij blijft het niet. De „tekstkritiek" (dat is de wetenschap die zich bezighoudt met de vaststelling van de oorspronkelijke bijbeltekst) heeft gelukkig nog heel wat meer pijlen op haar boog. Daartoe behoort in de eerste plaats de *Samaritaanse Pentateuch*. We weten uit de Bijbel dat de Samaritanen (inwoners van Samaria) een mengeling vormden van Israëlieten en Assyrische immigranten (2 Koningen 17) en zich na de Babylonische ballingschap geheel van de joden losmaakten. Zij volgden daardoor een heel eigen ontwikkeling en kenden dus ook een heel eigen traditie van de bijbeltekst, waarvan zij alleen de Pentateuch (de boeken van Mozes) als „canoniek" (goddelijk gezaghebbend) beschouwden. De oudste handschriften van de Samaritaanse Pentateuch dateren uit de tiende eeuw, vertonen een eigen schrift en een eigen indeling en bevatten geen klinkers. Er zijn ook wat verschillen in spelling en grammatica, maar wezenlijke verschillen met de masoretische tekst zijn er verrassend weinig. Dit is wel zeer opmerkelijk voor twee teksten die wel zo'n 1500 jaar lang een eigen overlevering gevolgd hebben. Wel is duidelijk dat we bij de Samaritaanse Pentateuch met een populair bewerkte tekst te doen hebben die op geen stukken na met de zo zorgvuldig geredigeerde masoretentekst op één lijn gesteld kan worden.

Antieke vertalingen

Vervolgens moeten we wijzen op het grote belang dat de antieke vertalingen van het Oude Testament voor de tekstkritiek hebben. We noemen hier allereerst de Aramese *Targums*. Al in de dagen van Christus was het Aramees de volkstaal in Palestina geworden, waardoor het nodig werd de Hebreeuwse bijbeltekst in de synagogen in het Aramees te vertalen. Dit vertalen noemde men *targem,* de vertaler *meturgeman* en de vertaling *targum*. Oorspronkelijk werd mondeling en uit het hoofd vertaald, waardoor natuurlijk wel veranderingen en invoegingen (vaak verklarende uitweidingen) ontstonden. Geleidelijk werden de verschillende vertaaltradities in schriftelijke *Targums* vastgelegd. Ze zijn van belang omdat zij uiteraard teruggaan op een bijbeltekst die vele eeuwen ouder is dan de uiteindelijke masoretische tekst. Ten eerste kennen we de *Palestijnse Targum,* waarvan o.a. zeer oude delen in de *Geniza*fragmenten zijn aangetroffen en die teruggaat op een traditie die al van vóór onze jaartelling dateert. Daarnaast zijn van groot belang de *Pentateuch-Targum van Onkelos* en de *Profeten-Targum van Jonathan;* ook deze gaan terug op oeroude tradities en hebben duidelijk aangetoond dat al vóór onze jaartelling dezelfde bijbeltekst werd gebruikt als wij vandaag kennen.

Hetzelfde geldt voor de uiterst belangrijke *Septuaginta,* de Griekse vertaling uit de tweede eeuw v. Chr., waarover we in hoofdstuk 2 al het één en ander hebben verteld. We kennen van de Septuaginta een groot aantal handschriften die veel ouder zijn dan die van de masoretische tekst. Daaronder is een aantal perkamenten codices vanaf de vierde eeuw, die delen van de héle Griekse Bijbel bevatten en daarom in hoofdstuk 4 besproken zullen worden, en verder een aantal papyrus-fragmenten vanaf de tweede eeuw voor Chr.! Daartoe horen de *Papyrus Rylands Greek 458* (d.w.z. de Griekse papyrus nr. 458 van de John Rylands-Bibliotheek in Manchester) uit het midden van de tweede eeuw v. Chr., de *Papyrus Fouad 266* (eerste of laat-tweede eeuw v. Chr.) en de in 1952 gevonden *Twaalfprofeten-rol* (rond het begin van onze jaartelling). Andere belangrijke papyri komen in hoofdstuk 4 nog aan de orde. Ook voor de *Septuaginta* geldt dat zij wezenlijk zeer nauw op de masoretische tekst aansluit - opnieuw een treffende aanwijzing voor de nauwkeurigheid van deze laatste. De afwijkingen die de Septuaginta biedt, verdienen grote aandacht omdat zij op zo'n oude Hebreeuwse tekst teruggaat. Vaak komt de Septuaginta, daar waar zij van de masoretische tekst afwijkt, met de Samaritaanse Pentateuch overeen; wel is echter waarschijnlijk geworden dat zowel de Septuaginta als de Samaritaanse Pentateuch op populaire tekstrecensies teruggaan die (zoals al gezegd) niet met de gigantische arbeid van de masoreten op één lijn te stellen is. Ook andere antieke vertalingen (vooral de Syrische en Latijnse) zijn voor de tekstkritiek van het Oude Testament van enig belang, maar we zullen daar niet nader op ingaan.

De Dode-Zeerollen

In de eerste helft van deze eeuw bezaten wij dus ongetwijfeld een uiterst nauwkeurige tekst van het Oude Testament; de verschillen tussen de masoretische tekst, de Targums, de Samaritaanse Pentateuch en de Septuaginta, hoewel op het eerste gezicht soms vrij groot, hadden vrijwel nooit invloed op de algemene betekenis van een bijbeltekst. Niettemin wensten de tekstcritici wel dat zij in een aantal gevallen beter zouden kunnen bepalen uit welke van de onderscheiden lezingen zij een keus hadden te maken, vooral daar waar de masoretische tekst er verdacht uitzag en de Septuaginta een veel betere lezing leek te bieden. In 1947 nu vond een dramatische gebeurtenis plaats, die ertoe leidde dat veel van dit soort problemen nu kunnen worden opgelost en die bovendien een fantastische bevestiging van de grote nauwkeurigheid van onze Hebreeuwse Bijbel betekende.

Begin 1947 was een jonge bedoeïen, Muhammad adh-Dhib genaamd, op zoek naar een weggelopen geit in de grotten ten westen van de Dode Zee, 12 km ten zuiden van de stad Jericho. Zijn oog viel op een vreemdgevormde opening in één van de kliffen en hij kreeg de gelukkige inval een steen door de opening te gooien. Tot zijn verbazing hoorde hij het geluid van brekend aardewerk. Hij ging op onderzoek uit en vond op de bodem van de grot verscheidene grote kruiken, die later lederen boekrollen van hoge ouderdom bleken te bevatten.

Omdat de kruiken zorgvuldig verzegeld waren, verkeerden de rollen in voortreffelijke conditie, en dat (zoals later bewezen kon worden) gedurende bijna 1900 jaar! Vijf van de rollen uit Grot I (zoals die nu genoemd wordt) werden langs allerlei omwegen verkocht aan de aartsbisschop van het Syrisch-orthodoxe klooster in Jeruzalem en drie aan prof. Sukenik van de Hebreeuwse Universiteit aldaar. Aanvankelijk

▲ Niet ver van de vestingstad Massada ligt Qumran, waar in 1947 de rollen gevonden werden.

werd de grote vondst niet bekendgemaakt, maar gelukkig vertelde de aartsbisschop (die geen Hebreeuws kende) in februari 1948 enkele geleerden van zijn vondst. Toen de Israëlische oorlog voorbij was, vernam de wereld al snel dat het hier ging om de grootste archeologische vondst ooit in Palestina gedaan.

Bij latere onderzoekingen in de omgeving werden in nog tien andere grotten handschrift-fragmenten ontdekt. Het bleek dat al deze grotten verband hielden met een oude vesting die daar omstreeks 100 v. Chr. in de buurt gesticht moet zijn door de joodse sekte der Essenen. Dezen hadden zich in deze vesting, *Chirbet Qumran* genaamd, teruggetrokken; in ± 68 n. Chr. verborgen zij, waarschijnlijk uit vrees voor de oprukkende Romeinen, hun uitgebreide bibliotheek in de genoemde grotten. Alleen al Grot I heeft oorspronkelijk wellicht 150-200 rollen geherbergd, terwijl in Grot IV fragmenten van meer dan 380 manuscripten werden aangetroffen. Later werden ook bijbelse teksten uit de tweede eeuw n. Chr. gevonden in grotten bij *Murabbaät,* even zuidwest van Betlehem, terwijl ook de bijbelrollen die in 1963/65 bij de opgraving van de rotsvesting *Massada* (in de woestijn van Juda) ontdekt werden, van belang gebleken zijn.

Een van de kruiken waarin de Dode-Zeerollen gevonden werden.

De belangrijkste vondsten uit Qumran zijn de in Grot I gevonden beroemde Jesaja-rol A, het oudst bekende volledige Hebreeuwse bijbelboek uit de tweede eeuw v. Chr., verder een commentaar op Habakuk en een onvolledige Jesaja-rol (B). In Grot IV werd o.a. een fragment van Samuël gevonden, dat uit de vierde (!) eeuw v. Chr. dateert en daarmee geacht wordt het oudst bekende stuk bijbels Hebreeuws te zijn. Grot XI leverde in 1956 een goed geconserveerde Psalmen-rol op, een heel mooie rol met een stuk van Leviticus en een Aramese Targum van Job. In totaal zijn de vondsten zo uitgebreid dat van maar liefst álle boeken van het Oude Testament (behalve van het boek Esther) fragmenten zijn teruggevonden! Daarmee hadden de geleerden iets in handen dat ze nooit hadden durven dromen: een groot gedeelte van de Hebreeuwse Bijbel dat gemiddeld zo'n duizend jaar ouder was dan de masoretische tekst!

En wat bleek? Dat de oude rollen één verbazingwekkend getuigenis boden voor de grote betrouwbaarheid van deze masoreten-tekst. Ja, het is in feite nauwelijks te geloven dat een met de hand overgeleverde tekst in duizend jaar zo enorm weinig veranderd is. Neem bijv. de Jesaja-rol A: voor 95% stemde deze met de tekst van de masoreten overeen, terwijl de overige 5% praktisch uitsluitend kennelijke verschrijvingen en verschillen in spelling betrof. Waar de Qumran-handschriften van de masoretische tekst afweken, bleken zij vaak overeen te stemmen met de Septuaginta of met de Samaritaanse Pentateuch: ook verschillende door de geleerden voorgestelde tekstverbeteringen werden door de „Dode-Zeerollen" gesteund. Men zal zich kunnen indenken dat met de vondst van deze rollen een heel nieuwe wetenschap is ontstaan die een overvloed aan literatuur heeft teweeggebracht en nog steeds voor nieuwe verrassingen en ontdekkingen zorgt.

Eén belangrijk terrein dat door de Dode-Zeerollen zeer werd beïnvloed, mogen we niet vergeten; het is het terrein van de „bijbelkritiek" die we in de hoofdstukken 7 en 8 uitvoerig willen behandelen. De Jesaja-rol bijvoorbeeld weerlegt een aantal beweringen die de „critici" over het ontstaan van het boek Jesaja geuit hadden. Dit geldt zowel voor hun theorieën over de tijd van ontstaan van het boek als voor hun theorieën over de samenstelling van het boek uit onderscheiden geschriften van verschillende auteurs. Men moet zich namelijk realiseren dat de bijbelboeken waarvan kopieën in de Qumran-verzameling werden aangetroffen, al vele eeuwen tevoren voor het eerst op schrift gesteld moeten zijn, omdat er geruime tijd ligt tussen het schrijven van een boek en de algemene bekendheid en aanvaarding ervan als Heilige Schrift én de overlevering ervan volgens de officiële voorschriften van de schriftgeleerden. Dit geldt voor het boek Daniël en voor bepaalde psalmen die volgens bepaalde vroegere critici pas in de tweede eeuw v. Chr. zouden zijn ontstaan. De Jesaja-rol nu dateert zelf uit deze tweede eeuw en het oorspronkelijke boek moet daarom op z'n minst verscheidene eeuwen ouder zijn. Dat weerlegt een groot aantal theorieën die beweerden dat bepaalde delen van Jesaja pas in de derde of vierde eeuw zouden zijn ontstaan, of zelfs in de tweede eeuw; Bernhard Duhm schreef zelfs in 1892 dat z.i. de uiteindelijke versie van Jesaja pas in de eerste eeuw v. Chr. tot stand was gebracht!

De Jesaja-rol uit Qumran betekende eveneens een teleurstelling voor de liberale critici die meenden dat Jesaja 40-66 niet van de hand van Jesaja maar van een veel latere profeet (aangeduid als Deutero-Jesaja) en voor een deel misschien zelfs van een Trito-Jesaja was, welke hoofdstukken dan pas later aan het boek Jesaja zouden zijn toegevoegd. Het bleek echter dat in de Jesaja-rol geen enkele scheiding was aangebracht tussen hoofdstuk 39 en 40, hoewel dat heel goed mogelijk zou zijn geweest (hoofdstuk 40 begint nota bene op de onderste regel van een kolom) en men dat ook zeer wel had mogen verwachten. Dit temeer daar zo'n scheiding wel te vinden is in de rol tussen de hoofdstukken 33 en 34, dus precies halverwege het boek. De scheiding bestaat uit drie opengelaten regels, waardoor het boek in twee gelijke delen is verdeeld die bovendien elk een eigen teksttype vertonen: of één schrijver schreef van twee verschillende voorbeelden of twee schrijvers met verschillende schrijfgewoonten waren tegelijkertijd ieder met een helft van het boek bezig (zoals kennelijk wel vaker gebeurde). Des te opvallender is het volslagen ontbreken van zo'n scheiding tussen de hoofdstukken 39 en 40. Naast de vele andere bezwaren tegen de Deutero-Jesaja-theorie is het zeker van doorslaggevend belang dat er nooit ook maar enige traditie van een Deutero-Jesaja onder de joden heeft bestaan; integendeel, reeds het apocriefe boek Jezus Sirach (± 200 v. Chr.) schrijft in hoofdstuk 48:23-28 het héle boek aan de profeet Jesaja toe, waarbij hij uitdrukkelijk naar de hoofdstukken 40, 46 en 48 verwijst.

Conclusie

Deze overwegingen tonen dus opnieuw de geweldige betekenis van de Dode-Zeerollen aan; maar hun grootste betekenis hebben zij voor de *tekst*kritiek van het Oude Testament. Onze tegenwoordige Hebreeuwse Bijbel is wat zijn oudste delen betreft 3400 jaar oud en misschien nog veel ouder; en toch hebben we alle reden om te vertrouwen dat de bijbeltekst die wij bezitten een werkelijk miraculeuze overeenkomst met de oorspronkelijke geschriften vertoont. We hebben gezien waarop dit vaste vertrouwen gegrond is, nl. op (a) de weinige verschillen tussen de masoretische handschriften, (b) de bijna letterlijke overeenkomst van verreweg het grootste deel van de Septuaginta met de masoretische tekst, (c) de dito overeenkomst (in grote trekken) met de Samaritaanse Pentateuch, (d) de duizenden fragmenten uit de Cairo *geniza,* (e) de angstvallig nauwgezette regels van de schriftgeleerden die de handschriften kopieerden, en tenslotte (f) de overweldigende bevestiging van de Hebreeuwse tekst door de Dode-Zeerollen. Als we vragen: „Wie gaven ons het Oude Testament?" kunnen we nu ook lezen: „Wie *gaf* ons het Oude Testament?" Achter alle mensenhanden die aan dit Boek gewerkt hebben, zien we de hand van de Gód van die mensen (zie de hoofdstukken 5 en 6)!

Tot dusver hebben we alleen gesproken over de betrouwbaarheid van de bewoordingen van de tekst zelf; een heel andere zaak is natuurlijk de betrouwbaarheid van de *inhoud* van de tekst, in het licht van moderne historische, archeologische en natuurwetenschappelijke ontdekkingen. Wij geloven dat het Oude Testament ons op dit punt even miraculeuze verrassingen heeft te bieden, maar daar komen we later op terug.

HOOFDSTUK 4

Wie gaven ons het Nieuwe Testament?

We hebben in het voorgaande gezien dat de volledige Bijbel uit twee duidelijk onderscheiden delen bestaat: het Oude Testament (of: Verbond) dat de oudste geschiedenis van de wereld en de geschiedenis van het volk Israël beschrijft tot op enkele eeuwen vóór het begin van onze jaartelling, en het Nieuwe Testament dat de geschiedenis van Jezus Christus en de oudste geschiedenis van de christelijke kerk beschrijft. Deze twee delen hebben elk hun heel eigen ontstaansgeschiedenis; voor die van het Oude Testament hebben Israëlieten verreweg het grootste aandeel geleverd - het Oude Testament is immers tevens het heilige boek van het jodendom -, en voor de overlevering van het Nieuwe Testament zijn christenen verantwoordelijk. Wat we in hoofdstuk 3 voor het Oude Testament deden,

▲ In het St. Catharinaklooster in de Sinaï vond Tischendorf tijdens zijn eerste reis in 1844 in een afvalmand 43 bladen van een Grieks Oude Testament.

zullen we nu voor het Nieuwe nagaan: hoe ontstonden de bijbelboeken, hoe werden ze samengevoegd, welke handschriften hebben we van het Nieuwe Testament, welke andere hulpmiddelen hebben we om de betrouwbaarheid van zijn tekst vast te stellen, hoe heeft men de oorspronkelijke tekst trachten te reconstrueren, en hoe betrouwbaar is die tekst nu?

Schrijvers en samenstellers

In hoofdstuk 2 gingen we al even op de vroegste samenstelling van het Nieuwe Testament in. Net zomin als van het Oude Testament bezitten we van de nieuwtestamentische bijbelboeken de oorspronkelijk geschreven handschriften (de zgn. „autographa"). Dat kan ook nauwelijks, want het papyrus waarop zij ongetwijfeld geschreven werden, is maar beperkt houdbaar. Gelukkig werden de autographa echter na verloop van tijd overgeschreven op nieuwe rollen, wat zich zo veertien eeuwen voortzette. De boeken van het Nieuwe Testament werden geschreven in de tweede helft van de eerste eeuw en waren meestal gericht aan plaatselijke gemeenten (zoals de meeste brieven van Paulus) en soms aan individuele personen (zoals de brieven aan Timoteüs en de tweede en derde brief van Johannes). Andere richtten zich tot een veel algemener gehoor (zoals de brief van Jakobus; het boek de Openbaring). Sommige werden waarschijnlijk geschreven in Jeruzalem (Jakobus), andere in Klein-Azië (Johannes) en in Zuid-Oost-Europa (de brieven aan de Romeinen en de Tessalonicenzen) of zelfs in Rome (de brieven aan de Efeziërs, Filippenzen en Kolossenzen).

Zowel de plaatsen waar de boeken geschreven als die waar ze ontvangen werden, lagen dus ver uiteen. Mede gezien de beperkte mogelijkheden van communicatie en transport zal men dus begrijpen dat er wel enige tijd overheen ging voordat de christelijke gemeenten kopieën van alle nieuwtestamentische bijbelboeken bezaten. Ondanks dat begonnen de eerste gemeenten al onmiddellijk de geschreven authentieke apostolische geschriften in bundels te verzamelen (welke problemen daarbij opdoken om onderscheid te maken tussen authentieke en niet-authentieke, oftewel tussen canonieke en apocriefe geschriften, zullen we in hoofdstuk 5 nagaan). Clemens, een voorganger van de gemeente in Rome rond het jaar 95, die een brief aan de gemeente van Korinte schreef, wist kennelijk niet alleen van Paulus' brief aan de Romeinen maar ook van minstens één der brieven van Paulus aan de Korintiërs (zie I Clemens 47: 1-3) en waarschijnlijk ook van andere brieven. Kennelijk had de gemeente in Rome al rond 95 n. Chr. kopieën van een aantal nieuwtestamentische geschriften in haar bezit.

Al in het Nieuwe Testament zelf wordt op een dergelijke circulatie en ook op openbare voorlezing van deze geschriften aangedrongen. De apostel Paulus beveelt op verschillende plaatsen zijn brieven in het openbaar voor te lezen (I Tessalonicenzen 5:27; 1 Timoteüs 4:13), en ook dat dit in verschillende gemeenten met dezelfde brieven moet gebeuren: „Wanneer deze brief bij u is voorgelezen, zorgt dan, dat hij ook in de gemeente te Laodicéa voorgelezen wordt en dat ook gij die van Laodicéa u laat voorlezen" (Kolossenzen 4: 16). Johannes verbond zelfs een bijzondere zegen aan de voorlezing van zijn boek de Openbaring (zie hoofdstuk 1: 3), dat ook één boek was, gericht aan zeven verschillende gemeenten (hoofdstuk 1: 4, 11), die het boek onder elkaar moesten laten circuleren. Het is dus duidelijk dat deze officiële voorlezing én circulatie inhield dat de apostolische geschriften, hoewel vaak aan één gemeente direct gericht, gezaghebbend waren voor álle gemeenten. Vandaar hun snelle kopiëring en verspreiding, zoals nog duidelijker is in het geval van de meer algemeen gerichte brieven (zie Jakobus 1: 1; I Petrus 1: 1). Sommigen hebben gemeend dat ook Paulus' brief aan de Efeziërs in feite zo'n algemene brief was, omdat de woorden „in Efeze" (hoofdstuk 1:1) in verscheidene oude handschriften niet voorkomen.

Zo groeiden in de vroegste christelijke gemeenten dus verzamelingen van kopieën van nieuwtestamentische geschriften. De apostel Petrus bezat kennelijk een verzameling van de brieven van Paulus en stelde ze op één lijn met „de overige schriften" (2 Petrus 3: 15,16). Dit is een krachtige aanwijzing dat men ook elders zulke collecties kopieën had, wat ook blijkt uit het feit dat de nieuwtestamentische schrijvers elkaar soms citeren. Paulus citeert bijv. in I Timoteüs 5: 18 het Evangelie van Lucas (hoofdstuk 10: 7) als „de Schrift". Al vóór het einde van de eerste eeuw waren de nieuwtestamentische boeken dus niet alleen geschreven maar ook (in vele kopieën) wijdverspreid. Dit proces van kopiëring zou zich nog vele eeuwen, vanwege de toenemende behoefte, voortzetten, totdat de uitvinding van de boekdrukkunst dit overschrijven geheel overbodig maakte.

De eerste handschrift-vondsten

Momenteel bezitten wij ongeveer 5000 handschriften van het gehele of van delen van het Griekse Nieuwe Testament. Dit aantal is echter pas vrij recent zo enorm groot geworden, en het is bovendien nog niet zo lang geleden dat de christenen nauwelijks of geen echt *oude* handschriften bezaten. In de zestiende en zeventiende eeuw, toen de grote protestantse bijbelvertalingen ontstonden (zoals in Nederland de machtige Statenvertaling), kende men nog geen handschriften ouder dan uit de elfde eeuw, behalve de *Codex Bezae,* een handschrift uit de zesde eeuw dat Calvijns leerling Beza in 1581 aan de Universiteit van Cambridge ten geschenke gaf. Voor de rest lag er een kloof van maar liefst duizend jaar tussen de autographa en de oudst bekende handschriften! Vandaag echter kunnen wij een klaar antwoord geven op de vraag, waarvan de oplossing toen nog in het duister lag: hadden bijv. de Statenvertalers een betrouwbare bijbeltekst? Het antwoord is een beslist ja, met de toevoeging dat wij vandaag een nog veel betrouwbaarder tekst bezitten. Voor sommige delen van het Nieuwe Testament is de kloof van duizend jaar ingekrompen tot vijftig jaar of nog minder! Dat is het grandioze resultaat van drie eeuwen onderzoekingen en ontdekkingen, die trouwens nog steeds voortduren.

De eerste sensationele gebeurtenis vond plaats in 1627, toen de Engelse koning Karel I een zeer oude codex ten geschenke kreeg, afkomstig van de patriarch van Constantinopel. In 1078 was deze codex in bezit gekomen van de patriarch van Alexandrië, vandaar de naam ervan: *Codex Alexandrinus*. Waarschijnlijk is de codex ook in die plaats ontstaan, in de eerste helft van de vierde eeuw. Zij bevat bijna de hele Griekse Bijbel (Oud en Nieuw Testament) plus enkele apocriefe boeken, geschreven in uncialen op zeer dun vellum (zie hoofdstuk 2). Pas in de 18e eeuw werd deze belangrijke codex geheel gepubliceerd; maar intussen had zij al wel een ijverige speurtocht van vooral Engelse en Duitse onderzoekers naar andere oude handschriften op gang gebracht. Voor de uitgave van het Griekse Nieuwe Testament bleef men weliswaar onafgebroken gebruikmaken van de *Textus Receptus* („aanvaarde tekst"), de Griekse tekst van de uitgave van Stephanus in 1550 (zie hoofdstuk 2) - de term zelf is afkomstig uit het voorwoord van Elzevirs uitgave van 1633 -, maar intussen werden van steeds meer schriftplaatsen andere lezingen („tekstvarianten") bekend. In 1707 gaf John Mill een Grieks Nieuw Testament uit, waarin hij aan de tekst van Stephanus de verschillende lezingen van achtenzeventig nieuwe handschriften toevoegde, alsmede die van een aantal antieke vertalingen en bijbelcitaten van kerkvaders (zie onder). Geleerden die het echter waagden een herziene tekst uit te geven, werden fel aangevallen omdat men dit als oneerbiedig beschouwde!

Een groot geleerde die hen echter krachtig verdedigde, was Richard Bentley. Deze had een Zwitserse leerling, J. J. Wetstein, die in 1752 voor het eerst een lijst van beschikbare uncialen en minuskels (zie hoofdstuk 2) publiceerde, en wel volgens een lettercode die vandaag nog steeds gebruikt wordt (zie onder). Vele geleerden vulden deze arbeid met nieuwe vondsten aan, totdat J. M. A. Scholz in 1830-36 een zo volledig mogelijke catalogus publiceerde die ongeveer duizend handschriften bevatte. Verreweg de meeste daarvan waren minuskels (dus niet ouder dan uit de tiende eeuw), maar er waren al enkele heel belangrijke uncialen bekend. Naast de Codex Alexandrinus en de Codex Bezae was dat bovenal de *Codex Vaticanus,* nog steeds één van de belangrijkste „tekstgetuigen" van het Nieuwe Testament. Het bevat bijna de hele Griekse Bijbel plus de apocriefe boeken en moet tussen 325 en 350 geschreven zijn! Al minstens vanaf de vijftiende eeuw bevond dit manuscript zich in de bibliotheek van het Vaticaan, maar pas in 1889-90 werd het in zijn geheel gepubliceerd. Vóór die tijd was er weinig aandacht aan besteed, behalve in de korte tijd dat het handschrift als deel van Napoleons buit naar Parijs gevoerd was. Toen het na diens val naar Rome teruggekeerd was, gaven de Vaticaanse autoriteiten het niet meer ter inzage aan buitenlandse geleerden, omdat zij een uitgave ervan overwogen - waar niet veel van terechtkwam.

Eerste herzieningen van de tekst

Rond 1830 bezat men dus verscheidene zeer oude uncialen, maar daarnaast een overweldigende massa veel jongere handschriften die bijna allemaal een type tekst vertoonden, dat men „Byzantijns" noemt en dat als de *Textus Receptus* bekend is geworden. Dit is de tekst die ten grondslag ligt aan onder andere de Luther-vertaling en de Statenvertaling; het duurde lang voordat grote geleerden inzagen hoeveel onvolkomenheden deze tekst bevatte en hoeveel belangrijke verbeteringen de oude uncialen boden. Drie grote Duitse geleerden waren in dit opzicht wegbereiders: zij legden de grondslag voor de moderne „tekstkritiek"* (zie hoofdstuk 3) van het Nieuwe Testament. Het waren J. A. Bengel (zijn uitgave was van 1734), J. S. Semler (1767) en J. J. Griesbach (3 uitgaven van 1774-1805). Zij vergeleken de beschikbare handschriften onderling én met de antieke vertalingen en de bijbelcitaten der kerkvaders, zochten naar overeenkomstige teksttypen, totdat Griesbach tenslotte kwam tot een indeling in drie groepen: (a) de *Alexandrijnse* groep (met toentertijd naast de Vaticanus en de Alexan-drinus [vanaf de Handelingen] vooral een aantal oosterse vertalingen en citaten van oosterse kerkvaders), (b) de *Westerse* tekst (incl. de Codex Bezae en de Latijnse kerkvaders en vertalingen) en (c) de *Byzantijnse* of *Oosterse* tekst = Textus Receptus (incl. de Codex

* De *tekstkritiek* is de belangrijke wetenschap die zich bezighoudt met de vaststelling van de juiste bewoording van de oorspronkelijke bijbeltekst aan de hand van objectieve criteria, hoewel soms beïnvloed door de dwalingen van de „bijbelkritiek" (sommige „tekstcritici" komen we in hoofdstuk 7 en 8 weer als „bijbelcritici" tegen!).

Alexandrinus in de Evangeliën en de grote massa late handschriften). Deze indeling is nu verder verfijnd, maar wordt in hoofdzaak nog steeds gehandhaafd. Rond 1830 echter ontmoette de gedachte dat enkele heel oude uncialen en antieke vertalingen op veel punten een betere tekst zouden bieden dan de honderden late handschriften, nog bijzonder veel tegenstand! Maar er waren grote veranderingen op til.

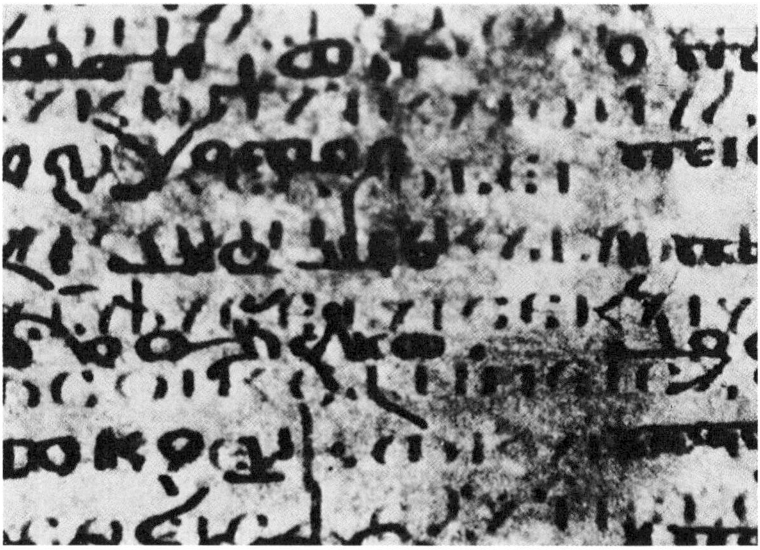

In 1831 kwam het begin van een doorbraak met een Grieks Nieuw Testament van Karl Lachmann, in 1842-50 gevolgd door een sterk uitgebreide uitgave. Hij schoof de Textus Receptus zonder meer terzijde en beperkte zich tot enkele uncialen, antieke vertalingen en kerkvaders. Dit was een drastisch ander uiterste, maar het hielp het tekstkritische pionierswerk wél enorm vooruit. Want nu verscheen een jonge man op het toneel die een groter aantal nieuwe handschriften verzamelde dan ooit iemand voor of na hem: 18 uncialen en zes minuskels; hij publiceerde voor het eerst 25 uncialen en verzorgde nieuwe uitgaven van elf andere, waarvan sommige van het hoogste belang. Deze geleerde was Constantin Tischendorf (1815-1874). Hij produceerde maar liefst acht uitgaven van het Griekse Nieuwe Testament, vier van het Latijnse, en vier van de Septuaginta, en bovendien

▲ De Codex Ephraemi Rescriptus was de eerste belangrijke ontdekking van Tischendorf. Maar er zouden nog vele volgen.

nog de apocriefe Evangeliën, brieven en de uitgaven van afzonderlijke handschriften. We zullen nu in het kort enkele van zijn grootste ontdekkingen beschrijven; één ervan hoort tot de meest sensationele uit de geschiedenis van de Bijbel.

Ontdekkingen van Tischendorf

Onmiddellijk nadat Tischendorf in Leipzig zijn graad in de theologie behaald had, ging hij, 26 jaar oud, naar Parijs. Hij had zich ten doel gesteld de oudst bekende uncialen op te sporen en uit te geven en wist dat zich in Parijs de *Codex Ephraemi* bevond. Dit belangrijke handschrift uit de vijfde eeuw was in de zestiende eeuw in handen van de Franse koning gekomen. Het bevatte een klein deel van het Oude en een groot deel van het Nieuwe Testament. Het bijzondere aan dit handschrift was dat het een *palimpsest rescriptus* is, d.w.z. de oorspronkelijke bijbeltekst is uitgewist en daaroverheen werd in de twaalfde eeuw een kopie geschreven van verhandelingen van de Syrische kerkvader Ephraem uit de vierde eeuw. Niemand had uit het onderste schrift veel wijs kunnen worden, maar het gelukte de jonge Tischendorf dit schrift met chemische hulpmiddelen weer „op te halen" en in twee jaar geheel te ontcijferen! Maar na deze prestatie was hij nog lang niet tevreden. Hij overwoog dat er in hete, droge gebieden van het Midden-Oosten wellicht nog oeroude kloosters waren die nooit door mohammedanen waren geplunderd, waar christenen in oude tijden een veilig toevluchtsoord hadden gevonden en waar derhalve wellicht ook oeroude bijbelhandschriften verborgen waren.

Zo ging de 29-jarige Tischendorf in 1844 met vier bedoeïenen per kameel op weg naar het St. Catharinaklooster op de berg Sinaï, dat al rond 530 gebouwd was door keizer Justinianus en waar al in de vierde eeuw monniken woonden. In een verwaarloosd gebouw waar de bibliotheek van het klooster gevestigd was, begon Tischendorf zijn speurwerk, na het vertrouwen van de monniken gewonnen te hebben. Op een dag trof hij er een grote mand vol oude perkamenten aan; de bibliothecaris vertelde hem dat al twee van zulke hopen oude rommel verbrand waren. Maar in de mand vond Tischendorf 129 bladen van een Grieks Oud Testament, die ouder waren dan enig manuscript dat hij ooit gezien had! Met moeite wist hij 43 van de bladen los te krijgen, en dat alleen omdat ze toch verbrand zouden worden... Toch steeg Tischendorfs moed, maar hoe hij ook zocht, de codex waartoe de bladen behoord hadden (en die misschien ook een Nieuw Testament bevatte!), kon hij niet vinden.

In 1853 doorzocht hij het klooster opnieuw, maar weer zonder succes. De onvindbare codex liet hem echter niet los en in 1859 ging hij nogmaals naar het klooster, nu met een aanbevelingsbrief van de Russische tsaar waarin deze een beroep op zijn Grieks-katholieke medegelovigen in het klooster deed. Maar ook ditmaal bleef de codex onvindbaar, totdat hij op de avond vóór zijn vertrek door de kloosterbewaarder werd uitgenodigd voor een afscheidsdronk. Tijdens het gesprek liet hij deze een exemplaar van zijn uitgave van de Septuaginta zien, waarop de kloosterling zei dat Tischendorf dan toch ook zijn oude kopie van de Septuaginta waar hij elke dag uit las, moest zien... Van een plank haalde hij een in een rode doek gewikkeld perkament - en met één blik zag Tischendorf dat deze massa bladen tot de lang gezochte codex behoorden. Niet alleen waren er 199 nieuwe bladzijden van het Griekse Oude Testament bij, maar bovendien het complete Nieuwe Testament! Wat gaat er in een geleerde om, die op zo'n ogenblik een manuscript in handen heeft, dat zowel in ouderdom als in betekenis alles overtreft wat hij in twintig jaar ooit bestudeerd heeft. Buiten zichzelf van verrukking bleef Tischendorf de hele nacht op om delen te kopiëren. Na wat vijven en zessen werd het manuscript hem naar Cairo nagebracht en tenslotte aan de tsaar geschonken, die het klooster daarvoor 9000 roebels en een aantal hoge onderscheidingen gaf. In 1933 kocht het Britse volk voor 100.000 pond de kostbare *Codex Sinaïticus* van de Sovjets, en met Kerstmis in dat jaar bereikte zij haar laatste rustplaats: het Brits Museum, na een bewogen geschiedenis sinds haar ontstaan rond het midden van de vierde (!) eeuw.

Vervolgens richtte Tischendorf zijn aandacht op een derde oeroude unciaal: de al genoemde Codex Vaticanus. In 1866 kreeg hij met moeite toestemming het handschrift veertien dagen lang drie uren per dag in te zien, zonder dat hij er iets uit mocht overschrijven of publiceren. Niettemin kon Tischendorf enig belangrijk materiaal uit de Vaticanus verwerken in zijn nieuwe uitgaven van het Griekse Nieuwe Testament en ook verscheen in 1868 een uitgave van de Vaticanus (Nieuwe Testament) vervaardigd door geleerden van het Vaticaan zelf. Zo bezat de geleerde wereld in dat jaar dus de twee belangrijkste handschriften van het Nieuwe Testament, die een eeuw ouder waren dan het oudste materiaal dat men tot dan toe had kunnen gebruiken. Nu was een grondige revisie van de algemeen aanvaarde Griekse tekst onontkoombaar geworden, omdat de Sinaïticus en de Vaticanus op belangrijke punten afweken van en volgens bijna alle geleerden beter waren dan de Textus Receptus. Deze grote revisie werd in Duitsland uitgevoerd door Tischendorf (1869-72) en in Engeland door de twee grote Cambridge-geleerden B.F. Westcott en F.J.A. Hort, wier editie in 1881 verscheen.

De grote tekst-herziening

Dit laatste werk was voor de tekstkritiek van het Nieuwe Testament van de grootste betekenis. Volgens de door Griesbach al aangegeven lijnen verdeelden zij de tekstgetuigen in vier groepen: (a) de *Neutrale* groep (incl. vooral de Vaticanus en Sinaïticus, enkele minuskels, de Bohairische vertaling [zie hoofdstuk 2 en onder] en de citaten van Origenes); (b) een tamelijk onduidelijke *Alexandrijnse* groep die naderhand bij (a) werd gevoegd; (c) de *Westerse* groep (inclusief de Codex Bezae, de oud-Latijnse en toen bekende oud-Syrische vertaling en vooral bijna alle citaten van de vroegste christelijke schrijvers); (d) de *Syrische* (of *Byzantijnse)* groep, die vertegenwoordigd is in de Textus Receptus. Groep (d) schoven zij even vlot terzijde als Griesbach en Lachmann gedaan hadden, (c) beschouwden zij als inferieur aan (a), en (b) verschilde maar weinig van (a) die zij als de beste tekst beschouwden. De uitgave van Westcott & Hort was eindelijk de lang verwachte Griekse tekst die gebaseerd was op de oudste en beste tekstgetuigen en steunde op een goed omschreven tekstkritische opvatting. Bovendien was de grotendeels daarop gebaseerde *Revised Version* (Engelse herziene vertaling) van het Nieuwe Testament in 1881 tot dan toe de meest sensationele publicatie van alle tijden: steekpenningen tot 5000 pond toe waren aangeboden om van tevoren een exemplaar te bemachtigen; alleen al de Oxford-Pers verkocht op de dag van publicatie één miljoen exemplaren; de hele dag waren de straten rond de uitgeverij geblokkeerd door een stroom van wagens die de boeken naar de stations vervoerden. Maar tevens brak een storm van kritiek los, vooral gebaseerd op de tegenzin van het publiek veranderingen te accepteren in de bewoordingen van een boek zo bekend en geliefd als de Bijbel. Een deel van de kritiek was terecht, zoals bleek uit de eeuw van de grote ontdekkingen die op 1881 volgde en die we nu zullen bekijken.

Nieuwe ontdekkingen

De nieuwe vondsten begonnen weer op de Sinaï; daar ontdekten twee geleerde tweelingzusters in 1892 de *Codex Syro-Sinaïticus:* een oud-Syrische vertaling (van vóór de *Pesjitta;* zie hoofdstuk 2 en onder), één van de vroegste vertalingen van het Nieuwe Testament, uit de tweede eeuw, in een kopie uit de vijfde eeuw, die de „Neutrale" tekst ondersteunde maar tegelijk ervan afweek op de wijze van de „Westerse" tekst. Het debat verschoof mede daardoor geleidelijk van het conflict tussen de „Neutrale" en de „Byzantijnse" naar dat tussen de „Neutrale" en, „Westerse" tekst. Deze discussie werd nog verlevendigd door het probleem van het *Diatessaron* (= „uit vier [één]"), een „knip en plak"-

harmonie van de vier Evangeliën, vervaardigd (in het Grieks of het Syrisch) door de kerkvader Tatianus in de tweede eeuw. In de negentiende eeuw verschenen Armeense, Latijnse en Arabische vertalingen van een commentaar van de al genoemde kerkvader Ephraem op dit *Diatessaron,* en in de twintigste eeuw vond men ook fragmenten van vertalingen van dit werk zelf. Dit zéér vroege werk toonde aan dat het „Westerse" teksttype al zeer vroeg voorkwam, want het werk was er duidelijk door beïnvloed. Maar bovendien weerlegde dit onderzoek de beweringen van sommige bijbelcritici, dat Tatianus wel heel andere Evangeliën zou hebben gebruikt dan de onze, omdat deze laatste met hun wonderverhalen en hun nadruk op de Godheid van Christus volgens hen rond 160 vast nog niet als gezaghebbend beschouwd werden, zo zij toen al bestonden. Uit Ephraems commentaar (waarvan in 1957 een handschrift met een groot stuk van het Syrische origineel werd teruggevonden!) blijkt duidelijk dat Tatianus rond 160 precies dezelfde vier Evangeliën, in ongeveer dezelfde „tekstgestalte", voor zich had als wij, en dat die kennelijk toen al zo gezaghebbend waren dat hij het niet gewaagd heeft uit enig ander werk (bijv. apocriefe Evangeliën) of uit de mondelinge overlevering iets te citeren! Bovendien waren de Evangeliën toen kennelijk al zo bekend en zo wijdverspreid dat binnen zestig jaar nadat het Johannes-Evangelie geschreven was, al Syrische vertalingen nodig waren, zoals uit de Codex Syro-Sinaïticus blijkt.

De volgende belangrijke ontdekking vond plaats in Egypte, waar de Amerikaanse kunstverzamelaar C. L. Freer in 1906 enkele bijbelhandschriften van een Arabische koopman Ali te Gizeh kocht. Daaronder was een verzameling nieuwtestamentische fragmenten die nu bekend staan als de *Codex Washingtonianus* of *Freerianus* en waarvan het stuk dat de Evangeliën bevat, verreweg het oudste (vierde eeuw!) en beste is. Het belangrijke van dit stuk was dat het een heel nieuw teksttype vertoonde, dat het midden hield tussen de Neutrale/Alexandrijnse en de Westerse tekst. Al gauw ontdekte men andere tekstgetuigen die ditzelfde teksttype vertoonden, dat later werd aangeduid als het *Caesareaanse* type. Ten eerste vertoonde de tekst van Marcus 5-16 duidelijke overeenkomst met een al in 1877 door Ferrar en Abbott gepubliceerde studie van vier minuskels die bekend staan als Familie 13. Ten tweede was er een duidelijk verband tussen deze familie en een in 1902 door Kirsopp Lake gepubliceerde studie van vier andere minuskels, aangeduid als Familie 1, vooral weer in het Marcus-Evangelie. Ten derde vestigde prof. Hermann von Soden in 1906 de aandacht op een late en merkwaardige unciaal, afkomstig uit het klooster Koridethi in de Kaukasus en nu in Tiflis (Tbilisi) in Georgië, en ook deze *Codex Koridethianus* uit de negende eeuw vertoonde min of meer hetzelfde teksttype. Bovendien toonde B.H. Streeter in 1924 niet alleen een duidelijk verband met de Palestijns-Syrische vertaling (zie onder) aan, maar bewees ook dat de grote christen-geleerde Origenes († 253) na zijn verhuizing van Alexandrië naar Caesarea blijkens zijn bijbelcitaten vooral dit teksttype gebruikte; vandaar de al genoemde aanduiding „Caesareaans" voor deze handschriften-groep (al bleek later dat Origenes deze tekst ook reeds in Alexandrië gebruikt moet hebben). De antieke Georgische en Armeense vertalingen bleken dit teksttype ook te vertonen. Zo was de aanvankelijk onbetekenende Familie 13 van Ferrar en Abbott uitgegroeid tot een nieuwe en zelfstandige groep tekstgetuigen voor de Evangeliën! (Intussen bleken andere evangelie-fragmenten van de Washington Codex de al bekende teksttypen te vertonen; zie onder.)

De papyri

Het wordt nu ook hoog tijd over te gaan naar een reeks andere ontdekkingen van grote betekenis, namelijk de vondsten van bijbelse *papyri* uit de allervroegste eeuwen van de geschiedenis van de christelijke kerk. Deze ontdekkingen werden gedaan in de hete, droge gebieden van Egypte, waar het vergankelijke papyrus het best bewaard kon blijven. Al in de achttiende en negentiende eeuw waren verschillende oeroude handschriften in Egypte gevonden, zoals één van de *Ilias* van Homerus, maar de bijbeltekstcritici schonken er weinig aandacht aan. Dit veranderde toen de beroemde tekstcriticus Sir Frederic Kenyon van het Brits Museum een Egyptische papyrus-rol met een werk van Aristoteles publiceerde dat men tot dusver alleen van naam gekend had. Plotseling richtten zich nu de ogen van de geleerden op de graven en ashopen van Egypte, de twee voornaamste vindplaatsen van papyri in dat land: de graven, doordat de oude Egyptenaren de gewoonte hadden hun overledenen allerlei voorwerpen mee te geven voor het hiernamaals, zoals de geschriften die zij tijdens hun leven gebruikt hadden; de ashopen, doordat de daar in regenloze gebieden afgedankte papyrus-rollen beschermd bleven tegen vocht, terwijl opgewaaid woestijnzand ze ook beschermde tegen de zon.

In 1897 begonnen twee jonge mannen, Grenfell en Hunt, te graven in een vuilnisbelt in Oxyrhynchus, een Egyptische plaats in de Libische woestijn, 15 km ten westen van de Nijl. Al gauw ontdekten zij duizenden en duizenden papyri, vooral ook in het iets noordelijker gelegen Fayum, en daaronder werden ook enige nieuwtestamentische fragmenten aangetroffen, afkomstig uit de derde eeuw. Zij toonden al direct aan, dat de Egyptische christenen in die zeer vroege tijd wezenlijk dezelfde tekst bezaten als die welke wij in de grote codices uit de vierde en vijfde eeuw aantreffen - een belangrijk punt, omdat sommige vroegere bijbelcritici nogal eens minachtend beweerd hadden dat de kerkelijke leiders in de dagen van Constantijn de Grote drastische veranderingen in het Nieuwe Testament hadden aangebracht. Talloze teksten en vertalingen uit de derde eeuw en vroeger hebben vandaag het tegendeel afdoende bewezen. De eenvoudige tweede-eeuwse boeren in Egypte hadden in wezen precies hetzelfde Nieuwe Testament als de twintigste-eeuwse geleerden. Overigens bleek het teksttype van deze oude papyri vaak ook duidelijk „Westerse" trekken te vertonen, naast verscheidene die kennelijk „Alexandrijns" waren; geen enkele was „Byzantijns".

Er was nog een ander treffend punt dat de papyri duidelijk maakten. Lange tijd hadden velen gemeend dat het Nieuwe Testament geschreven was in een speciaal soort „taal van de Heilige Geest", omdat het Grieks zo afweek van het bekende klassieke Grieks. De papyri toonden echter aan dat het Nieuwe Testament geschreven was in de alledaagse omgangstaal van de eerste eeuw: het *koinè*-Grieks. Dat was niet een „speciaal voor het Nieuwe Testament ontworpen taal", zoals sommige kerkvaders al gemeend hadden, maar de algemeen gesproken taal in het Middellandse-Zeegebied van die dagen, de handelstaal, de taal van de massa, van de markt. Toen men deze taal uit de papyri beter leerde kennen, werd ook een nieuw licht geworpen op verschillende uitdrukkingen in het Nieuwe Testament. Bovendien was het eerste-eeuwse Grieks van het Nieuwe Testament een nieuw bewijs (tegenover bepaalde bijbelcritici) dat dit inderdaad in de eerste eeuw geschreven was. Zo bleken de papyri al van grote betekenis, nog voor de grote bijbelhandschriften op dat materiaal gevonden werden.

De grote bijbel-papyri

Maar toen kwam de ontdekking van 1930, een vondst alleen geëvenaard door die van de Sinaïticus. Tegenover Fayum, aan de oostzijde van de Nijl, werden in een koptisch kerkhof door enkele Arabieren een paar kruiken gevonden die antieke papyri bevatten. Ze gingen door de handen van verscheidene handelaren, totdat het merendeel gekocht werd door A. Chester Beatty, een bekende Amerikaanse verzamelaar die in Engeland woonde, eigenaar van een schitterende collectie handschriften. Een ander, kleiner deel werd door de Universiteit van Michigan aangeschaft, en nog andere bladen kwamen elders terecht. Op 17 nov. 1931 maakte Sir Frederic Kenyon de ontdekking in *The Times* bekend en deelde mee dat het om delen van twaalf manuscripten ging die een groot aantal bijbelboeken bevatten. Van het Griekse Oude Testament waren dat: delen van Genesis (rond 300 n. Chr.); Numeri,

Deuteronomium (eerste helft tweede eeuw!); fragmenten van Jesaja en Jeremia (rond 200); en een fragmentarisch handschrift van Ezechiël, Daniël en Esther (eerste helft derde eeuw). Maar vooral de delen van het Nieuwe Testament waren uitzonderlijk belangrijk: een kwart van een kopie (code-aanduiding P45) van de vier Evangeliën en de Handelingen (eerrste helft derde eeuw) was bewaard gebleven. Na uitwisseling tussen de nieuwe eigenaars kon een handschrift (P46) met alle brieven van Paulus (begin derde eeuw) bijna geheel gerestaureerd worden (de Hebreeënbrief wordt daarin direct na de Romeinenbrief geplaatst - een aanwijzing dat toen nog niet aan Paulus' auteurschap van Hebreeën getwijfeld werd). Tenslotte bevond zich tussen de papyri nog een handschrift (P47) met een derde deel van het boek de Openbaring uit het begin van de derde eeuw.

Men kan zich voorstellen hoe gewichtig deze vondst was. Behalve de herderlijke en algemene brieven waren alle nieuwtestamentische boeken vertegenwoordigd, en de ouderdom van onze tekstgetuigen van de hele Griekse Bijbel was teruggebracht van de vierde eeuw tot (voor sommige delen) het begin van de tweede eeuw. Bovendien bleken in P45 de teksttypen noch volledig „Alexandrijns" noch volledig „Westers" te zijn (en nog veel minder „Byzantijns"), terwijl Marcus een duidelijk „Caesareaans" type vertoont. P46 en 47 zijn meer „Alexandrijns". Met deze *Chester Beatty-papyri* waren de vondsten trouwens nog niet ten einde. Heel interessant was de ontdekking van een klein fragment dat delen van Johannes 18:31-33, 37, 38 bevatte en geschreven moet zijn rond het jaar 125-130, dat is minder dan dertig tot vijfendertig jaar nadat Johannes verondersteld wordt zijn Evangelie geschreven te hebben! Als we bedenken dat in die (voor die tijd) uiterst korte periode het Evangelie kennelijk Egypte al bereikt had, dan zien wij hoe belangrijk deze vondst (bekend als de *John Rylands Pap*. 117-38 of P52) is om het vroege ontstaan van dit Evangelie te bewijzen en de zoveelste speculatie van bijbelcritici (die beweerd hadden dat het Johannes-Evangelie pas rond 160 of 170 op schrift gesteld was) te ontzenuwen.

Van de nieuwere papyrus-vondsten moeten we vooral de *Bodmer-papyri* noemen. Rond 1956 kocht de Bodmer-Bibliotheek in Genève een papyrus-codex van het Johannes-Evangelie (P66) die rond 200 geschreven was. Een andere papyrus (P75) bevatte delen van Lucas en Johannes, en P72 bevatte de brieven van Petrus en Judas. Beide dateren van ± 200, terwijl de veel jongere P74 (zesde of zevende eeuw) de Handelingen en de algemene brieven bevat. Al deze vondsten maken de oude indeling in teksttypen (die immers gebaseerd was op handschriften uit de vierde en latere eeuwen) eigenlijk minder bruikbaar en vereisen heel nieuwe tekstkritische analyses van deze oude bronnen.

De resultaten zijn al (of worden op dit ogenblik) bewerkt tot heel nieuwe edities van het Griekse Nieuwe Testament (waarin echter helaas soms ook bijbelkritische opvattingen meespelen; vgl. de hoofdstukken 7 en 8). Een leidende positie hierbij wordt vervuld door het Instituut voor Nieuwtestamentisch Tekstonderzoek van de Universiteit van Münster. Men houdt daar een volledige catalogus van alle nieuwtestamentische tekstgetuigen bij: een lijst van tientallen papyri, honderden uncialen, duizenden minuskels en duizenden andere bronnen (zie onder), waarvan verreweg de meeste in fotokopie of op microfilm in het Instituut aanwezig zijn! Alle getuigen ontvangen een codeaanduiding: de papyri een P met een nummer, de uncialen een Hebreeuwse, Latijnse of Griekse hoofdletter of een nummer met een nul ervoor, de minuskels een gewoon nummer.

Overzicht van de tekstgetuigen

We kunnen nu kort de voornaamste tekstgetuigen samenvatten, waarbij we gelegenheid hebben enkele te noemen die nog niet aan bod kwamen.

▲ De oudste getuige van het Nieuwe Testament is de John Rylands Papyrus. Dit fragment van het evangelie van Johannes wordt gedateerd tussen 100 en 150 na Chr.

(**a**) Bovenaan staan thans de *papyri,* met name de oudste (P52), de Chester Beatty-papyri (P45-47) en de Bodmer-papyri (P66, 72, 75) (tweede en derde eeuw).

(**b**) Dan volgen de belangrijkste handschriften, de grote *uncialen* op vellum en perkament, daterend van de vierde tot de negende eeuw, waarvan er _ 300 zijn. De Codex Sinaïticus (X). Alexandrinus (A), Vaticanus (B), Ephraemi (C), Bezae of Cantabrigiensis (= van Cambridge) (D), Washingtonianus of Freerianus (W) en Koridethianus (x) hebben we al genoemd. We zouden hieraan nog uit de zesde eeuw de *Codex Claromontanus* (= van Clermont) (D2) kunnen toevoegen, die een aanvulling op D is en net als deze zowel een Griekse als Latijnse tekst heeft en de brieven van Paulus (incl. Hebreeën) bijna compleet bevat.

(**c**) De *minuskels* dateren uit de negende tot vijftiende eeuw en hebben dus voor de tekstkritiek geringere betekenis; hun aantal beloopt ± 2650 aan manuscripten en ruim 2000 aan lectionaria (zie onder). Enkele van de belangrijkere zijn 33 („de koningin van de minuskels") uit de negende (of tiende) eeuw dat op de Openbaring na het hele Nieuwe Testament bevat en tot de „Alexandrijnse" groep behoort, en 81 (elfde eeuw) dat o.a. een heel goede tekst van de Handelingen biedt. We hebben al verteld dat de „Caesareaanse" groep o.a. vertegen-woordigd wordt door Familie I (d.w.z. de familie die met minuskel I begint en nog enkele bevat uit de twaalfde-veertiende eeuw) en Familie 13 (twaalf minuskels te beginnen met nr. 13, uit de elfde tot vijftiende eeuw). Zoals gezegd behoren verreweg de meeste minuskels tot het „Byzantijnse" type.

(**d**) Van groot belang zijn de antieke *vertalingen* van het Nieuwe Testament, ook *versies* (= directe vertalingen uit de grondtekst) genoemd. Van de *Syrische* versies (afkorting *Syr*) zijn dat vooral de *oud-Syrische* versies (bewaard in de Codex Syro-Sinaïticus en de Codex Syro-Curetonianus, ± 200), het *Diatessaron* van Tatianus (± 170), de *Pesjitta* (± 411) (zie hoofdstuk 2), en latere zoals die van bisschop *Philoxenus* (508), die van bisschop Thomas van Harkel (= Heraclea) (616) en de *Palestijns-Syrische* versie (eerste helft vijfde eeuw).

Bij de *Latijnse* versies onderscheiden we de *oud-Latijnse (It)* en de *Vulgaat* (zie hoofdstuk 2). De oud-Latijnse versies zijn vertegen-woordigd in een Afrikaanse tekst (vooral bewaard in de Codex Bobiensis [*k*] uit ± 400, kennelijk gekopieerd van een tweede-eeuwse papyrus, en in *e* en *m*) en een Europese tekst, bewaard in de Codex Vercellensis (code: *a*) (± 360) en de Codex Veronensis (*b*) die de grondslag vormde voor Hieronymus' Vulgaat, die onder andere bewaard werd in de prachtige Codex Palatinus (vijfde eeuw),

Amiatinus, Cavensis en ± 8000 (!) andere.

De *koptische* versies worden naar de gebruikte dialecten (zie hoofdstuk 2) onderscheiden in *Sahidische (Sah)* en latere *Bohairische (Boh)* versies (de laatste vooral bewaard in een Bodmer-papyrus [III] van het Johannes-Evangelie) en nog enkele Midden-Egyptische dialecten. Daarnaast moeten o.a. de *Ethiopische (Eth), Armeense (Arm), Georgische (Geo)* en *Gothische (Goth)* versies worden vermeld (zie hoofdstuk 2).

(**e**) Al enkele malen noemden we de betekenis van de bijbelcitaten van de vroege *kerkvaders*. Zij zijn van belang omdat zij ouder zijn dan de oudste codices, maar niet altijd betrouwbaar, doordat (I) de kerkvaders soms vrij (uit het hoofd) citeerden of de tekst parafraseerden, en (2) ook hun geschriften de invloeden van de overlevering ondergingen, net als de bijbeltekst zelf. Hoe gewichtig hun aanhalingen niettemin zijn, blijkt uit het feit dat vóór het eind van de eerste eeuw al veertien van de zevenentwintig nieuwtestamentische boeken geciteerd waren (door Pseudo-Barnabas en Clemens van Rome) en rond 150 n. Chr. al vierentwintig boeken (door o.a. Ignatius, Polycarpus en Hermas). Bovendien haalden zij niet alleen alle boeken, maar ook praktisch *alle verzen* van het Nieuwe Testament aan! Alleen al bij Irenaeus (Ir), Justinus Martyrus, Clemens van Alexandrië (Clem-Alex), Cyprianus (Cyp), Tertullianus (Tert), Hippolytus en Origenes (Or) (allen voor de vierde eeuw) vinden we tussen de 30 en 40.000 aanhalingen. Uit later eeuw kunnen we daaraan nog o.a. Athanasius (Ath), Cyrillus van Jeruzalem (Cyr-Jer), Eusebius (Eus), Hieronymus en Augustinus (Aug) toevoegen, die bijna alle nieuwtestamentische boeken citeerden.

(**f**) Een bron van tekstgetuigen die lange tijd veel te weinig aandacht kreeg, wordt gevormd door de talloze *lectionaria,* leesboeken die gebruikt werden voor de godsdienstoefeningen en speciaal gekozen bijbelgedeelten bevatten. De meeste ontstonden tussen de zevende en twaalfde eeuw, terwijl enkele fragmenten zijn overgebleven uit de vierde tot zesde eeuw. Met name voor sommige van de meest betwiste passages in het Nieuwe Testament (Marcus 16:9-20 en Johannes 7:53-8: 11) zijn zij van betekenis gebleken.

(g) Tenslotte noemen we de *ostraca* (potscherven), die het schrijfmateriaal van de armen vormden (zo werd een kopie van de Evangeliën gevonden op twintig zevende-eeuwse ostraca; totaal zijn er een kleine 1700 bekend), en de talloze oude *inscripties* op muren, pilaren, munten en monumenten.

Verdelen we nu de voornaamste tekstgetuigen over de vier groepen of teksttypen die we genoemd hebben (waarbij men de bevooroordeelde term „Neutraal" allang heeft vervangen door „Alexan-

drijns"), dan kunnen we die in een diagram (aan het eind van dit hoofdstuk) samenvatten. Daarbij laten we de teksttypen in de vermoede volgorde van belangrijkheid op elkaar volgen en noemen steeds eerst de papyri, dan de uncialen, dan de minuskels, dan de versies en dan de kerkvaders.

Principes van de tekstkritiek

De lezer zal intussen ook enig idee gekregen hebben van het werk van de *tekstkritiek* en van de betrouwbaarheid van de tekst van het Nieuwe Testament. Sommige mensen hebben zich daarover nogal minachtend uitgelaten en beweerd: „Er zijn wel 200.000 verschillende varianten in de Griekse tekst, hoe kan men dan ooit beweren dat die tekst van het Nieuwe Testament betrouwbaar is!" In werkelijkheid zit de zaak zo, dat van die 200.000 varianten *95%* dadelijk terzijde gesteld kan worden, omdat die van zodanige aard zijn of door zo weinig tekstgetuigen gesteund worden, dat geen enkele criticus serieus hun mogelijke authenticiteit zou overwegen. Van de overige ± 10.000 echter blijkt *95%* in geen enkel opzicht de betekenis van de tekst te betreffen, maar alleen betrekking te hebben op kwesties als spelling, grammatica, woordvolgorde. Als bijvoorbeeld één enkel woord in 1000 handschriften verkeerd gespeld wordt, tellen zij als 1000 varianten. Van de

▲ Ook oude inscripties op muren en pilaren gaven boodschappen door. Deze sarcofaag uit de catacombe van Domitilla is daar een goed voorbeeld van.

5% (± 500 varianten) die dus nog overblijven, zijn er maar vijftig van grote betekenis; maar daarbij kan men, door het overvloedige aantal tekstgetuigen, in de meeste gevallen toch de juiste tekst met een grote mate van waarschijnlijkheid reconstrueren. Over 99% van alle woorden in het Nieuwe Testament bestaat geen enkele twijfel van betekenis, terwijl de werkelijk belangrijke varianten slechts 0,1% van de woorden betreffen. Geen enkele fundamentele christelijke leer steunt op een twijfelachtige variant, en geen enkele nieuwe variant heeft ooit geleid tot een herziening van een bepaald aspect in de leer.

We kunnen er volkomen zeker van zijn dat wij, op enkele geheel onbelangrijke details na, praktisch dezelfde tekst in handen hebben als die de bijbelschrijvers neergeschreven hebben. Het aantal Griekse handschriften (± 5000) en handschriften van antieke vertalingen (± 9000) is bovendien zo groot, dat het nagenoeg zeker is dat de juiste lezing van elk twijfelachtig bijbelgedeelte in minstens één van deze oude getuigen bewaard is gebleven. Dit kan van geen enkel literair werk uit de antieke oudheid gezegd worden! In alle antieke werken komen vele plaatsen voor waar de tekst duidelijk aangetast is, maar waar men niet de beschikking heeft over andere lezingen. In dat geval kan de tekstcriticus omtrent de oorspronkelijke tekst een gok wagen, die zo voor de hand liggend mogelijk moet zijn en die ook zo goed mogelijk verklaart hoe de verschrijving zou kunnen zijn ontstaan. Het opmerkelijke is nu, dat er waarschijnlijk in het hele Nieuwe Testament geen plaats is waar zo'n gok nodig is. Soms heeft men vroeger wel een andere lezing eerst als gok voorgesteld, maar in de loop der tijd werd die dan in één van de tekstgetuigen ontdekt.

De fouten die bij het overschrijven van de manuscripten ontstaan zijn, waren varianten die meestal onopzettelijk en soms opzettelijk werden aangebracht. De *onopzettelijke* fouten waren naast gewone schrijffouten onder andere fouten van het *oog* (weglating, verdubbeling of omkering van letters of woorden etc.), van het *oor* (verkeerd verstaan wanneer handschriften gedicteerd werden), van het *geheugen* (bijv. vervanging door synoniemen, of beïnvloeding door parallelle schriftplaatsen) en van *beoordeling* (soms werden per ongeluk kanttekeningen in de tekst opgenomen, omdat men meende dat die daarin thuishoorden). Misschien horen Johannes 5: 3b, 4, Handelingen 8: 37 en I Johannes 5: 7 tot deze categorie, maar het kan ook zijn dat deze verzen opzettelijke leerstellige toevoegingen zijn geweest. Dat brengt ons tot de groep van de *opzettelijke* veranderingen, waartoe wijzigingen in spelling en grammaticale vorm behoren, verder liturgische aanpassingen die men overal in de lectionaria aantreft en die soms in de bijbeltekst inslopen, zoals de lofprijzing aan het eind van het „Onze

Vader" (vgl. Matteüs 6: 13 in de Statenvertaling en nieuwere vertalingen); ook harmonisaties van parallelle schriftplaatsen in de Evangeliën, en goedbedoelde feitelijke veranderingen door schrijvers die de tekst verkeerd begrepen (zo werd in Johannes 19:14 „zesde" soms veranderd in „derde" uur).

We hebben al gezien dat, om uit deze varianten de oorspronkelijke tekst te reconstrueren, de tekstcriticus allereerst probeert de tekstgetuigen te verdelen naar teksttypen en zo tot een indeling in groepen komt. Deze worden dan weer onderling vergeleken om ze tot één oertype te herleiden dat dan zo dicht mogelijk bij de oorspronkelijke tekst staat. Ook is al wel duidelijk geworden dat bij dit onderzoek niet alle tekstgetuigen en groepen van gelijke betekenis zijn; elk daarvan wordt op zijn waarde geschat volgens uitwendige en inwendige aanwijzingen. *Uitwendige* kentekenen zijn de *ouderdom* van het in een handschrift aangetroffen teksttype en de *geografische* verspreiding ervan (grotere verspreiding maakt het teksttype waardevoller). *Inwendige* kentekenen betreffen de gewoonten van de overschrijvers en van de auteurs. Wat de overschrijvers betreft, gaat men ervan uit dat zij gemakkelijker een ingewikkelde lezing door een eenvoudiger, een kortere door een langere, een stroef lopende door een vloeiend lopende lezing zouden vervangen. Wat de auteurs betreft, tracht men zich in te denken wat dezen het meest waarschijnlijk geschreven zullen hebben, gelet op hun stijl, de directe samenhang (context), de leerstellige harmonie en hun achtergrond. Men zal begrijpen dat al deze overwegingen niet te strak kunnen worden toegepast en dat ontzettend veel afhangt van het inzicht en de instelling van de criticus. Maar heel globaal kan men stellen dat de criticus, in volgorde van belangrijkheid, de volgende voorkeur zal uitspreken: (I) liever de oudere dan de jongere lezing; (2) liever de ingewikkelder dan de eenvoudiger lezing; (3) liever de kortere dan de langere lezing; (4) liefst de lezing die het best alle varianten verklaart; (5) liefst de geografisch wijdst verbreide lezing; (6) liefst de lezing die het best met de stijl en woordkeus van de auteur overeenkomt; (7) liefst de lezing waaruit geen leerstellig vooroordeel van de overschrijver spreekt.

Conclusie

Samenvattend kunnen we zeggen dat de betrouwbaarheid van het Griekse Nieuwe Testament werkelijk buitengewoon groot is. We weten nu dat wij in wezen dezelfde tekst bezitten als die welke gebruikt werd door de vroegste christelijke gemeenten, de Egyptische boeren, de Syrische kooplui en de Latijnse monniken. Alle kritiek over de (veronderstelde) onnauwkeurigheid of zelfs knoeierijen is verstomd. Ook de eerste protestanten, die hun monumentale bijbelvertalingen gemaakt hebben, hadden reeds een zeer nauwkeurige tekst - en wij hebben nu bovendien het bewijs daarvoor. Het werk aan de Griekse tekst gaat weliswaar nog steeds vol ijver door, vooral vanwege steeds weer nieuwe ontdekkingen, en deze studies leveren zeker nog veel interessante details op. Maar de „gewone" bijbellezer mag er al sinds lang van overtuigd zijn dat hij een wonder in de hand houdt: het wonder van de overlevering van het Nieuwe én het Oude Testament.

OVERZICHT VAN DE TEKSTGETUIGEN VAN HET NIEUWE TESTAMENT

	Evangeliën	Handelingen	Brieven van Paulus	Algemene brieven	Openbaring
Alexandrijns	P1, P5, P22, (P66), P75 x , B, C, W (Luc. 1-8:12; Joh. 5:13 v.v.) 33 (± 10 minus-kels) Boh, (Sah) Ath, (Or)	P8, (P50) x,A,B,C 33,81 (± 6 minus-kels) Boh, (Sah) Ath, Clem-Alex? (Or)	P10, P13, P15, P16, P27, P32, P40, P65 x,A,B,C 33,81 (± 9 minus-kels) Boh, (Sah)	P20, P23, P72 x,A,B,C 33,81 (± 9 minus-kels) Boh, (Sah) Ath, Clem-Alex? (Or)	P18, P47 x,A,C ± 14 minuskels
Ceasareaans	P37, P45 o , W (Marc. 5 v.v.) Fam. 1, Fam. 13 (± 21 minuskels)) Geo, Arm, Pal-Syr Eus, Cyr-Jer, (Or)	P45 Teksttype nog niet onderscheiden in de rest van het Nieuwe Testament Cyr-Jer?			
Westers	P25 D, W (Marc. 1-5) It (vooral k en e), Sin-Syr, Cur-Syr Tert. Ir. Clem-Alex, Cyp, (Aug)	P38, P41, P48 D ± 11 minuskels It, Hark-Syr	D ± 7 minuskels It	P38 D It, Hark-Syr Ir, Tert, Cyp, Aug	It?
Byzantijns	A.W. (Matt.; Luc. 8: 12 v.v.) meeste minuskels Goth, latere versies latere kerkvaders	meeste minuskels Goth, latere versies latere kerkvaders	meeste andere minuskels Goth, latere versies latere kerkvaders	meeste andere minuskels Goth, latere versies latere kerkvaders	meeste andere minuskels Goth, latere versies latere kerkvaders

▲ Kunstenaars zijn vaak geïnspireerd door de apocriefe boeken, zoals Rembrandt die in 1626 'Tobit en Anna met het bokje' schilderde.

HOOFDSTUK 5

Canonieke en apocriefe boeken

We hebben nu de overlevering van de tekst zowel van het Oude als van het Nieuwe Testament gevolgd en gezien wat een wonderbaarlijk boek wij in handen hebben gekregen. Wij geloven dat het God zelf is geweest die over zijn Woord gewaakt heeft en op een heel bijzondere wijze (die in de verste verte haar weerga niet vindt in de klassieke literatuur) ons over een periode van 3400 jaar (en misschien wel duizenden jaren meer; zie de hoofdstukken 2 en 3) een Bijbel gegeven heeft die er op enkele details na nog net zo uitziet als toen de bijbelschrijvers hem schreven. Hoe belangrijk het is in te zien dat de Bijbel een goddelijk boek is, door Gods ingeving ontstaan en door Gods voorzienigheid overgeleverd, blijkt wel uit de twee kwesties die we nu moeten behandelen. Als de Bijbel een goddelijk boek is, zullen we immers niet alleen moeten letten op de goddelijke wijze waarop de Bijbel ons overgeleverd is, maar ook op de vraag wat de bijbelboeken dan wel onderscheidt van andere religieuze maar niet door God geïnspireerde boeken. Anders gezegd: welke boeken horen in de Bijbel thuis en welke niet? Wie bepaalt dat? Op welke gronden? Hoe is dat in de geschiedenis gegaan? Het antwoord op deze vraag geven we in twee fasen:

(a) in dit hoofdstuk willen we laten zien dat bepaalde boeken *canoniek* verklaard werden (in de Bijbel werden opgenomen), omdat ze *goddelijk gezag* bleken te hebben;

(b) in hoofdstuk 6 willen we laten zien dat bepaalde boeken *goddelijk gezag* hebben, doordat zij door God *geïnspireerd* (ingegeven) bleken te zijn. Deze drie termen moet men goed onderscheiden. Bepaalde boeken hebben niet alleen maar goddelijk gezag omdat ze in de Bijbel staan, maar ze zijn in de Bijbel terechtgekomen omdat zij goddelijk gezag hebben. Zij zijn canoniek omdat zij gezaghebbend zijn, niet andersom.

Wat is canoniek?

Laten we nu eerst nagaan wat canoniek is, en vervolgens wat de kenmerken van canonieke boeken zijn. Het woord *canon* is via de Latijnse Vulgaat tot ons gekomen uit het Grieks, dat het weer ontleend heeft aan het Hebreeuwse woord *qaneh* dat, „riet" betekent. Een riet werd

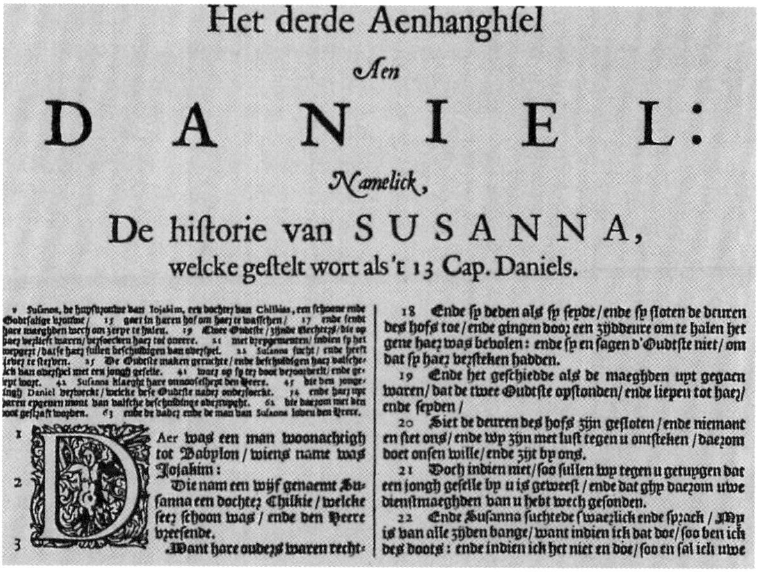

Het derde Aenhanghſel

Aen

D A N I E L:

Namelick,

De hiſtorie van S U S A N N A,

welcke geſtelt wort als 't 13 Cap. Daniels.

1 Daer was een man woonachtigh tot Babylon / wiens name was Jojakim:

2 Die nam een wijf genaemt Suſanna een dochter Chilkie / welcke seer schoon was / ende den Heere vreesende.

3 Want hare ouders waren recht-

18 Ende sy deden als sy seyde / ende sy sloten de deuren des hofs toe / ende gingen door een zijddeure om te halen het gene haer was bevolen: ende sy en sagen d'Oudtste niet / om dat sy haer verstekken hadden.

19 Ende het geschiedde als de maeghden uyt gegaen waren / dat de twee Oudtste opstonden / ende liepen tot haer / ende seyden /

20 Siet de deuren des hofs zijn gesloten / ende niemant en siet ons / ende wy zijn met lust tegen u ontsteken / daerom doet onsen wille / ende zijt by ons.

21 Doch indien niet / soo sullen wy tegen u getuygen dat een jongh geselle by u is geweest / ende dat ghy daerom uwe dienstmaeghden van u hebt wech gesonden.

22 Ende Susanna suchtede swaerlick ende sprack / My is van alle zijden bange / want indien ick dat doe / soo ben ick des doots: ende indien ick het niet en doe / soo en sal ick uwe

gebruikt als „meetriet” (vgl. Ezechiël 40:3) en daardoor kreeg het woord ook de zin van „maatstaf, standaard”. In deze betekenis („regel”) kwam het ook in het Nieuwe Testament terecht (o.a. Galaten 6: 16) en zo werd het woord aanvankelijk ook door de kerkvaders gebruikt. Origenes (184-254) sprak over de Schriften als de *canon* in de zin van de „regel voor geloof en leven”. Pas in de tijd van Athanasius (296-373) ging men het woord gebruiken zoals wij vandaag nog steeds doen, namelijk als een „lijst van goddelijk gezaghebbende boeken”. Men moet deze betekenissen, hoewel ze dicht bij elkaar liggen, wel onderscheiden. In de *actieve* betekenis is een boek canoniek, omdat het een gezaghebbende „maatstaf” voor het geloofsleven is; in de *passieve* betekenis is een boek canoniek, omdat het beantwoordt aan de „maatstaf” die bepaalt of een boek geïnspireerd dus gezaghebbend is. Maar dat deze betekenissen heel nauw verband met elkaar houden is duidelijk, want alleen geïnspireerde boeken hebben goddelijk gezag over geloof en leven.

Wat zijn nu precies de maatstaven waaraan geschriften in het verleden voldeden, zodat ze als „canoniek” beschouwd werden en dus in de Bijbel werden opgenomen? Het kan niet zijn eenvoudig omdat een Israëlitisch boek erg oud was (zoals Eichhorn stelde, 1780). Enerzijds werden zeer oude boeken niet in de canon opgenomen, zoals

▲ Een apocrief boek is het derde aanhangsel aan Daniël dat de geschiedenis van Susanna bevat.

het Boek des Oprechten (Jozua 10: 13) en het Boek van de Oorlogen des HEREN (Numeri 21: 14). Anderzijds hebben we al aangetoond dat boeken gewoonlijk direct („op jonge leeftijd") in de canon opgenomen werden. Het kan ook niet zijn dat de „gewijde" Hebreeuwse taal bepaalde of een boek canoniek was of niet (zo Hitzig, ± 1850). Enerzijds werden sommige oude geschriften in het gewijde Hebreeuws zonder meer door iedereen als niet-canoniek beschouwd. Anderzijds zijn er delen van de canonieke oudtestamentische boeken die in het Aramees gesteld zijn, namelijk Ezra 4:8-6: 18; 7: 12-26, Jeremia 10: 11 en Daniël 2:4b-7:28. Ook de opvatting dat overeenstemming met de Torah bepaalde of een boek canoniek was (zo Wildeboer, 1895), is ontoereikend. Natuurlijk stemmen alle bijbelboeken met de Torah overeen. Maar enerzijds zijn er nog heel wat andere boeken die met de Torah overeenstemmen en toch niet canoniek zijn. En anderzijds vertelt deze opvatting ons niet waarom de Torah zelf canoniek is. Al deze opvattingen bieden ons geen absolute maatstaf. Die maatstaf kan alleen zijn dat díe boeken canoniek zijn die door God zijn geïnspireerd en met goddelijk gezag zijn bekleed. Niet de mensen, niet de leiders van het jodendom of het christendom hebben de bijbelboeken officieel gezag verleend - zij konden alleen *erkennen* welke boeken dit gezag klaarblijkelijk *bezaten*. Nooit hebben welke leiders dan ook in het verleden, bij welk concilie dan ook, „bepaald" of „vastgesteld" welke boeken in de canon moesten worden opgenomen en welke niet. Zij konden (zo nodig) hoogstens officieel vaststellen welke boeken op grond van hun goddelijk gezag klaarblijkelijk tot de canon *behoorden*. Nogmaals: geen enkel boek is „maatgevend" (= canoniek) omdat het ooit door mensen in de canon is opgenomen - dat is eenvoudig een verwarring van de twee aspecten van het begrip „canon". Een boek is alleen maatgevend omdat het overduidelijk door God met gezag bekleed is, dat is door God geïnspireerd is. Het enige dat in Gods voorzienigheid aan mensen werd overgelaten, was zulke goddelijk gezaghebbende boeken als zodanig te *herkennen*. Het is dit proces, de vaststelling welke boeken klaarblijkelijk van God kwamen en welke niet, dat wij door de eeuwen heen kort willen volgen. Maar eerst moeten we ons zorgvuldig rekenschap geven van de criteria volgens welke een boek als canoniek herkend kon worden.

Het profetisch criterium

Het belangrijkste criterium was ongetwijfeld het *profetische* respectievelijk *apostolische* karakter van een boek. Als iemand een erkende profeet van God was, dan was het voor iedereen duidelijk dat zijn geschriften niet waren voortgekomen uit de wil van een mens, maar door de ingeving van de Heilige Geest (2 Petrus 1:20, 21). God sprak tot de vaderen door de profeten (Hebreeën 1: 1). En als een boek geschreven was door een apostel van Jezus Christus, dan moest het als canoniek aanvaard worden (vgl. Galaten 1: 1,8v., 11v.). Enerzijds is er geen enkel geval bekend van een werkelijk profetisch of apostolisch boek dat als niet-canoniek werd verworpen. Anderzijds werden boeken die dit kenmerk niet hadden, onmiddellijk door de gelovigen verworpen (2 Tessalonicenzen 2:2; vgl. ook I Johannes 2.18v.; 4: 1-3; 2 Korintiërs 11: 13). In het oude Testament vinden wij dus in feite, in deze betekenis, uitsluitend profetische boeken: eerst de vijf van Mozes die een profeet was (Deuteronomium 18: 15, 18), dan de boeken van de vroege en late profeten (vermoedelijk geschreven door resp. Jozua, Samuël, Jeremia en Ezra; verder door Jesaja, Jeremia, Ezechiël en de twaalf „kleine" profeten; zie hoofdstuk 3) en ten derde is er de groep van de „Geschriften", die echter evenzeer profetisch zijn, ook al zijn zij niet altijd geschreven door mannen die van „beroep" profeet waren (bijv. de koningen David en Salomo en de politieke functionaris Daniël). Dat deze geschriften ook profetische boeken zijn, blijkt duidelijk uit het feit dat de oudste indeling van het Oude Testament niet driedelig (Wet, Profeten, Geschriften) maar tweedelig was. Tijdens en na de ballingschap sprak men van „de wet (van Mozes)" en „de profeten" (Daniël 9; 2, 6, 11; Zacharia 7: 12; Nehemia 9: 14, 29v.) en zo vinden we het ook bijna altijd in het Nieuwe Testament (Matteüs 5: 17v.; 22:40; Lucas 16:16, 29, 31; 24:27; Handelingen 13:15; 24:14; 26:22). Het Oude Testament bestaat dus uitsluitend uit boeken, geschreven door mannen met een profetische roeping en gave en daarom door God gedreven.

Ook de boeken van het Nieuwe Testament zijn geschreven door mannen met een speciale roeping en gave, namelijk eerst en vooral de apostelen. Van de acht nieuwtestamentische schrijvers behoorden drie (Matteüs, Johannes en Petrus) tot de twaalf discipelen of apostelen van de Here Jezus (Lucas 6: 13-15). Paulus was de grote apostel der heidenen die naast de twaalf door Christus geroepen werd (zie bijv. Romeinen 1:5; 2 Timoteüs 1:11). De briefschrijver Jakobus, de broer van Christus, stond volgens Galaten 1: 19 ook als een apostel bekend; sommigen menen zelfs dat hij dezelfde is als Jakobus, de zoon van Alféüs (Matteüs 10: 3), dus ook één van de twaalf. De briefschrijver Judas was een broer van Jakobus. Sommigen menen dat hij de in Lucas 6: 16 genoemde apostel Judas is; in ieder geval behoorde hij tot het gezelschap van de apostelen (vgl. Handelingen 15: 27). Hetzelfde gold voor de evangelisten Marcus en Lucas; hoewel zelf niet apostelen genoemd, waren zij nauwe metgezellen en medewerkers van apostelen: Marcus van de apostelen Petrus (vgl. I Petrus 5: 13) en Paulus (2 Timoteüs 4: 11; Filemon vs 24) en Lucas van Paulus (dezelfde verzen). Apostolisch *auteurschap* was trouwens ook niet doorslaggevend voor het canonieke karakter van een boek; de christelijke kerk is gebouwd op het fundament van de apostelen én (nieuwtestamentische) profeten (Efeziërs 2:20; vgl. 3:5). Dus mannen die, hoewel geen apostelen, toch een profetische roeping hadden, hebben mede het fundament gevormd. Hun boeken hebben geen apostolische auteurs, maar wel apostolisch gezag en apostolische instemming. Juist vanwege dit noodzakelijke profetische karakter van een bijbelboek werd de tweede brief van Petrus lange tijd met veel aarzeling als canoniek beschouwd. Pas toen de kerkvaders overtuigd waren dat het geen vervalsing was maar werkelijk door Petrus was geschreven (vgl. 2 Petrus 1: 1), kreeg het een vaste plaats in de canon.

Het gezagscriterium

Soms was de roeping van een profeet niet direct duidelijk of was de schrijver van een boek onzeker, zoals bij de brief aan de Hebreeën. In dat geval ging een tweede criterium sterk meespreken, namelijk het *goddelijk gezag* van een boek. Elk bijbelboek spreekt op gezaghebbende toon en direct namens God: talloze malen gebeurt dit zelfs met een uitdrukkelijk: „Zo spreekt de HERE", of: „Het woord des HEREN kwam tot mij", of: „De HERE sprak tot mij". In de historische boeken vinden we gezaghebbende uitspraken over wat God gedaan heeft, in de onderwijzende boeken vinden we gezaghebbende uitspraken over wat gelovigen moeten doen. De nieuwtestamentische boeken worden duidelijk gesteund door apostolisch gezag, maar dit is afgeleid gezag: uiteindelijk is er maar één absolute gezagsinstantie, namelijk de HERE zelf. Het is het gezag van de HERE dat de apostelen en profeten uitoefenen (vgl. I Korintiërs 14 : 37; Galaten 1: 1,12). Het is niet altijd gemakkelijk werkelijk goddelijk gezag te herkennen. Sommige apocriefe boeken claimen ook gezaghebbend te zijn, maar dat is geen absoluut criterium, zoals het profetische karakter van een boek dat wél is. Daarom werden sommige boeken die beweerden goddelijk gezag te hebben, op andere gronden toch verworpen. Bij andere boeken was het juist andersom: het bleek niet direct duidelijk dat zij met goddelijk gezag spraken. Een voorbeeld daarvan was het boek Esther, waarin immers zelfs de naam van God ontbreekt. Pas toen het algemeen duidelijk was dat Gods bescherming over zijn volk en daarmee zijn plannen en bedoelingen met zijn volk juist heel duidelijk in het boek gevonden worden, kreeg het boek een plaats in de oudtestamentische canon. Trouwens, het feit dat over bepaalde boeken aarzeling bestond, hoeft ons niet te verontrusten, maar wijst er juist op dat Gods volk niet klakkeloos maar met zorg en onderscheidingsvermogen te werk ging. Tenzij men overtuigd was van het goddelijk gezag van een boek, werd het verworpen. Dit was de taak én de bekwaamheid van Gods volk. De godvrezende joden en christenen waren heus niet altijd briljante personen, maar zij hadden wél de bekwaamheid goddelijk gezag te herkennen. Toen Christus de Farizeeën vroeg of Johannes de Doper doopte op grond van gezag van mensen óf van God en dezen beweerden dat zij dat niet wisten, wilde Hij ook niet zeggen op grond van welk gezag Híj handelde. Met andere woorden: als mensen geen goddelijk gezag kunnen herkennen wanneer het tot hen komt, dan zal geen enkel argument of teken hen overtuigen.

Andere criteria

Er zijn nog enkele andere criteria voor het canonieke karakter van een boek, die vooral een rol gaan spelen, wanneer het profetische en/of gezaghebbende karakter van een boek niet direct duidelijk zijn, zoals in het genoemde geval van Esther. Een derde criterium is namelijk de *geestelijke kracht* van een boek. „Het woord Gods is levend en krachtig" (Hebreeën 4: 12), vandaar dat de geïnspireerde Schriften iemand wijs kunnen maken tot zaligheid door het geloof in Christus Jezus en nuttig zijn om te onderrichten, te weerleggen, te verbeteren en op te voeden in de gerechtigheid (2 Timoteüs 3: 15-17). Petrus spreekt van het „levende en blijvende woord van God" en vergelijkt het met „redelijke, onvervalste melk" (I Petrus 1:23; 2:2). Werkelijk canonieke boeken hebben dus het kenmerk dat zij opbouwend, stichtelijk en levensvernieuwend zijn. Dit kenmerk is niet altijd even duidelijk; pas toen bleek dat het Hooglied ook een duidelijk geestelijke betekenis had, behield het zijn plaats in de canon.

Een vierde kenmerk van canonieke boeken is hun *feitelijke en leerstellige juistheid*. Dit criterium werd vooral in negatieve zin gebruikt: elk boek dat in het licht van vroegere openbaringen kennelijk inhoudelijke onjuistheden bevatte, werd als niet-canoniek verworpen op grond van de simpele overweging dat Gods woord waar en consequent moet zijn. Het boek Judith zit bijvoorbeeld vol historische nonsens; andere boeken bevatten de totaal onbijbelse aanbeveling om tot de doden te bidden. Bevatte een boek géén onjuistheden, dan was daarmee natuurlijk nog lang niet gezegd dat het canoniek was; maar bevatte het die wel, dan kon het zonder meer verworpen worden. Vandaar dat de Bereeërs de leer van Paulus nauwgezet toetsten aan de Schriften, om na te gaan of zijn nieuwe leer in overeenstemming was met de oude openbaringen (Handelingen 17: 11), zodat zij „het gepredikte woord Gods" konden aannemen, „niet als een woord van mensen, maar, wat het inderdaad is, als een woord van God" (vgl. I Tessalonicenzen 2: 13). Juist vanwege hun leerstellige dwalingen en historische onwaarheden werden veel apocriefe boeken verworpen, ook al spraken zij vaak met veel gezag.

Tenslotte is er het criterium van de *oorspronkelijke aanvaarding* van een boek. Hoe werd een geschrift ontvangen door de personen aan wie het in eerste instantie gericht was? Zíj waren toch bij uitstek in staat om het al of niet als Gods woord te herkennen. Daarom trachtten latere generaties te weten te komen of en hoe een boek oorspronkelijk was ontvangen en verzameld door de eerst geadresseerden. Daar communicatie en transport in die tijden gebrekkig waren, kostte het vaak veel tijd en moeite hierover informatie te krijgen. Dit was één van de voornaamste redenen waarom het zolang duurde, voordat bepaalde nieuwtestamentische boeken algemeen als canoniek werden erkend. Bovendien werd ook dit criterium vooral negatief gebruikt: was een boek niet door de eerst geadresseerde gelovigen direct en algemeen aanvaard, dan werd het zonder meer verworpen. Maar omgekeerd betekende het feit dat een boek door bepaalde gelovigen op een bepaalde plaats aanvaard werd, níet zonder meer dat het dus een geïnspireerd boek was. In latere generaties gaven sommige christenen die niet goed geïnformeerd waren over de oorspronkelijke aanvaarding of afwijzing van een boek, een plaatselijke en tijdelijke erkenning aan boeken die in feite niet-canoniek waren, totdat zij opheldering kregen over hun verkeerde standpunt.

De noodzaak van een canon

Het laatste punt toont op zichzelf al aan hoe belangrijk het was tot een algemene aanvaarding van de werkelijk canonieke boeken te komen, opdat er in dat opzicht een eenheid in de christelijke kerk zou komen. Ten aanzien van de canon van het Oude Testament was dit probleem veel minder groot geweest, omdat de Israëlieten een kleine en hechte gemeenschap vormden en hun boeken aanvankelijk een kleine verspreiding hadden. Voor hen ontstonden op dit punt pas problemen nadat Jeruzalem in 70 n. Chr. verwoest en de joodse gemeenschap verstrooid was. Mede doordat veel christelijke geschriften begonnen te circuleren, ontstond voor de joden de noodzaak tot een formele uitspraak over de oudtestamentische canon te komen, zoals die inderdaad naderhand in de Talmoed werd vastgelegd. Voor de wijd en zijd verspreide christenen was de noodzaak van een formele vaststelling van de nieuwtestamentische canon nog veel groter. Daarvoor waren drie redenen:

(a) Een *leerstellige* reden: in ± 140 n. Chr. kwam de dwaalleraar Marcion naar Rome, verkondigde daar een nieuwe leer en kreeg al gauw veel aanhangers. Hij verwierp zonder meer het hele Oude Testament en stelde een sterk verkorte canon van het Nieuwe Testament op, die alleen uit het Lucas-Evangelie en de brieven van Paulus (behalve die aan Timoteüs en Titus) bestond, welke hij bovendien naar eigen inzichten veranderde! Daardoor ontstond voor de kerkvaders de noodzaak niet een alternatieve canon op te stellen, maar openlijk aan te duiden welke de tot dusver algemeen aanvaarde canon was; alle christenen moesten weten op welke boeken zij zich konden beroepen.

(b) Een *kerkelijke* reden: op veel plaatsen, met name in de oosterse gemeenten, werden boeken voorgelezen die vaak hoog gewaardeerd werden, maar beslist twijfelachtig waren. Ook nadat zij als niet-canoniek waren afgewezen, werden bepaalde boeken die van opbouwende aard waren, nog in de gemeenten voorgelezen; vandaar dat zij in sommige oude handschriften zoals de Codex Sinaïticus (zie hoofdstuk 4) voorkomen. Maar wel moest duidelijk worden vastgesteld welke stichtelijke boeken canoniek waren en welke niet; dit mede met het oog op de vraag welke boeken in de vreemde talen van gekerstende volken moesten worden vertaald.

(c) Een *wereldlijke* reden: toen in 303 n. Chr. de laatste grote christenvervolging in het Romeinse Rijk uitbrak, beval keizer Diocletianus

▲ Toen het joodse volk na de val van Jeruzalem in 70 na Chr. gevangengenomen en verstrooid werd, ontstond de noodzaak voor de joden tot een officiële oudtestamentische canon te komen. In de triomfboog van Titus zijn de geroofde tempelschatten en enkele van de gevangenen te zien.

alle nieuwtestamentische Schriften te vernietigen. Daartoe moesten de gemeenten al hun heilige boekrollen inleveren, maar deze beschouwden zo'n inlevering als regelrechte afval van God en probeerden de autoriteiten af te schepen door andere christelijke, niet-canonieke boeken in te leveren in de hoop dat de politie het verschil niet zou zien. Op deze manier beseften de vroege christenen het praktische onderscheid tussen canonieke en niet-canonieke boeken beter en werd dit in de hele christenheid meer bekend.

De oudtestamentische canon

We hebben nu de criteria en de noodzaak van een canon (formele lijst van geïnspireerde boeken) gezien; nu komt de vraag welke getuigenissen wij hebben dat wij in onze Bijbel inderdaad de juiste canon hebben. Wat het Oude Testament betreft hebben we al gezien (hoofdstuk 3) dat omstreeks de tijd van Nehemia en Maleachi (± 400 v. Chr.) de Hebreeuwse canon compleet was met zijn vierentwintig (naar onze telling negenendertig) boeken. Voor de christen is het belangrijkste bewijsmateriaal voor de omvang van deze canon te vinden in het Nieuwe Testament. Het citeert bijna alle oudtestamentische boeken als gezaghebbende Schriften (zie hoofdstuk 6); dit geldt ook voor de *Ketubhim* (of „Geschriften"; zie hoofdstuk 3) waarvan sommigen menen dat die pas veel later officieel in de canon zijn opgenomen. De enige boeken die niet geciteerd worden, zijn Richteren-Ruth, Kronieken, Esther en Hooglied; er worden echter wel gebeurtenissen uit Richteren (Hebreeën I 1: 32) en Kronieken (2 Kronieken 24: 20v.; Matteüs 23: 35) als authentiek aangehaald, terwijl Christus Zich in Matteüs 9: 15 met duidelijke verwijzing naar het Hooglied als bruidegom voorstelt. Daartegenover wordt wel een enkele maal in het Nieuwe Testament een misschien in een apocrief boek vermeld voorval gezaghebbend aangehaald (zie 2 Timoteüs 3:8; Judas vs. 9, 14), maar niet rechtstreeks, nimmer als Schrift, nooit met de idee dat het aangehaalde werk zelf gezaghebbend zou zijn. Zoals we gezien hebben, bevestigt het Nieuwe Testament ook de driedeling (Wet, Profeten, Geschriften) van het Oude Testament (Lucas 24: 44), waarbij de laatste twee delen overigens meestal als „profeten" worden samengevat (zie boven). In veel opzichten bekritiseerde de Here Jezus de joodse traditie, maar nooit verschilde Hij met de religieuze leiders van mening over de canon van de Hebreeuwse Bijbel (zie Johannes 10 : 31-36).

De eerste vermelding van een drieledige indeling van het Oude Testament vinden we in het voorwoord dat de Griekse vertaler (de kleinzoon van de Hebreeuwse schrijver) van het apocriefe boek Jezus Sirach in 132 v. Chr. aan het boek toevoegde. Hij spreekt enkele malen over de wet, de profeten en de „overige boeken". Er was kennelijk al een duidelijk besef van de Hebreeuwse canon, zoals we ook aantreffen bij Philo, de geleerde jood in Alexandrië in de tijd van Christus. Hij erkende het gezag van de heilige boeken en beschouwde de apocriefe boeken niet als gezaghebbend; dit wijst erop dat, hoewel deze boeken opgenomen waren in de Septuaginta (de Griekse vertaling van de Alexandrijnse joden; zie hoofdstuk 2), zij door hen niet werkelijk als canoniek beschouwd werden.

Belangrijk is het getuigenis van Flavius Josephus, een andere geleerde jood, tegen het eind van de eerste eeuw. In zijn werk *Tegen Apion* (I:8) maakt hij duidelijk dat de joden slechts tweeëntwintig boeken als goddelijk gezaghebbend beschouwden en dat de joodse boeken die vanaf de tijd van koning Artaxerxes (dus van Nehemia) geschreven waren, dit gezag niet hadden omdat er toen geen exacte opvolging van profeten meer was. Hij bevestigt dus dat de canon chronologisch met het boek van Maleachi was afgesloten; hetzelfde getuigt de Talmoed. Het is interessant dat Josephus van tweeëntwintig boeken spreekt (waarschijnlijk overeenkomstig het aantal letters van het Hebreeuwse alfabet) en daarin vijf boeken van Mozes onderscheidt, dertien profetische boeken en vier boeken met lofprijzingen en leefregels. In hoofdstuk 3 hebben we de vierentwintig boeken van de Hebreeuwse canon opgesomd; wellicht kwam Josephus op tweeëntwintig door Ruth en Klaagliederen als aanhangsels van Richteren resp. Jeremia te beschouwen. Met zijn groep van vier boeken heeft hij kennelijk de Psalmen, Spreuken, Prediker en Job óf Hooglied bedoeld; de overige rekent hij tot de profetische boeken. Volgens hem is dus ook Daniël een profetisch boek; reken daarbij de vondst van een vroeg fragment van Daniël onder de Dode-Zeerollen (hoofdstuk 3) en de verwijzing van Christus naar Daniël de proféét (Matteüs 24: 15), en weinig blijft over van de bewering van sommige critici dat Daniël slechts een laat (tweede eeuw v. Chr.) en niet-profetisch boek is.

Dit laatste punt is belangrijk, omdat de groep van de „Geschriften" (het derde deel van de Hebreeuwse canon waartoe ook Daniël gerekend wordt) soms beschouwd wordt als een veel latere en twijfelachtige toevoeging aan de canon. We hebben echter gezien dat (a) deze geschriften evenzeer als profetische boeken beschouwd worden (vgl. bijv. Lucas 24:27 met vs. 44 en de aanduiding van de Psalmen als „wet" en „Schrift" in Johannes 10: 34-36), dat (b) reeds zowel Jezus Sirach's kleinzoon als het Nieuwe Testament en Josephus ook de „Geschriften" als canoniek beschouwen, en dat (c) Josephus en de Talmoed duidelijk stellen dat met Maleachi de canon voltooid was (toen behoorden dus ook reeds de „Geschriften" tot de canon). De

Talmoed leert dat de profeten profeteerden tot op de tijd van Alexander de Grote, dat daarna de Heilige Geest van Israël week en dat dus de boeken van Jezus Sirach en alle andere uit die tijd niet-canoniek zijn.

De voornaamste reden dat sommigen niettemin geloven dat de „Geschriften" in de tijd van Christus nog niet compleet en/of canoniek waren, is dat wij berichten hebben over rabbijnse debatten betreffende sommige van die geschriften in de plaats Jamnia rond het jaar 90 n. Chr. Er werden bezwaren geopperd tegen Spreuken, Prediker, Hooglied en Esther, maar die werden alle weerlegd. Men heeft soms wel van een Concilie van Jamnia gesproken, waar deze boeken officieel in de Hebreeuwse canon zouden zijn opgenomen, maar dit is niet juist. Ten eerste was het helemaal geen concilie van gezaghebbende joodse leiders, maar alleen een vergadering van geleerden. Ten tweede werden er geen boeken in de canon opgenomen, maar alleen boeken bediscussieerd die zich allang in de canon bevonden, en werden er geen boeken uit de canon verwijderd die tevoren wel waren aanvaard. Het werk van de rabbijnen in Jamnia leidde tot de informele bevéstiging van de canon, niet de opstelling ervan.

De oudst dateerbare christelijke canon van het Oude Testament werd opgesteld door Melito, bisschop van Sardis (± 170 n. Chr.), naar zijn zeggen op grond van zorgvuldig onderzoek tijdens zijn reis door Syrië. Deze lijst, die door Eusebius in zijn *Kerkgeschiedenis* werd opgenomen, omvat (als wij aannemen dat Melito de Klaagliederen onder Jeremia en Nehemia onder Ezra rekende) alle oudtestamentische boeken op Esther na (dat kennelijk in Syrië minder bekend was). Een lijst uit diezelfde tijd, vermeld op een manuscript dat bewaard wordt in de Bibliotheek van het Griekse Patriarchaat in Jeruzalem, noemt de hele Hebreeuwse canon; alleen Klaagliederen wordt niet genoemd, maar werd waarschijnlijk als een aanhangsel bij Jeremia beschouwd. De grote Griekse bijbelgeleerde Origenes (eerste helft derde eeuw) vermeldt de volledige oudtestamentische canon, maar noemt daarbij ook de apocriefe „Brief van Jeremia". Ook Athanasius gaf in 367 een lijst uit, waarin hij Esther (dat hij apocrief noemt) weglaat en Baruch (incl. de „Brief van Jeremia") toevoegt. De Latijnse bijbelgeleerde Hieronymus (± 400) geeft ons in zijn voorwoord tot zijn commentaar op Daniël precies dezelfde canon als wij kennen.

De nieuwtestamentische canon

We hebben al gezien dat de uiteindelijke vaststelling van wat nu precies de canon van het Nieuwe Testament omvatte, heel wat langer duurde dan die van het Oude Testament vanwege de enorme verspreiding en de gebrekkige communicatie van de vroege christenen. Maar reeds de allervroegste kerkvaders (de „apostolische vaders” zoals Ignatius en Polycarpus; begin tweede eeuw) waren zich bewust van het verschil tussen hun geschriften en die van de apostelen. Ignatius schrijft in een brief: „Ik wens u niet te bevelen zoals Petrus en Paulus: zíj waren apostelen”. En in Pseudo-Barnabas en 2 Clemens worden reeds woorden uit Matteüs als Heilige Schrift aangehaald. Justinus Martyr (± 150) deelt ons mee dat in de gemeentelijke bijeenkomsten de „gedenkschriften die Evangeliën genoemd worden” en de „gedenkschriften van de apostelen” gelezen werden, naast de „geschriften van de profeten”. We horen echter nog niet welke Evangeliën en apostolische boeken dit zijn.

Vanaf Irenaeus (± 180) krijgen we meer duidelijkheid. Hij was een leerling van Polycarpus, de discipel van Johannes, en werd bisschop van Lyon. Uit zijn geschriften blijkt dat de vier Evangeliën, de Handelingen, de brieven van Paulus (incl. Filemon?), I Petrus, I en 2 Johannes en de Openbaring als canoniek aanvaard waren, maar o.a. Jacobus en Hebreeën vallen er nog buiten. Vooral opvallend is het feit dat de idee van een viervoudig Evangelie kennelijk in de hele christenheid reeds als een absoluut vaststaand gegeven beschouwd werd (vgl. hoofdstuk 4 over het *Diatessaron* van Tatianus). Tertullianus (± 200) kent de vier Evangeliën, de Handelingen, dertien brieven van Paulus, I Petrus, 1 Johannes, Judas en de Openbaring. Interessant is uit die tijd de *Canon Muratori,* een lijst van nieuwtestamentische boeken uit Rome (eind tweede eeuw), genoemd naar de antiquair die hem ontdekte (1740). Het is kennelijk een orthodox protest tegen de genoemde „canon” van Marcion en omvat de vier Evangeliën, de Handelingen, dertien brieven van Paulus, Judas, twee brieven van Johannes en de Openbaring. De „Openbaring van Petrus” wordt niet geheel geaccepteerd en de „Pastor” van Hermas wordt als niet-canoniek afgewezen. Het is vreemd dat onder andere Hebreeën en I Petrus ontbreken, maar men heeft wel gemeend dat het manuscript niet volledig is en daarom vroeger deze boeken vermeld kan hebben.

Het gebrek aan communicatie tussen Oost en West blijkt heel opmerkelijk uit de vroegste antieke vertalingen. De (westerse) oud-Latijnse vertaling bevat enkele boeken niet die vooral in het Oosten circuleerden (Hebreeën, Jacobus, I Petrus), terwijl de (oosterse) oud-Syrische vertaling enkele boeken mist die vooral in het Westen bekend waren (2 en 3 Johannes, Judas, Openbaring). Het duurde geruime tijd voordat de ontbrekende boeken over en weer bekend geworden waren, maar samen omvatten deze twee oudste Bijbels de hele nieuwtestamentische canon (op 2 Petrus na; zie onder). Zoals men kan verwachten vinden we de vroegste volledige vermelding van de hele canon tussen de uitersten (Rome en Syrië) in. Origenes (± 230) in Egypte geeft de volledige lijst als zijnde alom door de christenen erkend, waarbij naar zijn zeggen alleen Hebreeën, 2 Petrus, 2 en 3 Johannes, Jacobus en Judas door enkelen in twijfel getrokken worden; hij weerlegt dit echter zelf en stelt uitdrukkelijk dat Hebreeën door Paulus geschreven is. Eusebius (± 340) in Caesarea vermeldt dezelfde canon en noemt (op Hebreeën na) dezelfde door enkelen betwijfelde boeken. Cyrillus van Jeruzalem (± 370) beschouwt al de ons bekende boeken als canoniek behalve de Openbaring. De oudst bekende volledige lijst van de zevenentwintig nieuwtestamentische boeken is die van Athanasius, bisschop van Alexandrië, vermeld in zijn paasbrief van het jaar 367. Kort nadien zien we hoe in het westen ditzelfde gebeurt door Hieronymus en Augustinus (± 400), en hoe de canon officieel bekrachtigd wordt tijdens de Concilies van Hippo (393) en Carthago (397 en 419). Daarbij wijzen we er nog eens nadrukkelijk op, dat deze concilies niet beslisten welke boeken in de canon moesten worden opgenomen, maar alleen officieel uitspraken welke boeken reeds sinds jaar en dag algemeen als canoniek beschouwd wérden.

De door sommigen betwiste boeken

We hebben nu gezien dat zowel wat het Oude als het Nieuwe Testament betreft de meeste boeken meteen, maar sommige met enige aarzeling als canoniek beschouwd werden. De boeken die door allen direct aanvaard werden, noemt men de *Homologoumena* („eenstemmig erkend"). De boeken die door allen direct verworpen werden, noemt men de *Pseudepigrapha* („met vals opschrift; onecht"). De boeken die door sommigen betwist werden, noemt men de *Antilegomena* („tegengesproken; betwist"). De boeken die door sommigen aanvaard werden, noemt men de *Apocrypha* (lett. „verborgen; geheimzinnig"; later: niet-canoniek, „apocrief"). Op de laatste drie groepen zullen we nu kort ingaan.

Laten we beginnen met de *Antilegomena,* dus die bijbelboeken die korte tijd door enkelen betwist werden. Dat wil niet zeggen dat hun plaats in de canon minder zeker is dan die van andere boeken; integendeel, we hebben proberen aan te tonen dat alle bijbelboeken oorspronkelijk direct als canoniek aanvaard werden, zeker door hen aan wie zij in eerste instantie gericht werden. In alle gevallen was het pas veel later dat er twijfel rees over het canonieke karakter van sommige boeken. In het jodendom gebeurde dit door de opkomst van bepaalde rabbijnse scholen, in het christendom rees de twijfel, wanneer boeken die in andere delen van de wereld ontstaan waren en gecirculeerd hadden, elders niet direct als authentiek herkend werden. In totaal gaat het om vijf oud- en zeven nieuwtestamentische boeken:

(a) *Esther* werd als werelds beschouwd, vooral vanwege het ontbreken van de naam van God. Een mogelijke reden daarvoor is dat de Perzische joden (die geweigerd hadden naar Palestina terug te keren) niet binnen de lijn van Gods verbondsbetrekkingen vielen. Anderzijds wordt in hoofdstuk 4:14 rechtstreeks op de voorzienigheid en hulp van God gezinspeeld; ook wordt er een religieuze vasten gehouden en Esther toont een groot geloof (4: 16). In feite is het boek juist een machtig getuigenis van Gods verlossing t.b.v. zijn volk, een verlossing die nog steeds de basis vormt voor het joodse Purimfeest (9: 26-28).

(b) *Spreuken* werd door enkelen betwist omdat het tegenstrijdige uitspraken zou bevatten (zie 26: 4, 5) - een bewering die heel gemakkelijk weerlegd werd.

(c) *Prediker* werd als te sceptisch beschouwd (zie bijv. 1:1, 9, 18), doordat men niet het uitgangspunt van de schrijver begreep, die trachtte voldoening te vinden in de dingen „onder de zon" en daar natuurlijk niet in slaagde (zie 7: 23-29) - totdat hij leerde de dingen van Gods kant te bezien (11: 9; 12: 1) en tot zijn „slotwoord" kwam: „Vrees God en onderhoud zijn geboden" (12: 13).

(d) *Hooglied* werd door sommigen als te zinnelijk beschouwd - maar dan moet men wel de ogen gesloten hebben voor de zuiverheid van het boek, de voortreffelijkheid van de huwelijksliefde die erin geprezen wordt en de geestelijke strekking van het boek die er vanaf het begin in herkend is.

(e) *Ezechiël* werd door enkelen als tegenstrijdig met de wet van Mozes gezien, maar ook dat bleek een kwestie van interpretatie en kon worden rechtgezet.

(f) *Hebreeën* werd een tijdlang betwist vanwege de anonimiteit van het boek en omdat sommige ketters er bepaalde dwaalleringen uit schenen te halen, tot men inzag hoe misplaatst dit was en velen zelfs overtuigd raakten dat Paulus de schrijver van het werk was.

(g) *Jakobus* werd in het Westen met aarzeling ontvangen zolang niet duidelijk was, dat de schrijver inderdaad de bekende apostolische voorganger uit Jeruzalem was en de inhoud ervan („rechtvaardiging op grond van werken?") niet in strijd was met de leer van Paulus - hetgeen door latere kerkvaders werd aangetoond, al had zelfs Luther nog moeite met het boek.

(h) 2 *Petrus* was het meest betwiste nieuwtestamentische boek, voornamelijk vanwege het verschil in stijl met 1 Petrus en vandaar de twijfel aan het auteurschap. Een tijdlang meende men zelfs dat het boek een tweede-eeuwse vervalsing was, maar dit is weerlegd door (a) aanhalingen uit dit boek door Clemens van Rome (eerste eeuw), (b) literaire overeenkomst met Qumran-werken (zie hoofdstuk 3) wat het boek vóór 80 n. Chr. dateert (Albright), en (c) het feit dat 2 Petrus al hoog gewaardeerd werd door de derde-eeuwse koptische christenen blijkens het Bodmer-handschrift P72 (zie hoofdstuk 4). We kunnen hier niet uitvoerig op de auteur ingaan, maar mét een autoriteit als Donald Guthrie geloven wij dat er onvoldoende reden is aan Petrus' auteurschap te twijfelen; het stijlverschil met een literair meesterwerk als I Petrus ligt misschien daarin dat Petrus bij deze laatste brief de medewerking van Silvanus had (zie 5 :12).

(i, j) *2 en 3 Johannes* werden niet overal direct aanvaard, omdat zij wat anoniem leken en aanvankelijk een beperkte circulatie hadden; maar hun stijl en boodschap komen duidelijk met I Johannes overeen, en niemand zou in de eerste eeuw de gelovigen in Klein-Azië onder de intieme naam „de oudste" hebben durven aanschrijven behalve de grote apostel Johannes.

(k) *Judas* werd door enkelen betwist vanwege zijn verwijzingen naar apocriefe of pseudepigrafische werken; maar de meeste vroege kerkvaders beseften kennelijk dat wel de aangehaalde informatie, maar niet de werken zelf waaraan die informatie ontleend was, als gezaghebbend werden gepresenteerd en dat de verwijzingen niet wezenlijk verschilden van Paulus' buitencanonische informatie (bijv. 2 Timoteüs 3:8).

(1) *Openbaring* was één van de eerste als goddelijk gezaghebbend aanvaarde boeken (Hermas, Papias, Irenaeus; tweede eeuw), maar was anderzijds het langst bediscussieerde boek, tot ver in de vierde eeuw, vooral weer door allerlei dwaalleringen die bepaalde sekten aan het boek verbonden. Nadat deze weerlegd waren, was de plaats in de canon gegarandeerd.

De door allen verworpen boeken

We komen nu tot de *pseudepigrapha,* de verzameling van onechte, vaak absurde religieuze geschriften die onder de joden, respectievelijk de christenen een zekere verspreiding verwierven. De oudtestamentische pseudepigrapha ontstonden tussen ± 200 v. Chr. en 200 n. Chr., en die van het Nieuwe Testament in de tweede en derde eeuw n. Chr. Sommige zijn leerstellig onschuldig (zoals Psalm 151), andere bevatten religieuze fantasie of overlevering (mogelijk gebaseerd op een historische kern), vaak wilde imitaties van de profetische boeken, vaak ongezonde speculaties over onbekende onderwerpen (zoals de jeugd van Christus) en vooral allerlei dwaalleringen die volgens de canonieke boeken als verwerpelijk en gevaarlijk moeten worden beschouwd. Geen enkel geestelijk leider heeft ooit één van deze boeken als canoniek beschouwd. Anderzijds komen er in zulke boeken ook ware dingen voor, vandaar dat bijbelschrijvers er soms indirect op zinspelen. Zo lijkt Judas in zijn brief naar het boek „De tenhemelopneming van Mozes" (vs. 9) en het boek 1 Henoch (vs. 14v.), en Paulus in 2 Timoteüs 3: 8 naar één of ander boek van Jannes en Jambres (of Mambres) te verwijzen (althans volgens Origenes).

De standaardlijst van oudtestamentische pseudepigrapha omvat zeventien boeken: vier legendarische (o.a. het boek van Adam en Eva), zeven apocalyptische (Apocalypse = Openbaring) (o.a. de door Judas aangehaalde boeken), vier onderwijzende boeken, een historisch boek en een dichterlijk boek: de Psalmen van Salomo, waaraan we ook nog Psalm 151 kunnen toevoegen die in de Septuaginta (zie hoofdstuk 2 en 3) voorkomt. Deze lijst is echter nog lang niet volledig; de Dode-Zeerollen hebben nog verscheidene nieuwe pseudepigrapha aan het licht gebracht.

Het aantal nieuwtestamentische pseudepigrapha is nog veel groter: in de negende eeuw somde Photius er al 280 op, en sindsdien zijn nog andere bekend geworden. De verzameling omvat tientallen „Evangeliën" (enkele bekende zijn die zogenaamd van Thomas, van Petrus, van de Egyptenaren, van Nicodemus, van Jozef de timmerman, van Maria's geboorte, en van de kindsheid van Jezus), een aantal boeken genaamd „Handelingen" (van allerlei afzonderlijke apostelen), een aantal brieven (waaronder zelfs één zogenaamd van Christus aan de koning van Mesopotamië, en zes brieven zogenaamd van Paulus aan Seneca), een aantal boeken genaamd „Openbaring" (o.a. die van Paulus, van Thomas, van Stefanus), en nog verscheidene andere.

De oudtestamentische apocriefen

We komen nu tot de „apocriefe" boeken, dus die welke volgens sommigen als canoniek aanvaard werden. Dit is een belangrijk onderwerp omdat onder andere de rooms-katholieke kerk een aantal oudtestamentische apocriefen als canoniek beschouwt, zodat men die wel in katholieke, maar niet in de meeste protestantse bijbeluitgaven zal aantreffen. De Septuaginta bevat al deze apocriefen (behalve 2 Esdras) eveneens, plus enkele pseudepigrapha. De rooms-katholieke kerk verklaarde de apocriefen voor canoniek (op I en 2 Esdras en het Gebed van Manasse na) tijdens het Concilie van Trente (1546). De volledige lijst van oudtestamentische apocriefen kan men nu als volgt indelen:

1. **Historisch**

I Esdras (Vulgaat: 3 Esdras = 3 Ezra): hoofdzakelijk een bewerking van 2 Kronieken 35 en 36, Ezra, Nehemia 8, plus legenden.

I Maccabeeën: de geschiedenis van het jodendom onder Antiochus

Epiphanes en de Hasmonaeën, tot ± 100 v. Chr.; belangrijk historisch werk!
2 *Maccabeeën:* een parallel, meer legendarisch verslag, alleen over Judas Maccabeus .
2. **Religieuze fictie („haggadah")**
Tobias: een korte, sterk Farizeïsche novelle (± 200 v. Chr.), wettisch.
Judith: idem (± 150 v. Chr.); heldhaftig; vol historische blunders.
Aanhangsels van Esther: latere, populaire toevoegingen die moesten dienen om rijkelijk te voorzien in het ontbreken van Gods naam in Esther.
Aanhangsels van Daniël: later opgenomen legenden: het verhaal van *Susanna,* dat van *Bel en de Draak,* en het *Gezang van de drie jongemannen* in het vuur (zie Daniël 3).
3. **Onderwijzend („wijsheid"-literatuur)**
De Wijsheid van Salomo (tussen 140 v. en 40 n. Chr.?): aanval op scepticisme, materialisme en afgoderij.
Jezus Sirach of *Ecclesiasticus* (± 180 v. Chr.): moreel hoogstaand werk; lijkt op Spreuken.
Baruch (tussen ± 150 v. en 100 n. Chr.?): beweert het werk van Jeremia's vriend Baruch te zijn; bevat een nationale zondenbelijdenis, „wijsheid" en een belofte van verlossing. Als aanhangsel voegt men vaak de onafhankelijke *Brief van Jeremia* erbij.
4. **Apocalyptisch (= profetische visioenen)**
2 *Esdras* (Vulgaat: 4 Esdras): profetie, visioenen en vermaningen (men zegt dat Luther door dit boek zo in de war raakte dat hij het in de Elbe gooide).

In het licht van alles wat we hierboven schreven zal het niet moeilijk zijn in te zien waarom de oosters-orthodoxe, anglicaanse en protestantse kerken deze boeken nooit als volledig canoniek hebben beschouwd. Denken we terug aan de vijf genoemde criteria, dan zien we dat (I) de apocriefen niet claimen profetisch te zijn, (2) niet komen met werkelijk gezag van God, (3) weinig origineel opbouwend materiaal, geen voorzeggingen en geen nieuwe waarheid over de Messias (Gods gezalfde Verlosser) verschaffen, (4) soms vol zitten met historische dwalingen en leerstellige ketterijen zoals het bidden tot doden, (5) door het volk van God waaraan zij het eerst gericht waren, afgewezen zijn. De joodse gemeenschap heeft ze nimmer als canoniek aanvaard, Christus en de nieuwtestamentische schrijvers hebben dat evenmin gedaan, en de christelijke kerk als geheel heeft ze ook nooit geaccepteerd, op welk tijdstip dan ook. De meeste grote kerkvaders van de vroege kerk hebben ze als niet-canoniek verworpen. Geen kerkconcilie heeft ze als canoniek beschouwd totdat de kleine, plaatselijke concilies van Hippo en Carthago (zie boven) dit deden, vooral onder invloed van Augustinus en de Septuaginta: maar zelfs Augustinus beschouwde ze slechts als beperkt canoniek, en bovendien werd hij op dit punt scherp aangevallen door de grootste Hebreeuwse christengeleerde van die tijd, Hieronymus, die zelfs weigerde de apocriefen in het Latijn te vertalen. Pas na zijn dood werden ze aan de Vulgaat toegevoegd. Zelfs tot in de tijd van de Reformatie verwierpcn veel rooms-katholieke geleerden deze boeken als niet-canoniek.

We hebben al gezien waarom de apocriefen wel in de Septuaginta terechtgekomen waren. De Alexandrijnse joden hadden deze Griekse vertaling gemaakt, maar zij hadden geen enkel gezag om een canon vast te stellen; hun vertaling claimt trouwens ook niet een canon te bieden (zie hierboven Philo). Net als we dat bij de eerste christelijke Bijbels zien (Sinaïticus, Vaticanus, etc.), namen oude manuscripten

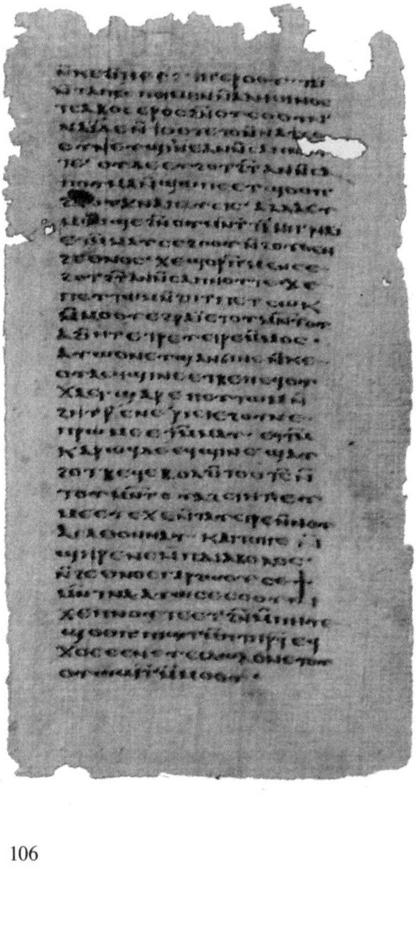

In 1945/46 werden in het Zuid-Egyptische Nag Hammadi 13 codices opgegraven. Eén ervan is Codex VI, 33: de openbaring van Adam aan Seth. Het is één van de vele oudtestamentische pseudepigrafen, ontstaan tussen 200 voor Chr. en 200 na Chr.

vaak de apocriefen op om ze beschikbaar te stellen voor bestudering en voorlezing, zonder ze daarmee canoniek te verklaren. Dit blijkt uit het getuigenis van de antieke schrijvers en de kerkvaders. Toen tenslotte het Concilie van Trente in 1546 de apocriefen canoniek verklaarde, was dit een polemische en bevooroordeelde handeling. In discussies met Luther beriepen de rooms-katholieken zich op Maccabeeën om het bidden tot de doden te verdedigen. Toen Luther dit boek als apocrief afwees, antwoordde Rome door het boek in Trente eenvoudig canoniek te verklaren. Dat dit niet alleen polemisch maar ook bevooroordeeld gebeurde, blijkt daaruit dat niet alle apocriefen canoniek verklaard werden; zo werd onder andere 2 Esdras afgewezen, dat een krachtige waarschuwing tégen het bidden tot de doden bevat!

De nieuwtestamentische apocriefen

Met de apocriefe boeken van het Nieuwe Testament staat de zaak nog eenvoudiger, omdat geen ervan door enige christelijke groepering vandaag als canoniek beschouwd wordt, ook niet door Rome. Daardoor is ook het verschil met de pseudepigrapha vaag; het verschil zit hierin dat de apocriefen elk door minstens één kerkvader min of meer als canoniek beschouwd werden, en dit met de pseudepigrapha nimmer het geval is geweest. Deze apocriefen zijn op zich heel belangwekkend, omdat zij ons waardevolle informatie verstrekken over de leerstellingen en kerkinrichting van de vroege christelijke kerk en over de ontwikkeling van de werkelijke nieuwtestamentische canon. Als we de zojuist gegeven definitie van de apocriefen aanhouden, kunnen we ze als volgt indelen:

1. **Werken van „apostolische vaders"**

De 7 brieven van Ignatius (± 110), resp. aan de Efeziërs, de Magnesiërs, de Tralliërs, de Romeinen, de Filadelfiërs, de Smyrnaeërs en aan Polycarpus.

De brief van Polycarpus aan de Filippenzen (± 115).

De brief van Clemens aan de Korintiërs (± 96).

De zogenaamde tweede brief van Clemens (maar niet van hem) (120-140?).

De „didachè" (= leer) van de twaalf apostelen (maar niet van hen) (1001 20?).

De „Pastor" (= Herder) van Hermas (allegorie) (115-145?).

De *brief van Barnabas* (niet van hem; ook genaamd: Pseudo-Barnabas) (tussen 70 en 135?).

2. **Andere apocriefen die soms als canoniek beschouwd zijn**

De Openbaring van Petrus (niet van hem) (± 150).

De Handelingen van Paulus (± 170).

De brief aan de Laodiceeërs (vierde eeuw?).
Het Evangelie van de Hebreeën (± 75!).
Hoewel elk van deze boeken een zekere tijd op bepaalde plaatsen een zeker aanzien genoot, hebben zij geen van alle ook maar in de verste verte iets van een canonieke erkenning gekregen in de kerk als geheel.

Conclusie
De canon van de Bijbel is een fascinerend onderwerp, dat ons laat zien hoe opmerkelijk en hoe opvallend de bijbelboeken onderscheiden zijn van zelfs de edelste niet-geïnspireerde religieuze geschriften - zo opvallend dat maar heel weinig bijbelboeken betwist zijn, en dat dan nog door slechts enkelen. Ook zijn er maar heel weinig andere boeken die ooit voor canoniek zijn aangezien, en dat dan ook maar door slechts enkelen. Dit unieke karakter van de canonieke boeken kan alleen verklaard worden uit het wonder van de goddelijke inspiratie (zie hoofdstuk 6).

HOOFDSTUK 6

Wat is inspiratie?

Dit hoofdstuk sluit onmiddellijk aan bij het vorige. Daar hebben we immers gezien dat bepaalde boeken *canoniek* verklaard werden omdat ze *goddelijk gezag* bleken te hebben. Nú gaan we een stap verder en willen we laten zien dat bepaalde boeken *goddelijk gezag* hebben, doordat zij door God *geïnspireerd* bleken te zijn. Achter het probleem van „canoniek of apocrief" ligt dus in feite het probleem van de „inspiratie", en daarop zullen we nu dus moeten ingaan. Het is één van de meest fundamentele en actuele vraagstukken in de tegenwoordige christenheid, omdat zoveel andere kwesties er direct mee samenhangen, zoals de betrouwbaarheid, de onfeilbaarheid, het absolute gezag van de Bijbel. Geeft de Bijbel ons goddelijke boodschappen in menselijke, dus feilbare vorm? Of zijn ook alle afzonderlijke woorden door God ingegeven en dus belangrijk en onfeilbaar? Waren de bijbelschrijvers dan „schrijfmachines" die slechts blindelings registreerden wat God hun dicteerde? Dat zijn de vragen waarmee we te maken krijgen en waarvan de wijze van beantwoording zo'n grote rol speelt in de tegenwoordige theologie, zoals we ook verder in de hoofdstukken 7 en 8 zullen zien.

Het terrein voor ons onderzoek is natuurlijk de Bijbel, want de Bijbel betuigt zelf talloze malen dat hij door God geïnspireerd is (al komt dit woord zelf in onze Nederlandse bijbelvertalingen niet voor). Dit is maar niet een soort „dichterlijke inspiratie" die over de bijbelschrijvers kwam, maar door de Geest gedreven schreven zij woorden op die elk rechtstreeks van God afkomstig waren. We kunnen dit het beste zien door eerst enkele van de speciale schriftplaatsen die in het Nieuwe Testament over de inspiratie handelen, nader te bestuderen.

Sleutelteksten

De belangrijkste passage vinden we in 2 Timoteüs 3:16, die we uit de Statenvertaling citeren: „Heel de Schrift is van God ingegeven, en is nuttig tot lering, tot wederlegging, tot verbetering, tot onderwijzing die in de rechtvaardigheid is". De Nieuwe Vertaling van het N.B.G. heeft hier: „Elk van God ingegeven schriftwoord is ook nuttig" enz.; deze vertaling moet volgens ons afgewezen worden, al gaan we hier niet op de argumenten in (zie o.a. Korte Verklaring, Bouma; Kok-Commen-

taar, Ridderbos). Het gaat nu om het punt dat hier een bijzonder kenmerk gegeven wordt van „de Schrift" (een bekende uitdrukking voor de Bijbel: zie o.a. Johannes 7:38, 42; 10:35; Galaten 3:8, 22; of voor afzonderlijke bijbelplaatsen: zie o.a. Lucas 4:21; Johannes 19:37: Handelingen 8: 35). Dat kenmerk is dat de Schrift „van God ingegeven" is. Dat is in het Grieks één woord: *theopneustos,* dat letterlijk betekent: „Godgeblazen". Dit betekent ten eerste dat de Schrift oftewel de „Heilige Schriften" (2 Timoteüs 3 :15) door God zijn „uitgeblazen", d.w.z. van Hem zijn uitgegaan; het zijn zíjn woorden, zoals Híj wilde dat ze opgeschreven zouden worden. Ten tweede zijn het de woorden die Hij heeft „ingeblazen", wat wil zeggen dat Hij ze door middel van menselijke instrumenten (profeten en apostelen) in schrift heeft laten vastleggen; dat is „de inblazing des Almachtigen" (vgl. Job 3 :8; Statenvertaling).

Inspiratie is dus de werkzaamheid van God door de bijbelschrijvers, en wel op een manier die nader wordt uiteengezet in I Petrus 1:10, 11: „Naar deze zaligheid hebben gezocht en gevorst de profeten, die van de voor u bestemde genade geprofeteerd hebben, terwijl zij naspeurden, op welke of hoedanige tijd de *Geest van Christus in hen doelde,* toen Hij vooraf getuigenis gaf van al het lijden, dat over Christus zou komen, en van al de heerlijkheid daarna". Hieruit leren we dus verder, dat (a) inspiratie geschiedt door de werking van de Heilige Geest die in de bijbelschrijvers is, (b) Hij hen leidt in het opschrijven van onfeilbare waarheid waarvan de vervulling zeker is, en (c) zijn activiteit hierin zo uitgesproken is, dat de menselijke schrijvers soms zelf niet eens begrepen wat deze goddelijk ingegeven woorden eigenlijk betekenden. In 2 Petrus 1: 21 vinden we een andere belangrijke passage over de inspiratie: „Nooit is profetie voortgekomen uit de wil van een mens, maar door de Heilige Geest gedreven, hebben mensen van Godswege gesproken". Hieruit zien we dat de bijbelboeken niet geschreven werden op eigen initiatief van de schrijvers, maar dat de profeten (in de ruimste zin een aanduiding voor alle bijbelschrijvers; zie hoofdstuk 5) door de Heilige Geest „gedreven" werden, ja, letterlijk „gedragen, meegevoerd" werden, als bladeren door de wind. Inspiratie is de „voortdrijving" van de Geest, zodat het is door zijn kracht, niet door de wil van de bijbelschrijvers, zodat dezen ook niet hún ideeën opschreven, maar de gedachten van God tot uitdrukking brachten in woorden die door Hem waren uitgekozen. Dáárom is het „dat geen profetie der Schrift een eigenmachtige uitlegging toelaat" (2 Petrus 1: 20); het gaat om de woorden van God zelf. Die woorden hebben daarom goddelijk gezag, zoals we ook zagen in 2 Timoteüs 3 :16: die goddelijk geïnspireerde Schrift is nuttig om ermee te onderrichten, te weerleggen, te verbeteren en op te voeden in de gerechtigheid.

We kunnen nu onze definitie van de inspiratie nog wat toespitsen: de Bijbel is geïnspireerd in die zin dat door de Heilige Geest gedreven mannen „God-geblazen" woorden hebben opgeschreven die goddelijk gezag over de mens bezitten. We moeten er daarbij op letten dat 2 Timoteüs 3: 16 zegt dat de *Schrift* geïnspireerd is, niet de schrijvers. Die bijbelschrijvers zullen in sommige gevallen nog méér boeken geschreven hebben, maar die waren niet geïnspireerd; die schrijvers hebben zelfs als gelovigen toch menige handeling verricht die volkomen verkeerd was, denken we maar aan Mozes, David of Petrus. Nee, de bijbelboeken die zij schreven, die zijn „God-geblazen" - maar toch waren ook de schrijvers er geheel bij betrokken, want zij waren „door de Heilige Geest gedreven" en we lezen dat „de Geest van Christus in hen" werkte. Er zijn dus drie elementen in het proces van de inspiratie:

(a) het *goddelijk auteurschap*. Het Woord is van God uitgegaan, „uitgeblazen", het zijn letterlijk zijn woorden die in de Schrift zijn neergelegd; Hij is de bron en de oorzaak van de Heilige Schriften;

(b) het *menselijk instrument*. Voor het neerschrijven van het goddelijk Woord maakte God gebruik van mensen die zijn woorden opschreven; niet dat deze mensen slechts als „schrijfmachines" fungeerden, want (zoals we nader zullen zien) zij schreven met behoud van hun eigen stijl en woordenschat en God gebruikte hun persoonlijkheid om zijn gedachten bekend te maken; zij gaven een verschillend geluid, zoals een fluit en een hobo een verschillend geluid geven - maar het was God die op deze instrumenten „blies" zodat zij precies die melodieën voortbrachten die Hij wilde (vgl. I Korintiërs 14: 7, in ander verband);

(c) het *geschreven resultaat*. Het product van het „blazen" van God en het „gedreven zijn" van de schrijvers is een geschreven boek met goddelijk gezag, dat zoals we in 2 Timoteüs 3: 16 zagen het laatste woord heeft in leerstellige, zedelijke, of wat voor kwesties dan ook. Niet alles wat de bijbelschrijvers gezegd of geschreven hebben, heeft dit gezag, want (strikt genomen) zijn niet zij geïnspireerd, maar de „Heilige Schriften" die zij geschreven hebben, zijn „God-geblazen".

Verschil met openbaring en verlichting

Er is nog een andere, heel belangrijke schriftplaats over de inspiratie, die tevens licht werpt op twee begrippen, „openbaring" en „verlichting", die van de inspiratie scherp onderscheiden moeten worden. Die plaats is 1 Korintiërs 2: 10-16: „Want óns heeft God het geopenbaard door de Geest. Want de Geest doorzoekt alle dingen, zelfs de diepten Gods. Wie toch onder de mensen weet, wat in een mens is, dan des mensen eigen geest, die in hem is? Zo weet ook niemand, wat in God is, dan de Geest Gods. Wij nu hebben niet de geest der wereld ontvangen, maar de Geest uit God, opdat wij zouden weten, wat ons door God in genade geschonken is. Hiervan spreken wij dan ook met woorden, die niet door menselijke wijsheid, maar door de Geest geleerd zijn, zodat wij het geestelijke met het geestelijke vergelijken. Doch een ongeestelijk mens aanvaardt niet hetgeen van de Geest Gods is, want het is hem dwaasheid en hij kan het niet verstaan, omdat het slechts geestelijk te beoordelen is. Maar de geestelijke mens beoordeelt alle dingen, zelf echter wordt hij door niemand beoordeeld. Want wie kent de zin des Heren, dat hij Hem zou voorlichten? Maar wij hebben de zin van Christus".

In dit belangrijke gedeelte wordt achtereenvolgens gesproken over wat we de openbaring, de inspiratie en de verlichting genoemd hebben. Bij alle drie speelt de Heilige Geest een beslissende rol. Ten eerste heeft God aan de gelovigen de waarheid geopenbaard (ontvouwd, onthuld, bekend gemaakt) door zijn Geest. God de Heilige Geest kent immers de diepten van God en is dus in staat ons die te openbaren. Maar dan zien wij ten tweede, dat de Geest de waarheid niet alleen ontvouwd heeft, maar ook gewerkt heeft *in* degenen tot wie die openbaring kwam, dus in het bijzonder (hier) de apostelen. Zij hebben de Geest uit God ontvangen, zodat zij de waarheid niet alleen hóórden, maar ook *wisten* wat hun door God in genade geschonken was en daarvan ook konden *spreken* met woorden die evenzeer door deze Geest gewerkt waren, dus geïnspireerd. Daar het één en dezelfde Geest is die dit alles werkt, zijn dus de Schriften van deze apostelen even zuiver, even geïnspireerd, even gezaghebbend als de openbaring die tot hen kwam.

We stuiten hier nog op een nieuwe vertaalmoeilijkheid, maar uit de samenhang schijnt het ons toe dat we het slot van vers 13 („het geestelijke met het geestelijke vergelijken") het beste als volgt kunnen weergeven: (a) „zodat wij geestelijke (dingen) door (in) geestelijke (woorden) meedelen (of: vervatten)"; óf (b) „zodat wij geestelijke (dingen) aan geestelijke (personen) verklaren" (vgl. o.a. Leidse vertaling en kanttekeningen Statenvertaling). In de eerste vertaling gaat het om de inspiratie: de geestelijke dingen waarover de bijbelschrijvers spreken, zijn niet in menselijke, feilbare vormen vervat, maar in geestelijke, dus goddelijk geïnspireerde woorden. De „vorm" is even onfeilbaar en gezaghebbend als de „inhoud" (voorzover we die begrippen al echt kunnen onderscheiden), want beide zijn geestelijk, door

Gods Geest gewerkt. In de tweede vertaling gaat het om de verlichting: niet ieder mens kan geestelijke dingen verstaan, maar alleen aan geestelijke personen kunnen ze uitgelegd worden. Dat betekent (zoals vs. 14-16 verder duidelijk maakt) dat de Geest van God niet alleen voor de openbaring van Gods waarheid en voor de inspiratie van de Heilige Schriften nodig is, maar ook voor degene tot wie dat Woord van God komt. Hij moet „geestelijk" zijn, verlicht door de Heilige Geest, want de waarheid kan alleen „geestelijk", door het licht van de Heilige Geest, beoordeeld en verstaan worden. Wie deze geestelijke verlichting bezit, heeft de „zin" (het inzicht) van Christus.

Inspiratie verschilt dus van openbaring en van verlichting. God heeft „eertijds vele malen en op vele wijzen tot de vaderen gesproken in de profeten" (Hebreeën 1:1) - dat is openbaring; maar als al deze profeten al hun openbaringen gewoon hadden opgeschreven, zou dat niet zonder meer „Heilige Schrift" hebben opgeleverd. Daarvoor was bóven de openbaring „inspiratie" nodig. Openbaring is de goddelijke onthulling van de waarheid, inspiratie is de goddelijke registratie van de waarheid. Er is veel aan de profeten geopenbaard dat niet in geïnspireerde Schriften is vastgelegd; en er zijn heel wat geïnspireerde Schriften in de Bijbel die helemaal geen nieuwe openbaringen bevatten. Maar inspiratie is ook onderscheiden van verlichting. De inspiratie van de Schrift is geen garantie dat zij die de Schrift lezen, die ook zullen verstaan.

Daarvoor is verlichting van hart en verstand nodig (vgl. Lucas 24: 31, 32, 45). Zoals we zagen begrepen zelfs de bijbelschrijvers niet alles wat ze opschreven. Toch waren hun Schriften ten volle geïnspireerd. Er zijn namelijk wel gradaties in verlichting, maar niet in inspiratie. De apostelen waren meer verlicht dan David, en deze was meer verlicht dan Bileam, maar de woorden die we in de Schrift van Bileam, David en Paulus vinden, zijn precies even geïnspireerd, even goddelijk en even gezaghebbend.

Kenmerken van de inspiratie

We hebben nu gewezen op drie aspecten van de inspiratie (God de Auteur, het menselijk instrument en het geschreven resultaat) en het verschil tussen inspiratie enerzijds en openbaring en verlichting anderzijds. We moeten nu wat nader op de aard en de karaktertrekken van het werk van de inspiratie ingaan, en wel allereerst door te wijzen op twee hoofdkenmerken:

(a) inspiratie is *woordelijk,* zelfs de afzonderlijke woorden van de oorspronkelijk geschreven bijbeltekst zijn door God geïnspireerd;

(b) inspiratie is *volledig,* d.w.z. elk gedeelte van de bijbeltekst is door God geïnspireerd.

Opmerking: deze twee kenmerken samen betekenen dat *elk woord* van de oorspronkelijk geschreven bijbeltekst geïnspireerd is; we spreken hier uitdrukkelijk over de „oorspronkelijk geschreven" tekst, omdat er in de latere handschriften (hoofdstuk 3 en 4) en in de vertalingen (hoofdstuk 2) vergissingen kunnen voorkomen.

Wat leert de Schrift zelf ons over haar *woordelijke* inspiratie? Zij maakt ons volkomen duidelijk dat niet slechts haar inhoud (haar boodschap, haar *kerygma* = verkondiging), maar ook haar vorm (haar bewoording) goddelijk geïnspireerd is. Honderden keren lezen wij in het Oude Testament dat het woord van Jahweh tot de profeten kwam. Mozes schreef al de *woorden* van Jahweh op (Exodus 24: 4). David sprak het belangrijke woord: „De Geest des HEREN spreekt door mij, zijn *woord* is op mijn tong" (2 Samuël 23: 2). En tot de profeet Jeremia sprak Jahweh: „Ga in de voorhof van het huis des HEREN staan en spreek tegen alle steden van Juda, die komen om zich in het huis des HEREN neer te buigen, *al de woorden* die Ik u gebied tot hen te spreken; *doe er geen woord af*" (Jeremia 26: 2). Dit waren de woorden die Jeremia later in een boek moest schrijven: „Neem een boekrol en schrijf daarop *al de woorden* die Ik tot u over Israël, Juda en alle volken gesproken heb, sedert de dag dat Ik tot u gesproken heb, sedert de tijd van Josia tot op heden" (Jeremia 36 : 2).

In het Nieuwe Testament is het precies zo. We vonden al in I Korintiërs 2 dat de inspiratie geschiedt „met *woorden,* die niet door menselijke wijsheid, maar door de Geest geleerd zijn, zodat wij geestelijke (dingen) in geestelijke *(woorden)* vervatten" (vs. 13). In Openbaring 22: 19 waarschuwt Johannes: „Indien iemand afneemt van de *woorden* van het boek dezer profetie, God zal zijn deel afnemen van het geboomte des levens". En het is Christus zelf die ons betuigt dat deze woordelijke inspiratie zelfs de letters en leestekens onaantastbaar maakt: „Want voorwaar, Ik zeg u: Eer de hemel en de aarde vergaat, zal er niet één jota of één tittel vergaan van de wet (hier waarschijnlijk het hele Oude Testament; zie onder), eer alles zal zijn geschied" (Matteüs 5:18).

Even zeker betuigt de Schrift van zichzelf dat de inspiratie *volledig* is: geen bijbelgedeelte is van deze inspiratie uitgezonderd. „*Alle Schrift* (of: *Heel de Schrift;* of: *Elk Schriftwoord)* is van God ingegeven", en juist daarom heeft elk woord van de Heilige Schriften goddelijk gezag tot onderrichting, weerlegging, verbetering en opvoeding (2 Timoteüs 3: 16). Vandaar dat Paulus ook kan schrijven: „*Al* wat tevoren geschreven is, werd tot ons onderricht geschreven, opdat wij in de weg der volharding en van de vertroosting der *Schriften* de hoop zouden vasthouden" (Romeinen 15:4). Vandaar ook de onverbrekelijke eenheid van de Schriften, die daarom samengevat kunnen worden als „de Schrift" (enkelvoud!), waarvan Christus zei: „De Schrift kan niet gebroken worden" (Johannes 10:35). De volledige inspiratie van de Schrift maakt haar één en onverbrekelijk, zodat het absoluut ontoelaatbaar is ook maar iets van de woorden van de Schrift af te doen of daaraan toe te doen (vgl. Deuteronomium 4:2; Openbaring 22: 18,19).

Afwijkende inspiratie-theorieën

Uit het bovenstaande blijkt dat wij de Bijbel aanvaarden als het onfeilbare, gezaghebbende, volledig geïnspireerde Woord van God. Dit was het algemene inzicht in de christelijke kerk gedurende meer dan achttien eeuwen. Wel ontstonden er dikwijls problemen, wanneer men zich trachtte voor te stellen hoe de Bijbel enerzijds woordelijk door God geïnspireerd kan zijn en anderzijds duidelijk is samengesteld door menselijke schrijvers met een verschillende stijl en woordenschat. Uiteindelijk is dit ook een vraagstuk dat wij nooit helemaal kunnen oplossen, omdat wij het werk van Gods Geest niet kunnen begrijpen. Het is hier als met het aandeel van Gods Geest in de wedergeboorte: „De wind blaast, waarheen hij wil, en gij hoort zijn geluid, maar gij weet niet, vanwaar hij komt of waar hij heen gaat; zó is een ieder, die uit de Geest geboren is" (Johannes 3: 8). Het woord voor „wind" is hier hetzelfde als dat voor „geest"; de passage herinnert ons aan „Godgeblazen" (2 Timoteüs 3: 16) en „door de Heilige Geest (als door een wind) voortgedragen" (2 Petrus 1: 21). Het „hoe" van Nicodémus (Johannes 3 :4) is daarom even dwaas als te vragen naar het „hoe" van de dodenopwekking (I Korintiërs 15: 35, 36), dat ook een ondoorgrondelijk werk van Gods Geest is (Romeinen 8: 11), of te vragen naar het „hoe" van de inspiratie...

Dat neemt niet weg dat we nauwkeurig mogen en moeten onderzoeken wat de Bijbel ons over zijn inspiratie meedeelt. Daarbij moeten wij onverkort vasthouden zowel aan wat de Schrift ons leert over haar volledige, woordelijke inspiratie, als aan wat zij ons duidelijk maakt over het „menselijk element" in de Bijbel dat zichtbaar wordt in stijl, woordgebruik en persoonlijkheid van de bijbelschrijvers. Dát is nu juist het wonder van de Bijbel, dat hij volledig een menselijk boek is én tegelijkertijd volledig een goddelijk onfeilbaar boek! Dit wonder van het geschreven Woord van God is evenzeer een wonder als dat van Christus, het vleesgeworden Woord van God (Johannes 1: 1-14), die evenzeer volkomen Mens én volkomen God was en is. De Heilige Geest die over Maria kwam, zodat de heilige Mens die uit haar verwekt werd, de Zoon van God was (Lucas 1: 35), was dezelfde Geest die mensen dreef zodat zij goddelijke profetie voortbrachten (2 Petrus 1:21).

Precies zoals men in de kerkgeschiedenis het wonder van de persoon van Christus trachtte te verklaren door óf zijn mensheid óf zijn godheid te verdoezelen, zo ging het ook met de Bijbel. Of men redeneerde het menselijk element in de Bijbel weg, óf men tastte de volledige, woordelijke inspiratie van de Bijbel aan. In het eerste geval kwam men tot wat men wel de leer van een „mechanische inspiratie" noemt, waarbij de persoonlijkheid van de bijbelschrijvers geheel zou zijn uitgeschakeld en dezen niets anders dan secretarissen geweest zouden zijn die blindelings het goddelijk dictaat opnamen. Zelfs het oppervlakkigste onderzoek van de Bijbel toont echter al direct aan dat deze opvatting onjuist moet zijn. In elk bijbelboek herkent men de stijl, de gemoedstoestand (zie bijv. Jeremia 18:19-23; Galaten 3:1-5; 4:12-20; 5:12), de tijdsomstandigheden en de omgeving van de schrijver. Bij een mechanische inspiratie zouden alle bijbelboeken volkomen gelijkvormig zijn en dat zijn zij nu juist niet. Een „automatisch dictaat" komt wél voor op het terrein van het spiritisme (dus van het occulte, het demonische), maar in de Schrift geldt: „De geesten der profeten

Als Rembrandt zijn moeder schildert die in de Bijbel leest, is het Woord het licht in de duisternis van het schilderij. Hoe geïnspireerd een kunstenaar ook is, het is een andere inspiratie dan die waarmee de bijbelschrijvers hun werk deden.

zijn aan de profeten onderworpen" (I Korintiërs 14:32), d.w.z. het profeteren gaat niet buiten de wil en de persoonlijkheid van de profeet om. Een spiritistische inspiratie is én God én de mens onwaardig. God heeft de mens naar zijn beeld geschapen en maakt gebruik van diens bekwaamheid (bijv. tot het verrichten van vóóronderzoek; vgl. Lucas 1: 1 -4) en persoonlijkheid; maar de inspiratie garandeert daarbij dat de mens die woorden opschrijft die God (rekening houdend met het „instrument" dat Hij „bespeelt") wil dat hij opschrijft en menselijke feilen voorkomen worden. God wil geen, „medium" als zijn instrument, maar een volledige „mens".

Maar nu zijn er ook anderen die het wonder van het volledig menselijke én het volledig goddelijke van de Bijbel niet kunnen aanvaarden en die tegenwerpen dat, als er een menselijk element in de Bijbel is, de Bijbel dan noodzakelijkerwijs feilbaar moet zijn naar normale menselijke criteria. Dat wil dan zeggen dat een zo oud boek als de Bijbel historisch en wetenschappelijk onbetrouwbaar of zelfs niet ter zake doende zou zijn en dat men mag verwachten dat hij mythen, legenden, vrome overdrijvingen en zakelijke tegenstrijdigheden bevat. Dit brengt ons op het terrein van de „bijbelkritiek" die wij in de hoofdstukken 7 en 8 uitvoeriger zullen behandelen. We kunnen op dit ogenblik de afwijkende theorieën het beste overzien, als we ervan uitgaan dat naar onze vaste geloofsovertuiging de Bijbel het Woord van God is; dat betekent dat elk woord van de Bijbel (d.w.z. van de oorspronkelijk geschreven tekst) tot dat Woord van God behoort. Daartegenover nu staat het (negentiende-eeuwse) *modernisme* met zijn opvatting dat de Bijbel alleen het Woord van God *bevat* en ten tweede de (twintigste-eeuwse) *neo-orthodoxie* met haar opvatting dat de Bijbel onder bepaalde omstandigheden het Woord van God *wordt*.

(a) **Modernisme.** Bepaalde delen van de Bijbel zouden goddelijk gezaghebbend zijn, maar vele delen zouden menselijk en gebrekkig zijn (d.w.z. historisch en wetenschappelijk onbetrouwbaar en achterhaald). De wél geïnspireerde delen zouden dan door een soort goddelijke „verlichting" (volgens sommigen zelfs niet meer dan een soort religieuze intuïtie) zijn neergeschreven, en dat in verschillende gradaties, zodat ook deze geïnspireerde gedeelten in meerdere of mindere mate vermengd zijn met godsdienstige dwalingen en primitieve wereldbeschouwingen.

(b) **Neo-orthodoxie.** Volgens deze opvatting zouden we geen onderscheid moeten maken tussen geïnspireerde en niet-geïnspireerde gedeelten van de Bijbel, ook niet moeten zeggen dat de Bijbel als zodanig de openbaring van God ís, maar God openbaart Zich aan ons *door* de Bijbel, in een persoonlijke ontmoeting met de mens. Via dit feilbare, onvolmaakte boek onderscheidt de mens in de geloofsbeleving toch de stem van God. De Bijbel is niet Gods openbaring, maar het verslag van vroegere persoonlijke openbaringen van God aan mensen; die openbaring was volmaakt, dat verslag is gebrekkig. Maar God kan tegenover de mens die Hem in het geloof ontmoet, door die gebrekkigheid heenbreken en zo kan op dat moment de Bijbel het Woord van God voor de gelovige *worden*. In de extremere vorm van dit type denken (de *ontmythologiseringstheologie)* worden alle objectieve, historische uitspraken van de Bijbel als op zich niet ter zake doende afgewezen; dit zou slechts de mythische vorm zijn die eraf gepeld moet worden om de ware religieuze („existentiële") kern van de bijbelse boodschap te vinden. De Bijbel kan dus voor ons Woord van God *worden,* als hij op de correcte manier ontmythologiseerd wordt en uiteindelijk de kern van absolute liefde wordt blootgelegd zoals die vervat is in de mythe van Gods onzelfzuchtige liefde in Christus. De behandeling en weerlegging van deze visies moet wachten tot volgende hoofdstukken, waar wij willen aantonen dat (I) deze opvattingen volledig in strijd zijn met de uitdrukkelijke uitspraken van de Bijbel zelf, dat (2) zij tot grote inconsequenties leiden en dat (3) zij uiteindelijk stoelen op een vals-wetenschappelijk wereldbeeld en op filosofische uitgangspunten die afgewezen moeten worden. In dít hoofdstuk willen wij wél aandacht schenken aan enkele bezwaren die de aanhangers van deze alternatieve opvattingen en anderen hebben aangevoerd tegen de inspiratieleer zoals wij die hierboven hebben beschreven.

Zogenaamde bezwaren tegen een woordelijke, volledige inspiratie

We zullen hier in het kort zes bezwaren de revue laten passeren:

(**1**) „Hoe kunnen we geloven dat de oorspronkelijk geschreven bijbeltekst onfeilbaar was, als we die tekst niet meer bezitten?" - Het antwoord is eenvoudig: het is juist het indrukwekkende wonder van de overlevering van de bijbeltekst dat wij de oorspronkelijke tekst op enkele details na geheel kunnen reconstrueren (zie hoofdstuk 3 en 4); daaruit zien we juist hoeveel belang God erin gesteld heeft dat wij de woordelijk nauwkeurige bijbeltekst in handen zouden hebben, ook al heeft Hij anderzijds verhinderd dat de oorspronkelijke manuscripten bewaard gebleven zijn (wellicht om ze voor afgoderij te behoeden; vgl. 2 Koningen 18:4).

(**2**) „Hoe kunnen vele slechte of leugenachtige uitspraken die in de Bijbel vermeld staan, geïnspireerd zijn?" - Inderdaad vinden wij vele woorden van ongelovigen (zoals de gemeentesecretaris van Efeze, de garnizoenscommandant van Jeruzalem en de advocaat Tertullus; Handelingen 19, 23 en 24) en zelfs geheel verkeerde uitspraken van gelovigen (zoals de verloochening van Petrus) in de Bijbel. We vinden er woorden uitgesproken door de satan, lange (deels verkeerde) toespraken van de vrienden van Job, en zelfs de uitspraak: „Er is geen God" (maar dan wel gesproken door een dwaas: Psalm 14 en 53). Maar inspiratie heeft helemaal niets te maken met de personen die deze woorden uitspraken! Niet zij waren geïnspireerd (uiteraard), maar de Schriften die onder leiding van de Heilige Geest deze woorden getrouw weergegeven hebben, precies zoals God dat wilde en voor ons nuttig achtte. De Bijbel *citeert* dus wel leugens (bijv. Genesis 3: 4), maar *leert* geen leugens! Hij vermeldt juist leugens om ons voor die leugens te waarschuwen.

(**3**) „Is het gebruik van verschillende stijlen door verschillende bijbelschrijvers niet een bewijs tegen de inspiratie door één goddelijke Auteur?" - Nee, integendeel; God werd niet „gehinderd" door de verschillende persoonlijkheden van de schrijvers, maar maakte er juist ten volle gebruik van. Zo liet Hij vier Evangeliën schrijven - omdat één Evangelie nooit de rijkdom van de persoon en het werk van Christus recht had kunnen laten wedervaren - en wel precies door de geschikte personen: juist de bekeerde joodse collaborateur Matteüs schreef het Evangelie over de Koning van Israël; de ontrouwe maar herstelde dienstknecht Marcus schreef over de ware Dienstknecht van God; de „geliefde geneesheer" Lucas schreef over de Mens die Gods barmhartigheid kwam openbaren; en de apostel der liefde, Johannes, schreef over de Zoon van Gods liefde. En dit is nog maar één voorbeeld van de wijze waarop God gebruikmaakte van de „toonomvang" en „klankkleur" van zijn instrumenten, terwijl Hij toch zelf geheel de melodieën en harmonieën bepaalde.

(**4**) „Paulus maakt toch zelf duidelijk dat niet al zijn uitspraken in zijn brieven geïnspireerd zijn?" - Het beroemde voorbeeld hier is I Korintiërs 7 waar Paulus onderscheid maakt tussen wat hijzelf zegt (vs. 6,12,25) en wat de Here zegt (vs.10). Daar een moeilijkheid in te zien geeft weer blijk van een verkeerd beeld van wat inspiratie is en het niet zien van het onderscheid tussen inspiratie en openbaring. Alles wat in de Schrift staat, is geïnspireerd, maar niet elk schriftwoord berust op een afzonderlijke, directe „openbaring" van God. Over het gebonden zijn van de echtgenote aan haar man bezat Paulus (mede vanuit het Oude Testament) een uitdrukkelijke openbaring, een gebod des Heren (vs. 10; vgl. 11:23; 14:37; vgl. Matteüs 5:31, 32; 19:3-9); in andere gevallen bezat hij niet zo'n uitdrukkelijk gebod, maar kon hij als iemand die „ook de Geest Gods had" (vs. 40) toch Gods gedachten over verschillende kwesties geven (vgl. vs. 17b; 4: 17). Maar of hij nu over een bepaalde zaak een bijzondere openbaring bezat of niet, alles wat hij in I Korintiërs 7 *opschreef,* was geheel geïnspireerd; het was de Heilige Geest die hem ingaf wat hij over de verschillende kwesties moest schrijven, hetzij het gebod van de Here hetzij zijn eigen (door de Geest gewerkte) gedachten.

(**5**) „Komen er in de Bijbel niet talloze tegenstrijdigheden voor die de inspiratie ongeloofwaardig maken?" - Dit is een wel zeer geliefkoosd argument, en velen hebben zich dan ook uitgeput in het verstrekken van lange lijsten van zulke tegenstrijdige uitspraken. In dit kort bestek kunnen we natuurlijk niet al die zogenaamde tegenstrijdigheden behandelen, maar wel kunnen we enkele „rubrieken" opsommen waartoe deze veronderstelde moeilijkheden herleid kunnen worden; de oplossing ervan blijkt dan vaak heel eenvoudig te zijn:

a. Fouten in de gebruikte handschriften (gewoonlijk door de tekstkritiek te corrigeren) en fouten of zwakheden in vertalingen (bijv. het niet tot uitdrukking komen van onderscheiden woorden en zinsconstructies in de grondtekst).

b. Het misverstaan van specifiek antieke en oosterse zegswijzen en voorstellingen of van de alledaagse („voor-", of liever „bovenwetenschappelijke") spreektrant van de Bijbel.

c. Het niet onderscheiden van verschillende manifestaties, handelingen en woorden van God in onderscheiden fasen van de heilsgeschiedenis.

d. Vaak wordt eenzelfde zaak door verschillende schrijvers vanuit verschillende (schijnbaar tegenovergestelde) gezichtspunten bezien.

e. Vaak worden bij de beschrijving van eenzelfde zaak door verschillende schrijvers geheel verschillende aspecten van die zaak benadrukt dan wel weggelaten, waardoor ze elkaar nu juist zo treffend aanvullen in plaats van tegenspreken .

f. Veel passages kunnen op verschillende manieren „gelezen" worden; het is frappant hoe vaak ze zo gelezen worden dat er tegenstrijdigheden ontstáán!

(**6**) „Komen er in de Bijbel niet talloze historisch en wetenschappelijk onjuiste beweringen voor?" - Hier ligt wel de belangrijkste voetangel als het om de inspiratie gaat, één die trouwens nauw met het vorige punt samenhangt. Wat te denken van een boek dat (zogenaamd) spreekt over een platte aarde, een hemelkoepel, de pilaren waar de aarde op rust, de vrouw van Kaïn die uit het niets komt opduiken, de herkauwende haas, de mythologische dieren, de primitieve wonderverhalen, de historische blunders, de twee tegenstrijdige scheppingsverhalen, de drie „zaligmakende dieren" (de sprekende slang, de sprekende ezel en de vis waarin Jona drie etmalen huisde), en wat niet al voor achterhaalde voorstellingen die men toch niet van een volmaakte alwetende God zou verwachten als Hij werkelijk de Bijbel woord voor woord geïnspireerd had!

Wij nemen dit bezwaar (dat ook in de moderne theologie zo'n grote rol speelt) zo serieus, dat wij daaraan het hele tweede deel van deze serie „De Bijbel open" willen wijden! Daarin willen wij uitvoerig trachten aan te tonen dat de Bijbel niet alleen met goddelijk gezag spreekt over religieuze zaken, maar ook waar hij handelt over de geschiedenis, de natuur en de kosmos. We willen aantonen dat dat er ook beslist wel toe doet! Wat we hier in kort bestek niet kunnen doen, namelijk de historische en wetenschappelijke betrouwbaarheid van de Schrift te argumenteren, zullen we in het tweede deel des te uitvoeriger doen. De Bijbel is geen geschiedenis- of wetenschapsboek; maar wáár hij over geschiedenis of wetenschap handelt, doet hij dat naar waarheid en met goddelijk gezag.

De inspiratie van het Oude Testament

Nu we de bijbelse leer van de inspiratie in haar hoofdkenmerken uiteengezet hebben en tegenover een aantal hoofdbezwaren hebben verdedigd, kunnen we wat uitvoeriger ingaan op de inspiratie van het Oude en het Nieuwe Testament afzonderlijk. Voor het Oude Testament hebben we op dit punt een dubbel getuigenis: dat van het Oude Testament over zichzelf en dat van het Nieuwe Testament over het Oude.

1. **Het Oude Testament over zichzelf.** We hebben in hoofdstuk 5 al gezien dat de schrijvers van het Oude Testament zich voorstelden en geaccepteerd werden als profeten, als „mannen Gods", en dat hun geschriften onmiddellijk als goddelijk gezaghebbend aanvaard werden en op een heilige plaats werden bewaard. Zij waren „mannen van de Geest" (vgl. Hosea 9: 7), omdat de Geest van Jahweh hen dreef en als werktuig gebruikte: „De Here HERE heeft gesproken, - wie zou niet profeteren?" (Amos 3: 8). De profeet is de „woordvoerder" van God, die namens Hem zijn woorden uitsprak (vgl. Exodus 7: 1; 4: 30): „Ik zal mijn woorden in zijn mond leggen, en hij zal alles tot hen zeggen, wat Ik hem gebied" (Deuteronomium 18: 18). Valse profeten konden ontmaskerd worden doordat hun woord niet uitkwam (Deuteronomium 18:22) of werden door God zelf ontmaskerd (Numeri 16:8-35; 1 Koningen 18: 38-40; 22: 19-25). Wáre profeten van God waren het die door de kracht van de Geest de woorden van God in boeken vastlegden.

De boeken van het Oude Testament zijn dus „profetische schriften". De boeken van Mozes zijn „de geboden van Jahweh"

(Richteren 3 :4) en „de woorden die Hij gesproken had over ons" (Daniël 9: 11,12). Ook het boek Jozua wordt „wetboek Gods" genoemd (Jozua 24: 26), en ook in de dagen van andere „vroege profeten" (zie de hoofdstukken 3 en 5) sprak God tot mensen (Richteren 1: 2; 6: 25; I Samuël 3: 21) en werden zijn woorden opgeschreven (I Kronieken 29: 29). Bij de „late profeten", van Jesaja tot Maleachi, vinden we talloze malen het machtige woord „Zo spreekt de HERE" herhaald. Ook getuigden zij van elkaar: Daniël (9:2) van Jeremia en Ezra (1:1; 5:1) van Jeremia en van Haggaï en Zacharia, en Zacharia spreekt over de vroegere geschriften als „de onderwijzing en de woorden die de HERE der heerscharen door zijn Geest, door de dienst van de vroegere profeten, had doen overbrengen" (7: 12). De Psalmen getuigen van hun inspiratie (45: 2; 2 Samuël 23 :2), de drie geschriften van Salomo zijn het product van zijn goddelijke wijsheid (1 Koningen 4:29-33), enz.
2. **Het Nieuwe Testament over het Oude.** In hoofdstuk 5 hebben we al gezien dat praktisch alle boeken van het Oude Testament in het Nieuwe Testament als goddelijk gezaghebbend worden aangehaald. Daarnaast is het ook belangrijk te zien hoe het Nieuwe Testament het Oude als een onverbrekelijke eenheid ziet, waarvan men dus geen delen willekeurig als niet-geïnspireerd mag losweken. We hebben hierboven al gezien dat het Oude Testament in het Nieuwe wordt aangeduid als „de Schriften" maar ook als „de Schrift" (bijv. Johannes 10: 35). Andere (enkelvoudige) uitdrukkingen die op deze eenheid wijzen, zijn „het woord van God" (Marcus 7: 13; Johannes 10: 35; Romeinen 9:6; Hebreeën 4: 12) en „de wet"; deze laatste uitdrukking doelt op de wet van Sinaï óf op de vijf boeken van Mozes (bijv. in de zegswijze „de wet en de profeten": Matteüs 5: 17; 7: 12 etc.) of op het hele Oude Testament (Johannes 10: 34; 12: 34; 15: 25; Handelingen 25: 8; Romeinen 3: 10-19; I Korintiërs 14 : 21).

Het is ook opvallend dat voor de nieuwtestamentische schrijvers de uitdrukking „De Schrift zegt" precies hetzelfde betekent als „God zegt". In Galaten 3: 8 en Romeinen 9: 17 voert Paulus de Schrift sprekende in, waar hij letterlijk bedoelt dat God sprak. De woorden van de Schrift waren voor hem identiek met de woorden van God, zodat hij kon zeggen: „De Schrift zegt", waar hij bedoelt: „God zegt in de Schrift". Ook het omgekeerde komt voor: de Here Jezus legt de woorden van Genesis 2: 24 God in de mond (Matteüs 19: 4,5) terwijl het vers niet létterlijk een uitspraak van God maar van Mozes is; voor Christus is dat in de Schrift echter hetzelfde. Precies zo leggen de discipelen de woorden van de bijbelschrijvers God in de mond (Handelingen 4:24-26; 13:32-35; zie ook Hebreeën 1:5-13). Degene die „door de mond van zijn heilige profeten" sprak, was God (Lucas 1: 70), de Heilige Geest (Handelingen 1: 16), de Geest van Christus (I Petrus 1: 11).

Met name het getuigenis van Christus over het Oude Testament is bijzonder belangrijk. Volgens Hem was het „in de Geest" geschreven (vgl. Matteüs 22:43), zodat zelfs het kleinste onderdeel ervan goddelijk is en vervuld zal worden (Lucas 16:17; 18:31; 24:25-27, 32, 44-46). In zijn twist met de satan beriep Hij Zich niet op zijn eigen gezag, maar op de Schriften, met het drievoudige antwoord: „Er staat geschreven" (Matteüs 4: 1-10), ja, Hij stelde zelfs het geschreven Woord boven zijn eigen woorden (Johannes 5: 39-47). Als zelfs Hij, de Zoon van God, Zich zowel bij zijn twistgesprekken als bij zijn onderwijs talloze malen op de Schrift beriep, hoe groot moet dan het gezag van die Schrift zijn! Hij stelde in het licht wat het gevolg is als men de Schrift veronachtzaamt: „Gij dwaalt, want gij kent de Schriften niet noch de kracht Gods" (Matteüs 22: 29). Het gezag van de Schriften is zelfs groter dan opgewekte doden of een engel uit de hemel zouden kunnen bezitten (Lucas 16:29-31; Galaten 1:8). Juist van die schriftplaatsen die tegenwoordig zo scherp worden aangevallen, bevestigt Christus de goddelijke juistheid, zoals de geschiedenissen van Adam

Kunstenaars hebben hun inspiratie gebruikt om het geïnspireerde Woord van God zo kunstig mogelijk te verluchten. Hier een initiaal uit het Book of Kells.

en Eva, de zondvloed, Jona, Daniël, de eenheid van het boek Jesaja en het auteurschap van Mozes t.a.v. de eerste vijf boeken. Sommigen hebben wel tegengeworpen dat Christus en de apostelen niet werkelijk de inspiratie van het Oude Testament bevestigd hebben, maar zich eenvoudig aan de gangbare joodse opvattingen van hun tijd hebben aangepast (nog afgezien van de nog ergere dwaling dat Christus „ook niet beter wist"!). Maar wat is het woord van de Here Jezus en zijn apostelen waard als zij zich bewust zo gemakkelijk, op een zo essentieel punt, aan verkeerde opvattingen aanpasten? Kan men echter werkelijk volhouden dat zij dat deden, als men ziet hoezeer Christus hen bestrafte die in strijd met de Schrift handelden en leerden, of die menselijke overleveringen hoger stelden dan de Schrift (Matteüs 15: 1-6), en hoe Hij de nadruk legde op de handhaving en vervulling van elk onderdeel van de Schrift, zoals we zagen? Als ik geloof in Christus, mag mijn houding tegenover de Schrift dan een andere (een mindere) zijn dan die van Hem?

De inspiratie van het Nieuwe Testament

Ook hier kunnen we twee groepen van aanwijzingen onderscheiden. Zoals Christus de inspiratie van het Oude Testament bevestigde, zo beloofde Hij de inspiratie ook aan de discipelen; en dezen konden zich op grond van deze belofte en van hun apostolische roeping op deze goddelijke inspiratie beroepen:

I. **De voorzegging van Christus.** De Here Jezus beloofde de discipelen die Hij riep en uitzond, meermalen de bijzondere leiding van de Heilige Geest: „Gij zijt het niet die spreekt, doch het is de Geest uws Vaders, die in u spreekt" (Matteüs 10: 20; Marcus 13: 11, „de Heilige Geest"); „de Heilige Geest zal u op het eigen ogenblik leren, wat gij zeggen moet" (Lucas 12: 12). Als dit al gold voor de ogenblikken dat zij mondeling zouden moeten getuigen, hoeveel te meer gold het als zij hun geschriften zouden schrijven. De Here Jezus gaf zelfs afzonderlijke beloften voor de verschillende delen van het Nieuwe Testament: „De Trooster, de Heilige Geest, die de Vader zenden zal in mijn naam, die zal u alles leren en u te binnen brengen al wat Ik u gezegd heb" (Johannes 14: 26; dit zien we vooral vervuld in de *Evangeliën);* „Wanneer de Trooster komt, die Ik u zenden zal van de Vader, de Geest der waarheid, die van de Vader uitgaat, zal deze van Mij getuigen; en gij moet ook getuigen, want gij zijt van het begin aan met Mij" (Johannes 15: 26, 27; dit laatste zien we vooral in de *Handelingen);* „Wanneer Hij komt, de Geest der waarheid, zal Hij u de weg wijzen tot de volle waarheid; want Hij zal niet uit Zichzelf spreken, maar al wat Hij hoort, zal Hij spreken (zie de *brieven*) en de toekomst zal Hij u verkondigen" (zie de *Openbaring)* (Johannes 16: 13).

In zijn gebed tot de Vader heeft Christus speciaal voor de eenheid van het getuigenis van de apostelen gebeden: „Heilige Vader, bewaar hen (de apostelen) in Uw naam, die Gij Mij gegeven hebt, dat zij één zijn zoals Wij" (Johannes 17: 11). En tenslotte zond Hij hen uit als degene die álle macht in hemel en op aarde bezit, opdat zij discipelen zouden maken en hun zouden *leren* onderhouden al wat Christus hun geboden had (Matteüs 28: 18,19). En zó gingen zij heen: was het Oude Testament „Woord Gods" (zie boven), de prediking van Jezus was het ook (Lucas 5: 1), en zo was de prediking van de apostelen dat eveneens (Handelingen 8:14; 11:1; 12:24; 13:7,44-49; 15:35,36; 17: 13; 18: 11; 19:20; vgl. I Tessalonicenzen 2: 13). Hoeveel te meer gold dit dan voor hun geschréven woorden die hoger aangeslagen werden dan gesproken woorden (vgl. Johannes 5:47; Lucas 16:30, 31).

2. **De aanspraken van de schrijvers.** De apostolische schrijvers van het Nieuwe Testament waren zich er ook zeer wel van bewust dat zij „Woord Gods" schreven, en ook dat zij geen opvolgers zouden hebben, omdat apostelen ooggetuigen geweest moesten zijn van Christus (Handelingen 1: 21,22; 1 Korintiërs 9: 1; vgl. 2 Korintiërs 12: 12). Het Nieuwe Testament is dus het enige werk dat er aanspraak op kan maken (en dat ook doet) de vervulling van Christus' belofte en het authentieke verslag van de apostolische leer (en dus van de leer van Christus) te zijn; zie Galaten I :6-12; Hebreeën 2:3,4.

Eén van de consequenties daarvan is dat het Nieuwe Testament zich op één lijn stelt met het Oude. Wordt dit laatste „de Schriften" genoemd, Petrus stelt de „Schriften" van Paulus op één lijn met „de overige Schriften" (2 Petrus 3: 16). Paulus zelf noemt zijn brieven „profetische Schriften" (Romeinen 16: 26) en geeft ze evenveel gezag als het Oude Testament (vgl. I Timoteüs 4: 11, 13). Ook spreekt hij over het Evangelie van Lucas als „de Schrift" in I Timoteüs 5: 18, waar hij Deuteronomium 25: 7 én Lucas 10: 7 aanhaalt en ze daarmee op één lijn stelt. Johannes noemt zijn boek de Openbaring „profetie" (I :3; 22: 18,19) en rekent zich daarmee onder de „profeten"; vergelijk wat we net vonden in Romeinen 16: 26 en zie ook Efeziërs 2: 20; 3: 3,5. Zowel het Oude als het Nieuwe Testament is dus geschreven door „profeten", mannen Gods, en staan daarmee op hetzelfde niveau.

Door het hele Nieuwe Testament heen zien wij derhalve krachtige aanspraken op inspiratie en goddelijk gezag. Zie bijvoorbeeld de plechtige verklaringen van de evangelisten (o.a. Marcus 1: 1; Lucas 1: 1-4; Johannes 20:31; 21 :24) en die van Paulus in verschillende brieven (Romeinen 1: 1-3; 16:26; 2 Korintiërs 10-13; Galaten I en 2; Kolossenzen I :23-26; 4: 16;1 Tessalonicenzen 2:13; 5:27; 2 Tessalonicenzen 3:14; 2 Timoteüs 1:13; 4:1,2). Soortgelijke kenmerken vertonen de „algemene brieven" (o.a. Jakobus 1: 1; I Petrus 1:1; 5:1, 12; 2 Petrus 3:1, 2; 1 Johannes 1:1-5; 4:1-6; 5:13; Judas 3).

Aanwijzingen voor de inspiratie

Men kan voor de inspiratie van de Bijbel wel vele „argumenten" aanvoeren en dat hebben we ook geprobeerd - maar uiteindelijk zou het daarmee kunnen gaan als met de bewijzen dat de zon bestaat: het beste bewijs is de onmiddellijke ervaring van het licht en de warmte van de zon. Zo is het met de inspiratie: het beste bewijs ervoor is uiteindelijk de geloofservaring van de gevolgen en uitwerking van die inspiratie! We zouden in dit opzicht vier aspecten kunnen onderscheiden:
1. **De morele kracht en autoriteit van de Bijbel.** In hoofdstuk 5 zagen we onder de kenmerken van een „canoniek" boek het goddelijke gezag en de levensvernieuwende kracht van zo'n boek. Nu zien we hoe zo'n boek aan die eigenschappen komt: het zijn de gevolgen van de goddelijke inspiratie! Zoals Christus „leerde als gezaghebbende" (Matteüs 7: 29), zó leert de Bijbel met zijn honderden malen herhaalde „Zo spreekt de HERE" . Men moet de Bijbel wél deze kans geven met gezag te spreken; hij zal brullen als een leeuw, maar het „gezag" van een leeuw kan pas blijken als men hem loslaat. De leer van de Bijbel moet niet zozeer verdedigd als wel verkondigd worden. Uiteindelijk moet een mens, om door de Bijbel „overweldigd" te worden, immers niet in zijn verstand maar in zijn hart en geweten overtuigd worden, en dat is het werk van de Heilige Geest (I Korintiërs 2: 13,14; 2 Petrus 1: 19-21). Zoals Pascal zei: „Er is licht genoeg voor degene die zien *wil*" (vgl. Johannes 7: 17; Openbaring 22: 17). Bij duizenden ís het licht van Gods Woord in de harten gaan schijnen (2 Korintiërs 4: 1-6) en zij hebben de levensvernieuwende kracht van dat Woord persoonlijk ervaren.
2. **De eenheid van de Bijbel.** Nu wij het geheim van de inspiratie kennen, kunnen wij ook beter begrijpen waardoor de Bijbel zulke unieke kenmerken bezit als wij al in hoofdstuk I hebben beschreven. We denken nu vooral aan het unieke van zijn ontstaan en het unieke van zijn eenheid: wie of wat heeft de eenheid gecreëerd van zesenzestig boeken, geschreven over een tijdvak van minstens 1500 jaar, door pakweg veertig schrijvers, in drie talen, met honderden onderwerpen, maar met één leidend thema: Jezus Christus? Geen mens of groep van mensen stelden het Boek samen: de boeken werden eenvoudig aan de groeiende verzameling toegevoegd nadat ze geschreven waren, gewoon omdat zij die ze ontvingen, ze als goddelijk geïnspireerd erkenden. De verzameling vertoont een opmerkelijk „plan" zonder dat enig mens dat plan van tevoren of tijdens het ontstaan kon kennen. De oorsprong van dat plan moet uit-

gaan boven de bijbelschrijvers zelf en moet bovennatuurlijk zijn ; de eenheid van de Schrift moet stammen van Hem van wie zij zelf duizenden malen getuigt dat Hij haar Auteur is.

3. **De aanvaarding van de Bijbel.** We hebben in hoofdstuk I al gewezen op de wonderbaarlijke actualiteit, de gigantische verspreiding, de haar zuivere overlevering en de hardnekkige overleving van de Bijbel. We weten nu het geheim: miljoenen mensen in de geschiedenis hebben dit Boek aanvaard als het geïnspireerde Woord van God. Vanaf het begin heeft de christelijke kerk vele en krachtige getuigenissen van die inspiratie afgelegd. Reeds de oudste kerkvaders beschouwden ook het Nieuwe Testament als „Schrift" en verwezen er op precies dezelfde wijze naar als de apostelen deden t.o.v. het Oude Testament. De leer van de inspiratie is niet een uitvinding van blinde orthodoxie in een uithoek van de christenheid, maar vanaf het allereerste begin tot vandaag is er een ononderbroken stroom van miljoenen christenen geweest die van harte de volledige, woordelijke inspiratie van de Schrift aanvaard hebben.

4. **De historische en wetenschappelijke betrouwbaarheid van de Bijbel.** We hebben hierboven even over vermeende fouten en tegenstrijdigheden in de Bijbel gesproken en erop gewezen dat de meeste heel gemakkelijk op te lossen zijn. Laten er nu *enkele* problemen overblijven die niet (direct) oplosbaar zijn - realiseert men zich eigenlijk wel hoeveel *duizenden* fouten van historische, kosmologische, biologische aard, vergissingen, weglatingen, overdrijvingen de 31.173 verzen van de Bijbel hadden moeten bevatten als hij *niet* het geïnspireerde Woord van God was? Vergelijk daarmee eens de dwalingen van de Egyptenaren (die Mozes niet beïnvloedden!), van de Chaldeeën (die Daniël niet in de war brachten!), van de Grieken (die Paulus niet misleidden!); denk aan de onwetenschappelijkheden die we bij de hindoes, bij Homerus, bij Aristoteles, zelfs bij Augustinus en Ambrosius vinden, waar zij over de stoffelijke wereld spreken.

De Bijbel spreekt over de natuur, de zon, maan en sterren, de dieren, de planten, het licht, de atmosfeer, de zee, de bergen - en dat alles (hoewel in boven-wetenschappelijke taal) naar waarheid! De Bijbel spreekt over duizenden plaatsen en gebeurtenissen uit de oudheid - maar geen archeologische vondst heeft ooit een bijbelse uitspraak als onjuist ontmaskerd. De spot van de critici verstierf toen de archeologen ontdekten dat de schrijfkunst al in Abrahams dagen bestond, toen de geschiedenis en chronologie van de koningen van Israël bevestigd werd, en toen het bestaan van koning Belsazar van Babel en van het antieke volk der Hethieten bewezen werd. En niet alleen spreekt de Bijbel betrouwbaar over het verleden maar ook over de toekomst. Hij bevat honderden voorspellingen, soms honderden jaren tevoren gedaan, die letterlijk zijn uitgekomen; geen vage voorspellingen waar men alle kanten mee uit kan (zoals met een horoscoop), maar zeer precieze aankondigingen, zoals de nauwkeurige voorzegging van het tijdstip, de plaats en de wijze van de geboorte van Christus en de verdere profetieën aangaande zijn leven, sterven, opstanding en hemelvaart. De Koran en de Veda's bevatten niet zulke precieze voorspellingen die ook nog uitgekomen zijn. De oorzaak daarvan is heel eenvoudig: de Bijbel verschilt van alle (godsdienstige) boeken in deze wereld, doordat hij het onfeilbare, gezaghebbende, volledig geïnspireerde Woord van God is.

▲ Mozaïek in de San Vitale te Ravenna: God overhandigt een perkamenten rol aan Mozes, een andere dan de traditionele uitbeelding van de openbaring van de tien geboden op de twee 'stenen tafelen'. Maar is Mozes wel de schrijver van de eerste vijf boeken van het Oude Testament geweest. Eén der oudste vragen van de moderne bijbelkritiek.

HOOFDSTUK 7

De bijbelkritiek van het Oude Testament

Zoals we al eerder hebben opgemerkt, hebben we in de hoofdstukken 2 en 3 onze éigen visie op de ontstaansgeschiedenis van het Oude Testament gegeven, niet de visie van vele moderne theologen. De door ons weergegeven opvatting is gelukkig nog wel de opvatting van heel veel orthodoxe theologen; het is een opvatting die ook alles te maken heeft met datgene wat we uit de Schrift geleerd hebben over het canonieke karakter (hoofdstuk 5) en de goddelijke inspiratie (hoofdstuk 6) van de verschillende bijbelboeken. Daardoor hangen de voorgaande hoofdstukken ook allemaal nauw met elkaar samen. Maar het zou onjuist zijn de indruk te wekken dat ons inzicht door de meeste tegenwoordige theologen gedeeld wordt. Helaas is dit niet het geval, en we zullen dan ook nu moeten nagaan waardoor dit komt. We zullen moeten nagaan wat „bijbelkritiek" is, hoe die ontstaan is, wat haar beweringen zijn ten aanzien van de ontwikkelingsgeschiedenis van het Oude Testament, wat haar vooronderstellingen en grondslagen zijn en tenslotte waarom en hoe zij weerlegd moet worden.

Wat is bijbelkritiek?

In de ruimste zin van het woord is de „bijbelkritiek" eenvoudig de wetenschap die zich bezighoudt met de oorsprong, geschiedenis en tegenwoordige staat van de grondtekst van de Bijbel. Hierin moeten we dan onderscheid maken tussen de *lagere bijbelkritiek* of kortweg de *tekstkritiek* die zich bezighoudt met de vaststelling van de juiste bewoordingen van de oorspronkelijke bijbeltekst - een nuttige wetenschap waar we in de hoofdstukken 3 en 4 al uitvoerig naar verwezen hebben; en anderzijds de *hogere bijbelkritiek,* kortweg bijbelkritiek te noemen, die zich bezighoudt met de inhoud van de tekst op grond van de aard, de vorm en het onderwerp van de verschillende bijbelboeken, de aard en de samenhang van de context en van de verschillende bijbelgedeelten en de gegevens over de omstandigheden van de schrijvers en de geadresseerden van de bijbelboeken. De vraagstukken waarmee de bijbelkritiek zich bezighoudt, zijn die van de betrouwbaarheid, de echtheid, de geloofwaardigheid en de literaire vormen van de bijbelboeken. Op zichzelf zou een dergelijke studie nog wel een schijn van objectiviteit kunnen ophouden, ware het niet dat een oordelen over het geïnspireerde Woord van God eigenlijk niet anders dan tot mislukking kan leiden. De geschiedenis heeft dit dan ook duidelijk aangetoond.

Kritiek op de inhoud en op de omvang van de Heilige Schrift heeft er bestaan zolang er al bijbelboeken bestaan; denken we bijv. aan de beperking van de canon door de Sadduceeën en de Samaritanen en later bij Marcion (hoofdstuk 5). Julianus de Afvallige ontwierp in de vierde eeuw een soort evolutionistische ontwikkelingsgeschiedenis van de leer omtrent Christus. Toen de strijd rond de canon tenslotte beslecht was en de canon voorgoed vastlag, begon de strijd rond het probleem wat nu ín de canon wezenlijk en wat onbetrouwbaar of onbelangrijk was. Het ging nu niet meer om de omvang, maar om het (historisch en leerstellig) gezag van de canon.

In dit kort bestek kunnen we natuurlijk alleen heel summier op de geschiedenis van de oudtestamentische bijbelkritiek ingaan. Een eerste begin van de moderne literaire kritiek zien we al bij *Karlstadt* (1520) die onder andere Mozes' auteurschap van de Pentateuch ontkende. A. *Masius* opperde (1574) voor het eerst dat bijbelboeken samengesteld en geredigeerd kunnen zijn. Naast deze en andere roomse auteurs zien we een humanistische lijn *(Hugo de Groot),* die nadruk legde op de historische context en parellellen zocht met heidense culturen en religies (zo ook *J. Lightfoot* en *J.J. Wettstein).* Deze lijn werd verder gevolgd door de Engelse deïsten e.a. die de inspiratie en de Bijbel als Woord van God verwierpen *(Th. Hobbes, I. de la Peyrère, B. de Spinoza, R. Simon;* tweede helft zeventiende eeuw). Steeds was daarbij de kritiek op de Pentateuch en op Mozes' auteurschap daarvan één van de sterkste punten; deze kritiek leidde in het begin van de achttiende eeuw tot de *bronnentheorie,* vooral ten aanzien van de Pentateuch.

De eerste die achter de canon verschillende bronnen trachtte te onderscheiden (d.w.z. verschillende geschriften die pas later tot de betreffende bijbelboeken werden samengesteld), was *H.B. Witter* (1711), die in Genesis 1-3 twee bronnen meende te herkennen, gekenmerkt door een verschil in Godsnaam (de naam waarmee God wordt aangeduid). *J. Astruc* (1753) meende door heel Genesis heen drie bronnen te onderscheiden, die later door Mozes zouden zijn samengevoegd en nog later geheel versmolten zouden zijn tot het huidige boek Genesis. Ook hij wees vooral op de verschillende Godsnamen in Genesis als kenmerk van de veronderstelde bronnen. Dit kenmerk werd de eerste grondslag van de bronnentheorie. De nieuwe lijn werd krachtdadig doorgetrokken door *J.C. Eichhorn* (1780-83) die ook voor het eerst de term „hogere kritiek" toegepaste en wel de „Vader van de oudtestamentische bijbelkritiek" is genoemd. Hij verdeelde Genesis over de Jahwist (J), de bron die de naam Jahweh gebruikte, en de

Elohist (E), de bron die de naam Elohim (God) hanteerde. Ook voerde hij nieuwe criteria in, zoals „parallelle verhalen" en „doublures" (bijv. de „twee verhalen" in de zondvloed-geschiedenis).

De onzekerheid van de criteria leidde naast een bronnentheorie al gauw tot een „fragmententheorie" die talloze bronnen in Genesis „ontdekte" *(K.D. Ilgen, A. Geddes, J. Vater;* ± 1800). In deze groep hoort ook de belangrijke theoloog *W.M.L. de Wette* thuis, die bovendien de hele godsdienstgeschiedenis van Israël strikt evolutionistisch opvatte en een heel nieuwe bron D (Deuteronomist) introduceerde (die uit de laat-zevende eeuw v. Chr. zou stammen) om het ontstaan van het boek Deuteronomium te verklaren. De fragmententheorie werd door *H. Ewald* (1823) omvergeworpen en vervangen door een „aanvullingstheorie", waarbij hij uitging van een Elohistische „Grundschrift", geleidelijk aangevuld met stukken uit latere bronnen. In 1840 werkte hij dit uit tot een „kristallisatie-theorie", waarbij hij aannam dat alle auteurs die achtereenvolgens bijdragen aan de „boeken van Mozes" leverden, daarbij gelijk het hele beschikbare materiaal bewerkten.

De moderne bronnentheorie

In 1853 zorgde *H. Hupfeldt* voor een grote doorbraak. Hij legde de grondslag voor de moderne bronnentheorie door te beredeneren dat de J-stukken in Genesis géén aanvullingen waren, maar één oorspronkelijk document hadden gevormd; voorts dat de Elohistische „Grundschrift" (E) niet één maar een samenstel van twee documenten (E1 en E2) vormde; voorts dat deze drie documenten door een redactor tot het huidige boek Genesis waren samengevoegd; en tenslotte dat D inderdaad een geheel afzonderlijke bron vormde. De E1-bron werd later als P (= Priestercodex) aangeduid en E2 gewoon als E. De chronologische ontstaansorde van de vier bronnen was volgens Hupfeldt: P-E-J-D. Dit werd in twijfel getrokken door *E. Reuss* en zijn grote leerling *K.H. Craf* (1866), die meenden dat P het jongste document was. Hierin nog krachtiger gesteund door de Nederlander *A. Kuenen* (1869) werd de volgorde van de vier bronnen nu: J-E-D-P.

Ook Kuenen gaat het vooral om de evolutionistische reconstructie van Israëls geschiedenis, en hierin wordt hij gevolgd door de belangrijkste vertegenwoordiger van de bronnentheorie: *J. Wellhausen* (1876-78). Deze voegde geen nieuwe elementen toe, maar formuleerde en reviseerde met veel verve de theorie van Graf en Kuenen en gaf er de klassieke vorm aan waardoor de theorie zo razendsnel de oudtestamentici in Europa en later in Amerika veroverde. Hij „dateerde" J op ± 850 v. Chr. en E op ± 750 v. Chr.; rond 650 v. Chr. zou hieruit één doorlopend verhaal samengesteld zijn: JE. Tijdens de opwekking on-

der Josia (621 v. Chr.) zou D samengesteld zijn (vgl. 2 Kronieken 34: 14-33!) en tenslotte zou P geleidelijk zijn opgebouwd in de tijd tussen Ezechiël en Ezra.

Al in dit stadium van ons onderzoek vallen ons enkele opmerkelijke tegenstrijdigheden op. Een verschillende Godsnaam zou moeten wijzen op een verschillende bron (Astruc, Eichhorn); toch zijn er ook verschillende bronnen met dezelfde Godsnaam, nl. P en E (Hupfeldt), terwijl E vaak nauwelijks verschilt van J in thematiek, stijl en woordenschat. J is natuurlijk jonger dan E (zeggen alle critici tot op Graf), want Jahweh is natuurlijk een latere naam voor God dan Elohim; maar nee, J is in feite ouder dan E, zeggen Kuenen en Wellhausen. P is de Elohist die het meest van J verschilt in thematiek en stijl, dus P moet het oudste document zijn, zeggen de oudere critici; maar nee, P is de jongste van allemaal, want dit past beter in de evolutietheorie over de ontwikkeling van de joodse godsdienst vanaf het primitieve polytheïsme (veelgodendom) tot het door priesters beheerste monotheïsme (ééngodendom). Al in de negentiende eeuw werd dit gespeculeer majestueus weerlegd door *W.H. Green* (1895-96), die aantoonde hoe weinig de bronnentheorie met de feitelijke bijbelgegevens in overeenstemming is.

▲ Een handschrift met een gedeelte uit de Pentateuch (Lev. 5:18-6:5) uit het begin van de tiende eeuw, voorzien van de kanttekeningen van de masoreten.

De bronnentheorie had echter een zeer vaste plaats verworven; in de Engelstalige landen werd zij sterk gepopulariseerd door *W.R. Smith, S. R. Driver* en *C.A. Briggs*. Wel bleef men beperkte aanvullingen en wijzigingen van de theorie voorstellen. *K. Budde* en *R. Smend* (1912) splitsten J in twee bronnen: J1 en J2. *W. Eichrodt* (1916) en *O. Eissfeldt* (1922) onderscheidden in J een Lekenbron (L), ongeveer overeenkomend met J1, die in Elia's tijd zou zijn ontstaan en ook in Richteren en Samuël zou zijn terechtgekomen. Deze L lijkt wat op K (een „Kenitische" bron), uitgevonden door J. *J. Morgenstern* (1927), en *R. H. Pfeiffer* (1941) kwam met een S-document (van „Seïr"), dat volgens hem zowel in de J- als de E-stukken van Genesis voorkwam. Zo werd het bekende JEDP-schema nog aangevuld door L, K en S, maar deze vonden geen wijde erkenning. Integendeel, de tendens van de twintigste-eeuwse theologen is veeleer de bronnentheorie geheel of gedeeltelijk te vervangen door nog veel radicalere theorieën.

Een deel van de discussie betrof het D-document. *R. H. Kennett* (1920) en *G. Hölscher* (1922) beschouwden D als veel jonger dan de tijd van Josia, zodat het wetboek dat in die tijd in de tempel gevonden werd, niet Deuteronomium geweest kon zijn. *M. Kegel* (1919), *A.C. Welch* (1924) en *E. Robertson* (1936- 1944) betoogden daarentegen dat D veel ouder was dan Josia's tijd. Nog ingrijpender was de kritiek van *M. Löhr* (1924) die het bestaan van een afzonderlijke P-bron ontkende en meende dat de Pentateuch samengesteld was door Ezra aan de hand van allerlei geschreven materiaal dat niet met J- en E-stukken e.d. kon worden vereenzelvigd. Evenzo verwierpen *P. Volz* en *W. Rudolph* (1933) een afzonderlijke E-bron en keerden terug tot een soort „aanvullingstheorie".

Alternatieve radicale theorieën

Het verst in hun kritiek gingen die theologen die in feite heel nieuwe scholen van Pentateuch-kritiek opbouwden. Naast de *bronnentheorie* ontstonden zo vooral de *„vormkritiek" (de* school der *Formgeschichte)* en de *Uppsalaschool*. De grondleggers van de vormkritiek waren *H. Gunkel* (± 1900) en *H. Gressman* (± 1920). Hun school meende eveneens dat de Pentateuch het produkt was van een geleidelijk samenstellingsproces, maar dat over de oudste fasen daarvan niets te zeggen viel. Zij verwierp de JEDP-bronnen (vastomlijnde schriftelijke documenten!) en meende dat men in de Pentateuch hoogstens kon proberen de mondelinge overleveringen te herkennen waarop de geschriften teruggingen, en wel door bepaalde categorieën *(Gattungen)* te onderscheiden, literaire genres die elk een kenmerkende *Sitz im Leben* (levenssituatie) vertoonden. Eén van de belangrijkste hulpmiddelen daarbij was het „godsdiensthistorische" *(religionsgeschichtliche)* onderzoek, dat zich richtte op parallelle vormen van religie en literatuur bij Israëls oude buurvolken, vooral de Egyptenaren en Mesopotamiërs, waar *Gattungen* en de *Sitz im Leben* duidelijker te onderscheiden waren. Zo zou het boek Genesis in feite een verzameling van „sagen" (volksvertellingen) zijn die in een nogal veranderlijke, mondelinge vorm zouden zijn overgeleverd en pas rond of na de Babylonische ballingschap hun schriftelijk beslag zouden hebben gekregen. Aan de ene kant heeft Gunkel ons een grote dienst bewezen door de ongefundeerdheid en gekunsteldheid van de bronnentheorie duidelijk aan te tonen. Aan de andere kant was zijn eigen theorie nog slechter, een grove miskenning van de oude en hoge literaire kwaliteiten van Israël, zoals we nog zullen zien. Onze latere kennis van de antieke schrijfkunst en literatuur heeft in feite doeltreffend met de vormkritiek afgerekend. Ditzelfde geldt voor de Uppsalaschool, die eveneens de bronnentheorie radicaal verwierp en een nog grotere nadruk legde op de betekenis van de *mondelinge overlevering* dan Gunkel en de vormcritici. Sommigen beweerden zelfs dat de mondelinge overlevering belangrijker was dan schrijven in het antieke Oosten als het ging om de overlevering van historisch materiaal. Volgens hen zouden we niet moeten zoeken naar geschreven bronnen, maar naar eenheden van mondelinge overlevering, naar overleverings-kringen en bepaalde scholen binnen deze kringen. Deze lijn werd het eerst ontwikkeld door *J. Pedersen* (1931) en uitgewerkt door *I. Engnell* uit Uppsala (1945), die eveneens *Gattungen* onderscheidden en de betekenis van de *Sitz im Leben* benadrukten. Engnell onderscheidde twee fundamentele overleveringsbronnen in de Pentateuch: één P-achtige overleveringsschool die van Genesis t/m Numeri te herkennen viel, en een D-werk (Deuteronomium t/m 2 Koningen) dat een andere stijl vertoont en op een D-kring van „traditionisten" zou wijzen. P zou uit Juda stammen, terwijl D meer in de richting van het noordelijk rijk der tien stammen zou wijzen. Van belang hierbij is dat de verschillende groepen van legenden van cultische aard zijn, dus verbonden met verschillende heiligdommen. Deze cultische betekenis van verschillende overleveringsscholen was al sterk benadrukt door *S. Mowinckel (± 1930).*

Kritiek op deze eenzijdige nadruk op de cultus (de eredienst) komt van de *school van Leipzig,* gegrond op het werk van *A. Alt* (1929), die meer genuanceerd de „Sitz im Leben" van de verschillende „Gattungen" tracht op te sporen. Tot deze richting behoren vooral *M. Noth* en *G. von Rad*. Vooral de laatste legt minder nadruk op de historische en meer nadruk op de „theologische" inhoud van het Oude Testament. Analoog met de ontwikkeling van de nieuwtestamentische kritiek (hoofdstuk 8) zien we de historisch-kritische methode (zoals bronnentheorie, vormkritiek) wat op de achtergrond verdwijnen en komt er meer plaats voor de theologische exegese die tracht door te stoten naar de kern, de inhoud, de „Sache", het *kerygma* (de boodschap, verkondiging, prediking). Het gaat vooral om de getuigenissen en belijdenissen van het oude Israël, om de „kerygmatische bedoelingen" in de overleveringen. Deze idee wordt onder meer uitgewerkt door *W. Pannenberg* (1961) en zijn school. In de (vermeende) vormgeschiedenis van een bijbelboek zoekt men nu ook de „theologische impuls" die oorspronkelijk leidde tot de groei en samenstelling ervan. Mannen als Noth en Von Rad, en ook *W. Zimmerli* en *H.W. Wolff*, ontwerpen een nieuw soort oudtestamentische *hermeneutiek* (uitlegkunde), meer een soort filosofie en dogmatiek, die zich bezighoudt met de mogelijke betekenis van het aloude woord van Israël voor ónze situatie van heden.

Als we de huidige situatie bezien, kunnen we vaststellen dat in Duitsland gewoonlijk gestreefd wordt naar een soort verbinding tussen de bronnentheorie en de vormkritiek (te beginnen met *O. Eissfeldt,* 1934); dat in Scandinavië de „Formgeschichte" en de „Traditionsgeschichte" de boventoon voeren; en dat in de Angelsaksische landen nog steeds de bronnentheorie het meest populair is. Dit laatste ondanks het feit dat hele generaties van theologen elke denkbare pijler van de bronnentheorie verbrijzeld hebben - om op hun beurt nog onwaarschijnlijker theorieën uit te denken, met name de bewering dat de Israëlieten hun opvattingen en geschiedenissen pas rond 500 v. Chr. of later op schrift stelden. Men zou nauwelijks een bewering kunnen bedenken die méér met het duidelijke feitenmateriaal in strijd is dan deze...

Grondslagen van de bronnentheorie

Het wordt nu tijd dat wij ons nader met de argumenten van de bijbelcritici en met de weerlegging daarvan bezighouden. Hun methoden worden op het hele Oude Testament toegepast, maar met name op de Pentateuch, zodat we daar vooral onze aandacht op zullen richten. Later zullen we het nog kort over de andere boeken hebben. Eerst spreken we over de grondslagen en gebreken van de bronnentheorie en we komen dan vanzelf ook op de bezwaren tegen de Form- en Traditionsgeschichte. Vóórdat de lezer overigens verder gaat, raden we hem aan eerst nog eens hoofdstuk 2 door te lezen, vooral wat daar gezegd wordt over het ontwijfelbare auteurschap van Mozes in de Pentateuch en over de hoge ouderdom van de schrijfkunst en de literatuur. Laten we vervolgens de (volgens Eissfeldt) vier voornaamste

grondslagen van de bronnentheorie onder de loep nemen:
(1) **De afwisseling tussen de Godsnamen (Elohim en Jahweh).** Zoals we zagen was dit het eerst gebruikte argument voor de „bronnensplitsing"; men ging ervan uit dat aan Genesis verschillende bronnen ten grondslag lagen die elk één van de beide Godsnamen prefereerden. Dit argument houdt om de volgende redenen geen steek:

a. Dezelfde afwisseling van namen komt voor in de Koran, waarvan niemand de eenheid van auteurschap betwijfelt. Hetzelfde verschijnsel komt voor in vele antieke werken, en het zou wel vreemd zijn als de oude Hebreeuwse bronnen steeds slechts één Godsnaam hanteerden.

b. De splitsing in bronnen op grond van Godsnamen is zo gekunsteld dat de critici meermalen het argument niet consequent konden doorvoeren; zo komt Elohim voor in de volgende J-teksten: Genesis 3: 1-5; 31:50; 33:5,11, en Jahweh in de volgende E-teksten: Genesis 21: 33; 22: 11,14; 28: 17-22. Zulke problemen schuiven de critici gewoonlijk af op de „redactor" die niet erg pienter moet zijn geweest.

c. Tussen de masoretische tekst en de Septuaginta (zie hoofdstuk 3) bestaan talloze verschillen in het voorkomen van de Godsnamen. Toch gaan de bronnensplitsers onveranderlijk uit van de masoreten, alsof alleen hun tekst de namen onfeilbaar juist had overgeleverd; dit doet wat vreemd aan voor theologen die die tekst in alle andere opzichten als zo gebrekkig beschouwen...

d. Zoals zelfs vele critici later erkend hebben, kan het gebruik van verschillende Godsnamen in de tekst geheel verklaard worden uit de context. *Elohim* verwijst naar God als de almachtige Schepper van het heelal en de Heer over de natuur en de mensen in het algemeen; *Jahweh* daarentegen is de verbondsnaam van God, die gebruikt wordt wanneer het in de tekst om de vertrouwelijke betrekkingen tussen God en de mens gaat.

(2) Vermeende doublures en parallelle verhalen. Dit was bijna vanaf het begin zeker één van de meest gebruikte argumenten. Men „zag" twee verschillende scheppingsverhalen in Genesis I en 2, en twee door elkaar heenlopende verhalen in Genesis 6-8 (de zondvloed-geschiedenis). Deze verschillende verhalen zouden dan oorspronkelijk tot verschillende bronnen hebben behoord en door de samensteller naast elkaar in de huidige bijbelboeken zijn opgenomen. In werkelijkheid blijkt het óf (a) om verschillende verhalen met overeenkomstige details te gaan, óf (b) om werkelijke herhaling, maar dan vanuit een heel nieuw gezichtspunt, óf (c) om schijnbare herhaling als gevolg van de eigenaardigheden van de Hebreeuwse stijl. Van alle drie geven we een voorbeeld:

a. Van het eerste geval zijn de meeste voorbeelden te geven, zoals: de dubbele vlucht van Hagar (Genesis 16 + 21), de drie aanleidingen tot Isaaks naam (Genesis 17: 17; 18: 12; 21 :6), Abrahams dubbele verloochening van zijn vrouw (Genesis 12 1 20), het dubbele bedrieglijke verblijf in Gerar (Genesis 20 + 26), de dubbele naamgeving van de put van Berseba (Genesis 21: 31; 26: 33), en het dubbele verhaal van Jakobs groeiende kudden (Genesis 30 +31). In al deze gevallen zijn er geen echte bewijzen dat het inderdaad steeds om dezelfde verhalen gaat, via verschillende bronnen overgeleverd; integendeel, in al deze gevallen is er alle aanleiding te blijven vasthouden dat het hier wel degelijk om verschillende gebeurtenissen gaat, zij het met overeenkomstige bijzonderheden. In dit bestek kunnen we niet op de details ingaan, maar in de meeste genoemde gevallen kan de nuchtere lezer dit gemakkelijk voor zichzelf vaststellen.

b. Een voorbeeld van het tweede geval is het „dubbele scheppingsverhaal" in Genesis 1 en 2, nog versterkt door het gebruik van de verschillende Godsnamen (Elohim, resp. Jahweh Elohim). Men kan echter gemakkelijk inzien dat het in feite helemaal niet om parallelle verhalen gaat, maar dat we in Genesis 1: 1-2 4a de algemene beschrijving van Gods scheppingsdaden tijdens de zes dagen en zijn rust op de zevende dag vinden, terwijl de schrijver vanaf vers 4b nader ingaat op het belangrijkste onderdeel van Gods scheppingsdaden: de schepping van de mens. Daarbij vertelt hij dan ook waar God de mens deed wonen en hoe Hij hem zijn vrouw gaf, en daarbij past ook een andere benaming voor God (zie boven). De zogenaamde tegenstrijdigheden tussen de twee gedeelten (zie vooral Genesis 2: 5 en 19) verdwijnen als men een correcte vertaling hanteert, zoals in dit geval de Statenvertaling.

c. Het derde geval kan het best geïllustreerd worden met voorbeelden waar zgn. twee verhalen met elkaar tot één verweven zijn, zoals in de zondvloedgeschiedenis (Genesis 6-8), in Abrahams reis naar Kanaän (Genesis 11-13), in de zegen van Isaak (Genesis 27) en in de gevangenneming van Jozef (Genesis 37). Ook hier ligt de gekunsteldheid van de bronnensplitsing er dik bovenop, zijn de schijnbare tegenstrijdigheden gemakkelijk te verklaren, vooral als men de eigenaardigheden van de Hebreeuwse stijl in aanmerking neemt, die (I) hoofdzakelijk een neven- (niet onder-)geschikt zinsverband kent, (2) graag in iets gewijzigde vorm herhaalt om iets nader te beklemtonen, en (3) een voorliefde heeft voor dichterlijke herhaling („parallellismen") met variaties in woordgebruik en inhoud en zelfs in het gebruik van de Godsnamen (vgl. Genesis 30:23,24!). Dit soort stijlkenmerken zijn ook overbekend in andere antieke literatuur.

(3) Zogenaamde tegenstrijdigheden, anachronismen en ongerijmdheden. Dit soort verschijnselen, zo meent men, wijst op verschillende bronnen, afkomstig van verschillende auteurs uit heel verschillende achtergronden.

a. Tegenspraak meent men te ontdekken in de naamgeving (bijv. Sinaï t/o Horeb, Jetro t/o Rehuël), in de wetgeving (zonder dat men zich rekenschap geeft van verschillen in tijd en omstandigheden), in gewoonten (bijv. in P geeft de vader namen aan de kinderen, in J en E de moeder; maar deze regel kent talrijke uitzonderingen!), enz.

b. Anachronismen (woorden in de Pentateuch die duidelijk uit een veel latere tijd stammen), zoals „Filistijnen" in Exodus 13: 17, „Dan" in Genesis 14: 14; Deuteronomium 34: 1, en „het land der Hebreeën" in Genesis 40: 15, kunnen inderdaad reëel zijn, maar kunnen het gevolg zijn van revisies door latere schriftgeleerden zonder dat zij Mozes' auteurschap wezenlijk aantasten.

c. „Late woorden" (die zelden in het Oude Testament maar vaak in latere Hebreeuwse literatuur voorkomen) zouden erop wijzen dat de schriftplaatsen waar die woorden voorkomen, van late oorsprong zijn. Men heeft dit argument echter nooit erg consequent kunnen doorvoeren en heeft ten tweede gewoonlijk uit het oog verloren dat het evengoed mogelijk is, dat (1) de „late" woorden in werkelijkheid wel oud zijn maar toevallig weinig voorkomen in de Bijbel, of dat (2) ze werkelijk „laat" zijn maar naderhand in de tekst zijn ingevoegd om verouderde of onduidelijke woorden te vervangen. Van beide mogelijkheden zijn voorbeelden te over in de antieke literatuur.

d. Aramaïsmen (Aramese woorden of idioom in de Hebreeuwse bijbeltekst) zouden er eveneens op wijzen dat de betreffende passages jong zijn (d.i. van ná de ballingschap). Maar verreweg de meeste van deze „Aramaïsmen" bleken op de duur puur Hebreeuws te zijn of kunnen dit evengoed zijn. Het argument is daarmee zo goed als vervallen.

e. Ongerijmdheden zouden bijv. zijn dat als Mozes de auteur van de Pentateuch was, hij dan over zichzelf in de derde persoon geschreven zou hebben en ook zijn eigen dood zou hebben beschreven (Deuteronomium 34). Het eerste echter is geen enkel probleem, omdat het veel vaker in de antieke literatuur voorkomt; een mogelijke verklaring is ook dat Mozes zijn geschriften dicteerde. Het tweede punt is even eenvoudig: Deuteronomium 34 is inderdaad gewoon een latere afsluiting van het boek, een aanhangsel dat dan ook uiterst summier is gehouden (zie ook hoofdstuk 3).

(4) Verschillen in thema, stijl en woordkeus. Ook hier meent men dat zulke verschillen op verschillende bronnen zouden wijzen, afkomstig van verschillende auteurs uit verschillende tijden. En ook hier zijn de aangevoerde voorbeelden erg gezocht en gemakkelijk anders te verklaren.

a. Het is onbegrijpelijk waarom wij zouden moeten aannemen dat één Hebreeuwse auteur niet over verschillende thema's (biografieën, zedelijke lessen, geslachtsregisters, tellingen, ceremoniën) zou kunnen schrijven, precies zoals moderne auteurs en vele uit de overige antieke literatuur dat wel kunnen.

b. Precies hetzelfde geldt voor de verschillen in stijl, daar het alom bekend is dat één auteur wel degelijk over meer stijlen kan beschikken, vooral als hij over heel verschillende thema's schrijft; ook dit is reeds bekend uit de antieke literatuur.

c. Ook de verschillen in woordgebruik - de theologen hebben enorme lijsten opgesteld van woorden die voor de verschillende bronnen kenmerkend zouden zijn! - laten zich gemakkelijk verklaren uit (1) de verschillen in thema's (die elk hun eigen trefwoorden kennen) en (2) de voorkeur van de auteur zelf voor verschillende woorden om zijn stijl te verlevendigen of bepaalde klemtonen te leggen. Bovendien (3) heeft ook hier de antieke literatuur precies dezelfde verschillen bij eenzelfde schrijver aan het licht gebracht.

Algemene bezwaren tegen de oudtestamentische kritiek

Na de grondslagen van de bronnentheorie kritisch getoetst te hebben, willen we nu dieper op de achtergrond van de bronnentheorie en ook de vormkritiek ingaan. Eerst zullen we een aantal algemene bezwaren tegen de methoden van de bronnenanalyse en de Form- en Traditionsgeschichte naar voren brengen. Daarna willen we kort nagaan hoe de nieuwere ontdekkingen van de archeologie de traditionele argumenten van de bijbelkritiek krachteloos gemaakt hebben. Tenslotte gaan we in op de levensgevaarlijke filosofische achtergrond van de hele bijbelkritiek van het Oude Testament. Onze algemene bezwaren zijn de volgende:

(1) **Westerse pretentie.** Het is eigenlijk onbegrijpelijk dat moderne westerse critici, zonder te beschikken over andere Hebreeuwse literatuur (uit de bijbelse periode) als vergelijkingsmateriaal, zich een oordeel durven aanmatigen over verschillen in stijl en woordgebruik; zinnen en verzen durven te verwerpen of anders te rangschikken (overal waar hun westerse ideeën over samenhang of stijl geweld zijn aangedaan); of beweren de tekst te kunnen verbeteren door de zeldzame of ongebruikelijke woorden in de masoretische tekst (die zij niet begrijpen of in de context „verwachten") door andere woorden te vervangen.

(2) **Geen objectieve bewijzen.** Iets wat juist de natuurwetenschap-

per zo opvalt is de absolute afwezigheid van enige objectieve bewijzen. Zelfs de meest doorgewinterde bronnensplitser moet toegeven dat er niet de minste aanwijzing bestaat voor het bestaan hebben van de JEDP-documenten die de critici hebben uitgedacht. Integendeel, het historisch getuigenis is tegen hen, zoals we nog nader zullen zien.

(3) Desintegrerende benadering. De gebruikelijke benadering voor antieke literatuur is de harmonische benadering, waarbij schijnbare tegenstrijdigheden zoveel mogelijk uit de context verklaard worden om de eenheid van het werk te kunnen handhaven zolang niet het duidelijke tegendeel blijkt. Niet aldus bij de Bijbel. Het zijn met name joodse theologen (zoals *U. Cassuto* en *M.H. Segal*) geweest die zich verontwaardigd tegen de desintegrerende benadering van het Oude Testament door de critici gekeerd hebben, hun verweten hebben dat men altijd tegenstrijdigheden zal vinden, als men er gretig naar op zoek is, en met kracht de eenheid en harmonie van de boeken verdedigd hebben.

Archeologie houdt zich bezig met het serieuze wetenschappelijke onderzoek van oude beschavingen.

(4) **Cirkelredeneringen.** Door het wíllen geloven in verschillende bronnen ondanks het ontbreken van objectieve aanwijzingen daarvoor en door het uitgaan van de desintegrerende benadering is het voor de critici niet moeilijk vier (of welk aantal men maar wil!) bronnen uit te denken, elk met hun eigen kenmerken, en daarna de schriftplaatsen netjes over die bronnen te verdelen. Maar te beweren dat het keurige resultaat *dus* bewijst dát er vier (of X) bronnen geweest zijn, is onwetenschappelijk, omdat die „conclusie" al bij voorbaat in de uitgangsstellingen was ingebouwd! Zonder objectief vastgelegde uitgangspunten kan het resultaat nooit meer zijn dan gespeculeer. Dit resultaat zou nog indrukwekkend kunnen zijn, als het inderdaad mogelijk zou blijken alle zinnen in Genesis over vier bronnen (elk met een gróót aantal goed onderscheiden kenmerken!) te verdelen. Dit is echter helemaal niet mogelijk, zodat de critici nog een tweede cirkelredenering toepassen. Alle problemen die de tekst voor hun theorie oplevert, worden eenvoudig afgedaan doordat men de redactors en de latere schriftgeleerden er de schuld van geeft de tekst veranderd te hebben! Dus hetzelfde tekstmateriaal waarop men vertrouwt om de theorie te bewijzen, wordt verworpen wanneer het met de theorie in strijd is! Deze inconsequente handelwijze mogen we niet onopgemerkt laten.

De archeologische tegenbewijzen

Het is uiterst merkwaardig te zien hoezeer de critici bij hun bronnenanalyse op hun eigen subjectieve vooroordelen zijn afgegaan en zo weinig rekening hebben gehouden met de objectievere en beter controleerbare informatie die verschaft werd door de archeologie. Als hun theorieën eenmaal vaststonden, bekommerden zij zich weinig meer om de nieuwere onderzoekingen en vorderingen op het gebied van de archeologie. Het zijn dan ook juist de archeologen die keer op keer de beweringen van de critici hebben gelogenstraft.

Een tweede, even grote merkwaardigheid was de minachting van de critici voor de waarde van het Oude Testament zelf als archeologisch document. Overal waar de Bijbel afweek van een heidens document, werd aan dit laatste, zelfs wanneer het jonger was, automatisch de voorkeur boven de Bijbel gegeven als historisch document! Geen enkele bijbelse uitspraak wordt vertrouwd zolang deze niet bevestigd is door buitenbijbelse bronnen. Het doet er niet toe hoeveel bijbelse gegevens die door negentiende-eeuwse critici verworpen waren, door later archeologisch onderzoek bevestigd zijn (zoals de historiciteit van Belsazar, de Hethieten en de Horieten) - dezelfde sceptische vooringenomenheid wordt tot op vandaag jegens de Bijbel in acht genomen.

Wat het archeologisch materiaal betreft wijzen we nu op drie punten:

(1) De ouderdom van de schrijfkunst. Volgens de critici was de schrijfkunst tot op David praktisch onbekend in Israël, zodat Mozes niet de Pentateuch geschreven zou kunnen hebben. Voor deze bewering had men weinig andere „gronden" dan het evolutionistisch vooroordeel (zie onder). Vandaag echter weten we op grond van het nieuwere archeologische onderzoek dat de schrijfkunst niet alleen reeds honderden jaren vóór David heel gewoon was in Israël (zelfs de jongens konden schrijven! Richteren 8: 14), maar dat zij zeker al zo'n 1500 jaar voor Mozes in het Midden-Oosten bestond. De nieuwste vondsten in Tell Mardich (zie hoofdstuk 2) hebben dit weer verrassend bevestigd.

(2) De verhalen van de aartsvaders. Ook deze werden door de critici als onbetrouwbaar en vaak onhistorisch beschouwd; sommigen betwijfelden zelfs of een man als Abraham wel ooit geleefd had. Ook hier heeft het onderzoek van de twintigste eeuw de critici in het ongelijk gesteld, zoals door de opgraving van Ur der Chaldeeën, de opgravingen bij Sichem en Bethel en vele andere plaatsen in Palestina, de beroemde kleitabletten van Mari, Nuzi en Tell Mardich, die licht werpen op allerlei bijzonderheden in de geschiedenissen der aartsvaders, en de ontdekking van het Hethitische Wetboek dat licht werpt op de onderhandelingen beschreven in Genesis 23.

(3) **De Mozaïsche wetgeving.** Deze zou duidelijke kenmerken vertonen die wijzen op een ontstaan niet vroeger dan de vijfde of zesde eeuw v. Chr. (dus tijdens of na de ballingschap). Ook hier was het weer

Opgravingen hebben aangetoond dat de rol van het schrift al ver vóór Mozes groot was. De beschavingen van Egypte, Soemer, Akkad en Ebla waren niet denkbaar zonder dat daar uitvoerig allerlei zaken op schrift vastgelegd werden, zoals uit tienduizenden gevonden kleitabletten blijkt. Dat betekent dat Mozes voor het boek Genesis heel goed gebruik gemaakt kan hebben van oudere, schriftelijke geschiedenissen van de aartsvaders, die met eerbied in het volk bewaard bleven. De mondelinge overlevering, die onbetrouwbaar kan zijn, hoeft dan lang niet zo'n belangrijke rol gespeeld te hebben als sommigen menen.

het evolutionistische vooroordeel dat de critici verbood aan te nemen dat zulke verfijnde, moreel hoogstaande wetten ouder konden zijn. Maar ook hier was het weer het archeologisch onderzoek dat aantoonde, dat ook andere volken reeds meer dan duizend jaren vóór de ballingschap overeenkomstige wetten bezaten. Te denken valt aan de treffende overeenkomsten met het Wetboek van Hammurabi en de ontdekkingen in Ugarit (Ras Shamra), zonder dat het mogelijk bleek dit argument te verzwakken door te beweren dat Mozes of latere geleerden hun wetten aan Hammurabi of Ras Shamra hadden ontleend.

Als we het beeld overzien, ontdekken we niet alleen dat de archeologie de zelfverzekerde beweringen van de critici indrukwekkend weerlegd heeft, maar bovendien de hoge ouderdom (en daarmee Mozes' auteurschap) van de Pentateuch heeft bevestigd. We noemen drie punten als voorbeeld:

(I) Wat wij door de archeologie over het oude Egypte weten, toont aan dat de schrijver van de Pentateuch een grote kennis van dat Egypte moet hebben gehad, vooral wat betreft aardrijkskundige aanduidingen, persoonsbenamingen en speciale gebruiken in Egypte. Ook vinden we in Genesis en Exodus meer Egyptische woorden dan in de rest van het Oude Testament. Dit alles is begrijpelijk als we ervan uitgaan dat deze boeken geschreven zijn door iemand die de uittocht uit Egypte heeft meegemaakt; maar veel minder begrijpelijk, als we zouden moeten aannemen dat deze boeken pas vele honderden jaren later op schrift gesteld zouden zijn.

(2) Het gezichtspunt van de schrijver van Exodus t/m Numeri is duidelijk dat van iemand die zelf zich buiten Palestina bevindt (de omstandigheden, het weer, de flora en fauna en de geografie zijn duidelijk Egyptisch of Sinaïtisch, niet Palestijns). Tevens zijn de boeken duidelijk geschreven voor een volk in de woestijn, níet voor een landbouwersvolk in Palestina dat duizend jaren later leefde. Dit blijkt onder andere uit de veelvuldige en gedetailleerde beschrijving van de tabernakel, van de opbouw van de legerplaats (Numeri 2) en de marsorde (Numeri 10), de sanitaire aanwijzingen voor het woestijnleven (Deuteronomium 23: 12, 13) en het wegzenden van de zondebok in de woestijn (Leviticus 16:10).

(3) Vooral in Genesis komen talloze archaïsche gebruiken voor die volgens de archeologie wel passen in het tweede millennium v. Chr., maar niet later. Ook in de taal komen allerlei archaïsmen (verouderde woorden en spellingen) voor, die onmiskenbaar op de hoge ouderdom van de Pentateuch wijzen. Alles bijeengenomen kunnen we niet anders concluderen dan dat de schrijver van de Pentateuch oorspronkelijk een bewoner van Egypte (niet van Palestina) moet zijn geweest,

de uittocht uit Egypte en de woestijnreis moet hebben meegemaakt en gekenmerkt werd door een hoge graad van opvoeding, geleerdheid en literaire bekwaamheid. Wie zou dan durven beweren dat wij geen redenen meer hebben vast te houden aan het auteurschap van Mozes?

Filosofische vooronderstellingen

Als de grondslagen van de bijbelkritiek niet deugen, als er zoveel bezwaren tegen de methoden van de critici vallen aan te voeren, als ze zelfs elkaars argumenten zo krachtig weerleggen, en als de archeologie hun keer op keer ongelijk gegeven heeft, waarom houden de critici dan zo sterk aan hun theorieën vast? Het antwoord daarop is hetzelfde als op de vraag waarom zoveel natuurwetenschappers nog aan de evolutieleer vasthouden: béide groepen zijn evolutionisten die aan hun theorieën vasthouden niet zozeer op grond van wetenschappelijke bewijzen, als wel op grond van hun evolutionistische vooroordelen en hun angst voor het enige alternatief daarvoor: de uitspraken van het geïnspireerde, onfeilbare Woord van God.

De bijbelkritiek kwam in de achttiende eeuw vooral tot bloei tegen de achtergrond van de *Aufklarung* (de Verlichting) die uitging van de stelling dat God, zo Hij al bestaat, niet ingrijpt in de natuurlijke orde van het heelal en dat er daarom ook niet zoiets als een bovennatuurlijke openbaring kan bestaan. De *humanistische* lijn (Hugo de Groot) had via het *deïsme* (Hobbes, Simon) vooral in Engeland de weg gebaand voor deze radicale historische kritiek in Duitsland waarin voor Gods handelen in de geschiedenis geen plaats meer is. Een man Mozes die tweemaal veertig dagen bij God op de Sinaï is en daar het bevel tot schrijven krijgt (Genesis 34: 27), wordt bij voorbaat als onmogelijk verworpen! De donkere bril die de critici zich opzetten, maakt het hun onmogelijk nog oog te hebben voor de bonte kleuren waarmee de Bijbel er blijk van geeft goddelijke openbaring te zijn.

Als alternatief oppert men dat geschiedenis en godsdienst zich geleidelijk ontwikkeld hebben langs een natuurlijke weg. Deze ontwikkelingsweg bekijkt men eerst volgens de denktrant van de *romantiek* J.G. Herder, J.G. Eichhorn, W.M.L. de Wette), later vooral volgens die van het Duitse *idealisme* van Hegel die het geschiedenisbeeld „dialectisch" interpreteert (W. Vatke, H. Ewald). Toen Darwin dit begrip „dialectiek" in de natuurwetenschap weergaf als „natuurlijke selectie" en zo tot een moderne evolutieleer kwam die zowel de ontwikkeling van het leven als van de cultuur betrof, veroverde deze leer de hele wetenschappelijke wereld en ook de theologie. De theorie van een ontwikkeling vanaf het primitieve animisme tot het hoogontwikkelde monotheïsme paste schitterend in Hegels dialecticisme en

Darwins evolutionisme. Het was vooral Wellhausen die zich dit realiseerde en er juist tegen déze achtergrond in kon slagen de bronnentheorie haar enorme populariteit te verschaffen.

De school van Wellhausen ging dus van de volslagen ongegronde vooronderstelling uit dat Israëls godsdienst net als elke andere van puur menselijke oorsprong was en uitsluitend evolutionistisch verklaard moest worden. Dat geen énkele bekende godsdienst zich ooit tot echt monotheïsme *ontwikkeld* heeft, deed er voor hem niet toe: ook Israël kon niet anders dan met animisme en grof polytheïsme begonnen zijn. De overweldigende hoeveelheid bewijzen vanaf Genesis, dat Israëls godsdienst hoogstaand en puur monotheïstisch was vanaf het begin, werd eenvoudig weggeredeneerd door ze als latere invoegsels en verdraaiingen te verklaren. Ons antwoord hierop is eenvoudig dit:

(I) De *natuurwetenschap* heeft ons naar de mening van duizenden tegenwoordige natuurwetenschappers overtuigend geleerd dat er alle wetenschappelijke aanleiding is het evolutiemodel te verwerpen en de voorkeur te geven aan een scheppingsmodel. Hiermee is de basis onder het theologische evolutionisme weggehaald.

(2) De *archeologie* heeft overtuigend aangetoond dat niet alleen in Israël, maar zelfs in de naburige landen de godsdienst overwegend monotheïstisch was (zie Albright), reeds in de eeuwen vóór David, hoewel in die landen vermengd met allerlei veelgodendom. Israël torent daar hoog boven uit met een zuiver monotheïsme vanaf het begin, wat ook de suggestie onzinnig maakt als zou Israëls monotheïsme zich door een dialectische wisselwerking met de naburige landen ontwikkeld hebben; vanaf het begin zijn er juist enorme waardenverschillen tussen Israëls godsdienst en die van zijn naburen. Zo kent Israël geen geslacht aan de godheid toe, kent het geen mythen rond de godheid en kent het geen godinnefiguur. Dat Israël niettemin vaak vele afgoden vereerde en beeldendienst invoerde, is maar al te waar - maar dit waren de afgoden (en de afbeeldingen daarvan) van hun naburen; nooit bouwden zij beelden van Jahweh!

(3) De *wetenschapsfilosofie* zou de critici hebben moeten leren dat hun afkeer van het bovennatuurlijke slechts een wijsgerig vooroordeel is en dat hun systeem daarom niet bij voorbaat beter is dan de opvatting, dat de werkelijkheid niet alléén uit de (natuurwetenschappelijk) waarneembare werkelijkheid bestaat, maar dat deze laatste in een nauwe wisselwerking verkeert met de niet-waarneembare werkelijkheid. Het verschil tussen deze twee opvattingen is, dat de laatste het getuigenis van de hele Bijbel achter zich heeft staan en de eerste niet.

Reconstructie van de geschiedenis

Tenslotte willen we nog in een kort overzicht laten zien op welke fantasierijke en afbrekende wijze de critici de godsdienstgeschiedenis van Israël „herzien" hebben. In het licht van bovengenoemde algemene punten is het voldoende ons te beperken tot een enkele opmerking hier en daar.

(1) De vóórprofetische periode (Abraham tot 760 v. Chr.)

a. *Animisme:* steen-aanbidding (Genesis 28:18; 31:17); boom-aanbidding (Genesis 12:6; 14: 13); bijgeloof (Exodus 20:25; Leviticus 19:9); enz. Pure inlegkunde!

b. *Dierenaanbidding:* kalverdienst in Exodus 32 (de critici beweren rustig dat deze niet door Mozes werd afgekeurd!) en in I Koningen 12vv. („niet afgekeurd door Elia!" zie echter Amos 3: 14); de koperen slang (Numeri 21: 8,9; 2 Koningen 18: 14).

c. *Kinderoffers* (zou nog blijken uit Exodus 22: 29!).

d. De oudste *rituele wetten* zouden in Exodus 34: 11-26 te vinden zijn; alle Israëlieten zouden in die tijd nog priester hebben kunnen zijn.

e. *Veelgodendom:* zou nog blijken uit de meervoudsvorm van Eloh*im* (God; eigenlijk: goden), uit de erkenning van andere goden (Richteren 11 :24; 1 Samuël 26: 19; verkeerde exegese!) en uit de erkenning van gewijde palen en terafim (= huisgoden) (Hosea 3:4; zegt dit echter niet!).

(2) De profetische periode (760-587 v. Chr.)

a. De idee van het monotheïsme wordt geïntroduceerd door Amos, de eerste schrijvende profeet (?); zijn enthousiaste volgelingen zouden zijn: Hosea, Jesaja en Micha.

b. Hun monotheïsme zou dan in Jeremia's tijd zijn vastgelegd in het boek Deuteronomium dat eerbiedig aan Mozes zou zijn toegeschreven (in werkelijkheid wijst alleen al de literaire structuur van het boek erop dat het uit het tweede millennium v. Chr. stamt).

c. In deze tijd zou het priesterschap zich al beperkt hebben tot de stam Levi, maar nog niet tot de familie van Aäron (zie echter Deuteronomium 27: 9,12; 1 Koningen 8: 4).

d. Nadruk op een liberaal evangelie (sociale gerechtigheid; heil door goede werken).

e. Het godsbeeld verandert van een wrede, jaloerse geest, brullend vanuit een vulkaan (Sinaï), in een verheven persoon van liefde en barmhartigheid (in werkelijkheid roepen de profeten op tot terugkeer tot de God van de uittocht: Hosea 11:1; 12:10, 14; Amos 2:10; 9:7; Micha 6:4; 7:15; en kenden zij Hem nog steeds als een wrekende God: Jesaja 24, 34 en 63!).

f. Afkeer van bloedige offers (Amos 5:21-26; Micha 6:6-8; Jesaja 1:

11-17; Jeremia 7:22, 23; in werkelijkheid alleen afkeer van schijnheilige offers); de „Mozaïsche" wetgeving nog steeds geheel onbekend (de tabernakel zou een later verzinsel zijn!).

(3) De priesterlijke periode (vanaf de ballingschap)

a. Na de val van het koningschap en het opgeven van politieke aspiraties toenemend belang van de priesterstam Levi.

b. Het priesterschap wordt vanaf Ezechiël (vgl. 44:7-16) beperkt tot de familie van Aäron (Aäron zelf zou trouwens een fictieve figuur zijn!).

c. Offer- en eredienst worden nu pas geleidelijk vastgelegd in regels en tenslotte in het P-document (voor deze bewering moesten alle wetsregels in vroegere boeken weggeredeneerd worden!). In werkelijkheid zijn er overvloedige bewijzen dat de P-stukken juist erg oud moeten zijn! Niet alleen heeft de archeologie aangetoond dat de specifieke terminologie van de offerdienst ook bij andere volken al heel vroeg bekend was, maar ook passen de P-stukken door hun kenmerken in een veel vroegere tijd dan die na de ballingschap. Zo vinden we in P veel elementen die ná de ballingschap ontbreken of niet meer genoemd worden, zoals de tabernakel, de ark, de tien geboden, de Urim en Tummim, de grote verzoendag, de vrijsteden, de beweegoffers, de besnijdenis, de betekenis van het bloed, nazireeërs; terwijl belangrijke elementen van na de ballingschap in P geheel ontbreken, zoals de naam „Jahweh der heirscharen", zang en muziek bij de eredienst, schriftgeleerden, de benaming „tempel".

HOOFDSTUK 8

De bijbelkritiek van het Nieuwe Testament

Dit hoofdstuk sluit uiteraard onmiddellijk op het vorige aan. Veel van de problemen, de historische ontwikkeling, de filosofische achtergrond en de discussie van de standpunten der critici is in de oud- en de nieuwtestamentische kritiek hetzelfde. Toch zijn er uiteraard ook grote verschillen. Het Nieuwe Testament is een veel jonger werk dan het Oude, is in een heel andere tijd en omgeving ontstaan en heeft een veel bredere kring van geadresseerden gehad. En kon men bij de Pentateuch nog beweren dat die pas zo'n achthonderd jaar nadat de erin beschreven gebeurtenissen hadden plaatsgevonden (zo al...), op schrift gesteld was, bij de nieuwtestamentische Evangeliën kan er geen twijfel over zijn dat zij binnen zes decennia na de beschreven gebeurtenissen ontstonden - en volgens sommigen (ook critici) zelfs binnen vier decennia (vgl. hoofdstuk 5). Men zou wel menen dat er in zo'n korte spanne tijds voor *Formgeschichte* („vormkritiek", zie hoofdstuk 7) weinig te beleven viel - maar we zullen zien dat deze theologische richting minstens zo krachtig gebloeid heeft in de nieuw- als in de oudtestamentische kritiek!

Eerste geschiedenis van de nieuwtestamentische kritiek

We kunnen hier globaal dezelfde lijn volgen als voor de oudtestamentische kritiek. Naast de Reformatie zien wij het *humanisme* opkomen, met zijn nadruk op de autoriteit van de mens. Deze richting miskent de goddelijke openbaring en wil de bijbelboeken slechts verklaren als menselijke literatuur, liefst in samenhang met heidense culturen en godsdiensten. Zo zoekt men voor het Nieuwe Testament parallellen in de joodse (J. *Lightfoot,* ± 1670) of klassieke literatuur *(H. de Groot,* ± 1645) of beide (J.J. *Wettstein,* 1652). Deze benadering kon niet anders dan tot kritiek op delen van de canon leiden; zo maakte Hugo de Groot bezwaar tegen 2 Petrus en 2 Johannes. Deze tendens zien we vervolgens vooral bij het (Engelse) *deïsme*. Zo onderscheidt *J. Locke* (1695) tussen de wezenlijke leer van Jezus en de apostelen en de niet-wezenlijke leer (de vormgeving) van de brieven. Anderen leren dat Jezus slechts een eenvoudige zedeprediker was wie het om zijn leer te doen was, terwijl de latere Evangeliën een theologie rondom zijn persoon hebben opgebouwd en zijn persoon meer benadrukken dan zijn leer.

In de achttiende eeuw verplaatst het toneel zich van Engeland naar Duitsland (periode van de *Aufklärung* of Verlichting), maar het heersen van het verstand over het Woord van God blijft hetzelfde. Grote invloed hadden de opvattingen van *H.S. Reimarus* (1778), die wonderen wegredeneerde, Jezus een idealiserende jood noemde zonder toekomst-aspiraties en de discipelen immoreel noemde, omdat zij Jezus' lichaam gestolen hadden en voor hun eigen belangen de opstanding zijn gaan prediken! Even radicaal maar even invloedrijk was *J.S. Semler* (1775), die wel de essentiële delen van de christelijke godsdienst wilde handhaven, maar daartoe een scheiding maakte tussen de goddelijke inhoud („Woord van God") en de menselijke vorm (de Schrift); zo kon ook hij hele delen van de canon voor „onecht" verklaren. De derde toonaangevende theoloog in die dagen was *J.Ph. Gabler* (1787) die in de historische kritiek het begrip *mythe* invoerde, een verhaal waarin de mens zijn geloof in een hogere werkelijkheid weergeeft met behulp van elementen en symbolen uit de zichtbare werkelijkheid; zo ging het met de „Urgeschichte" (oergeschiedenis in Genesis 1-3). *G.L. Bauer* (1800) werkte dit uit voor het Nieuwe Testament.

Zo zien we ook hier niet in de eerste plaats de vruchten van objectief-wetenschappelijke arbeid, maar van bepaalde typen van wijsgerig denken waar men reeds bij voorbaat van de gedachte uitgaat, dat er geen goddelijke openbaring is of kan zijn. Ook in de negentiende eeuw zien we die nauwe verwevenheid met de filosofie. Zo was *J.G. Eichhorn* (1812) behalve door Semler en Gabler vooral door Herders *romantiek* beïnvloed; hij verklaarde de drie pastorale brieven voor „onecht" (d.w.z. niet van Paulus maar later geschreven) en meende ook ín de boeken te kunnen schiften tussen de oorspronkelijke delen en latere toevoegingen. In dezelfde invloedssfeer was *W.M.L. de Wette* bezig, die de echtheid van 2 Tessalonicenzen en Efeziërs betwijfelde. Daarnaast zien we de invloed van Hegels *idealisme* en *dialectiek,* vooral in de „nieuwe Tübinger school" van *F.C. Baur* (1873). Deze ging uit van Semlers opvatting over een tegenstelling tussen joods- en heiden-christelijk in de eerste kerk en paste daarop Hegels dialectische idee van de „evolutie der geschiedenis" toe: via de these (het joodse christendom, bijv. de Openbaring) en de antithese (het heiden-christendom) kwam het tot de synthese (het katholieke christendom, vgl. de Handelingen). Uitgaande van deze schets meende hij dan te kunnen bepalen welke delen in Paulus' brieven „echt" waren en welke niet. Deze arbeid, in de eerste helft van de negentiende eeuw aan de brieven begonnen, werd in de tweede helft aan de Evangeliën voortgezet, die nu volop in de belangstelling der critici kwamen te staan.

Het „synoptische probleem"

Zoals de kritiek van het Oude Testament zich vooral op de Pentateuch richt, zo geeft de nieuwtestamentische kritiek haar aandacht vooral aan de Evangeliën. Dat is ook begrijpelijk, want de brieven laten zich nu eenmaal heel wat moeilijker in „bronnen" en „overleveringen" splitsen dan de historische boeken van het Nieuwe Testament. Nu was het al vroeg opgevallen dat de eerste drie van de vier Evangeliën, Matteüs, Marcus en Lucas (die „synoptisch" genoemd worden omdat zij een overeenkomstig beeld van het leven van Christus geven), zo sterk op elkaar lijken (soms zelfs bijna woordelijk overeenstemmen; zie bijv. Matteüs 8: 1-4; Marcus I :40-45; Lucas 5: 12-16) dat zij, ondanks dat zij elk een eigen karakter hebben, moeilijk totaal onafhankelijk van elkaar kunnen zijn geweest wat betreft oorsprong en opbouw.

Het „synoptische probleem" is nu hoe groot en van welke aard die wederzijdse afhankelijkheid is geweest.

In de laatste drie eeuwen zijn er heel wat oplossingen voor dit probleem geopperd; de voornaamste daarvan moeten we in vogelvlucht behandelen:

(1) Oerevangelie-theorie. *G.E. Lessing* (1778) en *J.G. Eichhorn* (1812) meenden dat de Evangeliën bewerkingen of samenvattingen zijn van een oud Aramees *Evangelie der Nazoreeërs,* terwijl *F. Schleiermacher* (1825) meer aan oorspronkelijke materiaal-verzamelingen naar genre dacht (collecties van wonderverhalen, of van uitspraken van Jezus, of lijdensverhalen, enz.) die aan de drie Evangeliën ten grondslag zouden liggen.

(2) Mondelinge-traditie-theorie, vooral van *J.K.L. Gieseler* (1818) en later van *B.F. Westcott* (1851), maar in feite al teruggaande op theorieën van kerkvaders, zoals Papias en Irenaeus (tweede eeuw). De grondgedachte is dat uit de prediking van de apostelen een soort mondeling oerevangelie ontstond, dat door voortdurende herhaling steeds vastere vorm kreeg, totdat de drie evangelisten het elk op hun eigen wijze in schrift vastlegden, mogelijk met behulp van al bestaande aantekeningen. Marcus (de kortste en eenvoudigste) zou daarbij het dichtst bij dit oerevangelie staan, maar het bezwaar is gerezen waarom Marcus zoveel van Christus' onderwijs weglaat dat de andere twee wel noemen. Ook om andere redenen meenden veel critici dat het waarschijnlijker was, dat de „Synoptici" (de drie Evangelisten) van geschreven bronnen gebruik maakten.

(3) Benuttingstheorie. Verschillende critici probeerden de oplossing te vinden door ervan uit te gaan dat de Evangeliën van elkáár afhankelijk zijn, d.w.z. dat één of twee van de evangelisten gebruik gemaakt hebben van de (het) andere Evangelië(n). *J.J. Griesbach* (1789) (in

navolging van Augustinus) meende dat Marcus gebruik gemaakt had van Matteüs en Lucas (volgorde: Mt/Lc - Mc), maar Baur en later *H.G. Jameson* (1922) meenden dat de volgorde was: Mt - Mc - Lc. *K. Lachmann* (1835) hield het echter op: Mc - Mt - Lc, *W. Lockton* (1922) daarentegen op: Lc - Mc - Mt. Allesbehalve eenstemmigheid dus, en de theorie is ook reeds lang verworpen, maar wel had de gedachte veld gewonnen dat Marcus aan de basis lag en bereidde de theorie de weg tot de bronnentheorie die we vervolgens noemen.

(4) Bronnentheorie. Rond het midden van de negentiende eeuw kreeg de opvatting over de „prioriteit van Marcus" steeds meer invloed en

▲ Jeruzalem, de plaats waar Abraham bereid was zijn zoon Isaäc te offeren. (Gen. 22:1-19) is ook de plaats waar God Zijn Zoon daadwerkelijk geofferd heeft. Het Nieuwe Testament vertelt van Zijn lijden en sterven in de vier evangeliën: Mattëus, Marcus, Lucas en Johannes. Sommige van de schrijvers waren ooggetuige.

werd bijna een dogma. Nu ontstond de theorie dat de overeenkomsten én verschillen tussen de drie Evangeliën het beste verklaard konden worden door twee geschreven „bronnen" aan te nemen: (a) Marcus of een vroegere geschreven vorm ervan (oer-Marcus), en (b) een Q-document (Q van *Quelle*, ook wel *Logia*, „woorden", genoemd, omdat het document hoofdzakelijk woorden van Christus zou bevatten) waaruit Matteüs en Lucas op verschillende wijzen geciteerd zouden hebben, Deze *tweebronnen-theorie* werd vooral door *H.J. Holtzmann* (1863) uitgewerkt, nadat *C.H. Weisse* in 1838 de Logia-bron geopperd had en zo in feite ook de oerevangelie-theorie in een nieuwe vorm deed herleven. Later werd de bronnentheorie door *B.H. Streeter* (1924) uitgebouwd tot een *vierbronnen-theorie* waarbij hij uitging van de volgende bronnen:

a. Marcus, het van karakter Romeinse Evangelie,
b. Q (beperkt tot dat materiaal dat we zowel bij Matteüs als Lucas maar niet bij Marcus vinden), vermoedelijk ontstaan in of rond Antiochië,
c. M, een „woorden"-document uit Jeruzalem, waaruit Matteüs het materiaal putte dat alleen hij vermeldt,
d. L, de Caesareaanse traditie, waarschijnlijk mondeling overgeleverd (door velen dan ook niet als bron erkend), waaruit alleen Lucas putte.

Ondanks het sterk speculatieve karakter van deze theorie (de prioriteit van Marcus kan niet bewezen worden, en Q, M en L zijn in wezen slechts slagen in de lucht), is zij in de Angelsaksische wereld zeer populair geworden, hoewel in later tijd gedeeltelijk overvleugeld door de school van de vormcritici.

(5) Vormkritiek (Formgeschichte). Zoals we al in hoofdstuk 7 zagen, wilde de vormkritische of vormhistorische school vooral nagaan hoe de geschreven bronnen zelf vanuit de mondelinge overlevering op schrift waren gesteld. Zij zocht daarbij naar de oorspronkelijke literaire „vormen" waarin de overleveringen over Jezus waren vastgelegd, en wel door de Evangeliën te classificeren naar zulke „vormen". Zij ziet de Evangeliën dus als kunstmatige verzamelingen van afzonderlijke overleverings-eenheden („pericopen") en gaat er bovendien van uit dat de eigen literaire „vormen" van deze eenheden elk ontstonden in een heel bepaalde sociale situatie (ze hebben een eigen *Sitz im Leben*) en meer het geloof en de behoeften van de eerste christenen (de „vormgevende" gemeenschap) weergeven dan de historische Jezus. Hierbij stuiten wij op een centraal probleem, dat wij nu ook eerst weer enigermate in de historie willen nagaan, vóór wij deze theorie nader bespreken.

Het probleem van de „historische Jezus”

Naast het probleem van de ontstaansgeschiedenis van de boeken van het Nieuwe Testament onderscheiden we in de nieuwtestamentische kritiek het probleem van de reconstructie van de oudste christelijke geschiedenis, namelijk die van Christus en van de eerste christengemeenten. Al spoedig waren de critici tot de opvatting gekomen dat de Evangeliën ons een vertekend beeld van de historische Jezus geven. Onder sterke invloed van Reimarus' rationalisme en Gablers mythebegrip was het vooral *D.F. Strauss* (1836) in zijn geruchtmakende boek „Das Leben Jesu” (Het leven van Jezus) die beweerde dat men het Nieuwe Testament mythisch moest lezen. De Evangeliën zouden alleen maar de neerslag zijn, na Christus' dood ontstaan, van het mythische geloof dat de discipelen rondom Jezus weefden, vooral toen zij Hem gingen zien als de „vervulling” van het Oude Testament. Wat voor ons alleen waarde heeft, is de „idee” die in deze mythe verborgen zit, dat de mensheid als zodanig zich ervan bewust mag zijn een „vleesgeworden god” te zijn.

Strauss gaf de impuls tot een heel nieuwe gedachte-ontwikkeling. Daarbij verkondigde Baur dat het Johannes-Evangelie al helemaal onhistorisch is en alleen maar de „idee” van Christus beschrijft. De critici konden dus alleen hopen in de synoptische Evangeliën iets van de historische Jezus terug te vinden. De opkomst van de hierboven beschreven literaire kritiek gaf nog een verdere impuls aan de historische kritiek, en nu kon *W. Wrede* (1901), anders dan Strauss, zelfs met de opvatting komen dat Jezus Zichzelf helemaal niet als Messias zou hebben gezien; ook de Messias-idee zou een uitvinding van de vroege christelijke kerk zijn, en daarom zou Marcus een Evangelie hebben moeten schrijven waarin „verklaard” wordt hoe Jezus achteraf Messias kon zijn zonder dat Hij dit zelf ooit gepredikt had. Dit zou dan „verklaard” worden doordat Jezus Zich wel als Messias gezien had, maar anderen verbood dit door te geven (vgl. Marcus I :34,44; 3: 12; 5:43; 7: 36; 8:26,30; 9:9). Evenzo beweerde ook Wellhausen (1905) dat Jezus gewoon een joodse leraar was die Zichzelf wel „Zoon des mensen” noemde maar dan in de simpele betekenis: „Ik, de mens”.

In deze zelfde tijd rond de eeuwwisseling kwam, zoals we zagen, ook de godsdiensthistorische studie op gang, die parallellen zocht in de cultuur en de religie van de Grieken en Romeinen (P. *Wendland,* 1907), de Perzen en de Egyptenaren *(R. Reitzenstein,* 1921). *W. Bousset* (1906) begon de Openbaring godsdiensthistorisch te verklaren, en anderen trachtten doop en avondmaal en de structuur van de vroeg-christelijke kerk in het licht van heidense riten en verenigingen uit te leggen (zie *C. Clemen,* 1924). Op grond van zulke studies trachtte men nu het leven van Jezus en van de eerste gemeenten te reconstrueren. Zo wilde de „consequent-eschatologische school" (*J. Weiss*, 1892; *A. Schweitzer*, 1906) de figuur van Jezus geheel „verklaren" uit de joodse apocalyptiek (visionaire toekomstverwachting). De voorspellingen van Jezus zouden niet zijn uitgekomen, en dit zou voor Hem het kruis en voor de jonge kerk de frustratie van het niet-wederkomen van Jezus hebben opgeleverd. Op soortgelijke wijze „reconstrueert" Bousset (1913) de geleidelijke groei van de leer aangaande Christus in de eerste christengemeenten. De Palestijnse oergemeente zou Jezus zijn gaan belijden als „Zoon des mensen", een begrip uit de joodse apocalyptiek. Vervolgens zou de Grieks-heidense gemeente Jezus voor het eerst als Heer (Kurios) die in de eredienst (cultus) aanwezig is, zijn gaan vereren zoals men dat voorheen gewend was van de heidense cultusgoden. Paulus zou beide verwerkt hebben tot een bovennatuurlijke verlossingsleer waarvan Jezus het middelpunt is, terwijl Johannes onder Griekse invloed het christendom tot een intens-mystieke leer verheft. In deze joods-heidense vermenging zou de oer-kern niets anders zijn dan de simpele prediking van Jezus over de genadige God die zonden vergeeft.

Zo is er van het eigenlijke leven en werk van Christus praktisch niets overgebleven. De „historische Jezus" is niet of nauwelijks meer te reconstrueren, zodat de critici zich voortaan principieel alleen nog maar bezighouden met de vraag hoe de oudchristelijke kerk Jezus *beleden* heeft (deze verkondiging is het *kerygma*). In de twintigste

▲ Grieks-orthodox klooster op Patmos, het eiland waarop de apostel Johannes zijn openbaring ontving (Openb. 1:9). De boeken van het Nieuwe Testament zijn niet de neerslag van het theologisch denken van de vroeg-christelijke kerk.

eeuw tracht men daarbij vooral ook verband te leggen met Qumran en de Essenen die we in hoofdstuk 3 vermeldden (o.a. *A. Dupont-Sommer,* 1961) en nog meer met een veronderstelde vroege joodse gnostiek (een mystieke kennisleer) (o.a. *E. Kasemann* en *R. Bultmann).* Hun aandacht richt zich vooral op Johannes, die volgens hen gebruik gemaakt zou hebben van de mythe van de neerdalende „openbaarder" die door zijn loutere neerdalen en opstijgen de verlossende kennis *(gnosis)* aan de mensheid brengt. Anderen (*C.H. Dodd,* 1946) zien meer invloeden van Plato's ideeënleer, maar allen zijn het er in ieder geval over eens dat Johannes' Evangelie geen historisch verslag is of bedoelt te zijn van het leven van Jezus.

Het slot van dit korte overzicht brengt ons ook weer tot het slot van de vorige paragraaf, want het zijn dezelfde theologen (bovenal Rudolf Bultmann) die zowel van de historische Jezus niets overgelaten hebben als de vormhistorische methode gepropageerd hebben. Nú begrijpen we het verband: de Evangeliën geven ons volgens deze theologen niet de historische Jezus, maar de mythische Jezus zoals de vroege kerk Hem beleden heeft! Daarom worden de Evangeliën opnieuw interessant, niet om daaruit iets over de geschiedenis van Jezus te weten te komen (dat kan niet meer), maar over de geschiedenis van deze vroege kerk. De verschillende literaire „vormen" hebben elk hun eigen *Sitz im Leben* („levenssituatie") in de omstandigheden en behoeften van de eerste gemeenten. De „Formgeschichte" ziet het als haar taak deze literaire vormen op te sporen en hun *Sitz im Leben* vast te stellen. Het is ónze taak deze methode en de ermee verbonden historische kritiek thans kritisch onder de loep te nemen (zij het uiterst summier).

Het ontstaan van de vormhistorische school

Mede uit het bovenstaande kan men opmerken dat er vier belangrijke oorzaken waren die leidden tot het ontstaan van de vormhistorische methode, kort na de eerste wereldoorlog:

(I) Met name op grond van het werk dat J. Wellhausen en H. Gunkel over het Oude Testament gedaan hadden, ontstond de wens ook in de Evangeliën (en later in het boek de Handelingen) verschillende literaire vormen te onderscheiden en deze te lokaliseren in hun oorspronkelijke situatie of *Sitz im Leben,* waarbij de godsdiensthistorische methode de achtergrond van het vroege gemeenteleven moest verschaffen. Deze speculatieve arbeid ging dus vanaf het begin uit van de onbewezen stelling dat de geloofsovertuigingen van de eerste gemeenten niet zozeer steunden op de historische feiten van het leven en werk van Christus als wel op hun eigen behoeften en zelf gecreëerde voorstellingen.

(2) Nauw daarmee samen hing een ontevredenheid over de resultaten van de bronnentheorie. Men kan er verschillend over denken hoe plausibel de opvatting is dat de synoptische Evangeliën hoofdzakelijk teruggaan op twee bronnen: Marcus (of oer-Marcus) en Q - maar daarmee was voor de vormcritici nog niet de vraag beantwoord hoe deze bronnen zélf ontstaan waren. Zij wilden tot áchter de bronnen doorstoten en de vraag trachten te beantwoorden hoe de overlevering zich ontwikkelde in de decennia tussen de dood van Jezus en het ontstaan van de eerste geschreven bronnen. Hoewel dit onderzoek als „wetenschappelijk" werd gepresenteerd, kon zij echter wegens het ontbreken van objectieve criteria en objectieve historische informatie over deze decennia praktisch alleen uit de verbeelding putten (zie onder).

(3) De derde impuls was de historische kritiek op de bronnen, met name op Marcus. De weg hiertoe was gebaand door W. Wrede met zijn theorie van het „Messiasgeheim" in Marcus (zie boven). Wellhausen (1903) sloot zich hierbij aan met de mening dat de oorspronkelijke overlevering in Marcus verhuld was in redactionele toevoegingen die ontsproten waren aan de eigen opvattingen van de vroege gemeenten. Deze visies hadden een enorme invloed op de vormhistorische pioniers zoals K. L. Schmidt en R. Bultmann, zonder dat zij het anti-christelijke karakter van het rationalistische vooroordeel waaruit deze visies voortgekomen waren, wilden erkennen.

(4) Integendeel, het „moderne natuurwetenschappelijke wereldbeeld" (wat dat dan ook moge wezen en hoezeer ook door veel moderne wetenschappers verworpen) noopte de eerste vormcritici de Evangeliën te *ontmythologiseren,* d.i. de mythische eerste-eeuwse elementen die de toets der „moderne wetenschap" niet kunnen doorstaan, eraf te pellen en zo de wezenlijke kern van het Evangelie, verborgen in de literaire „vormen" (bijv. wonderverhalen), bloot te leggen. Zo zagen de vormcritici dus hun taak: (a) het onderscheiden van de verschillende literaire „vormen" (gelijkenissen, wonderverhalen, toespraken, legenden, mythen, lijdensverhalen), (b) het vaststellen van hun Sitz *im Leben,* dus van de bijbehorende „vormgevende" gemeenschap, (c) het bepalen van hun historische waarde.

Vormhistorische theorieën

Uitgaande van de genoemde vooronderstellingen en overwegingen gingen de vormcritici nu aan het werk en bouwden hun verschillende theoretische stelsels op waarvan we de belangrijkste kort de revue laten passeren:

(1) *K.L. Schmidt* (1919) bouwde voort op Wrede en Wellhausen, bestudeerde de opbouw van Marcus zorgvuldiger en onderscheidde

tussen de „traditie" (de afzonderlijke overleverings-eenheden of „pericopen") en de „redacties" (de verbindingen tussen de eenheden, dus de toevoegingen van de evangelist). Hij concludeerde dat de chronologie en de geografie van het Evangelie onbetrouwbaar zijn en dat de „redacties" aanwijzingen gaven voor Marcus' persoonlijke theologische opvattingen. Daarmee stimuleerde Schmidt het verdere vormhistorische werk sterk.

(2) *M. Dibelius* (1919) ging ervan uit dat de traditie in de eerste gemeenten ontstond door de missionaire behoeften van die gemeenten: zij bouwden materiaal op dat steeds weer gebruikt werd bij de prediking en zo een vaste vorm kreeg. Daarnaast ontwikkelden zich door andere behoeften nieuwe vormen: (a) *paradigma's* (korte verhalen met een „toepassing", ontwikkeld door predikers), (b) *novellen* (wonderverhalen, ontwikkeld door verhaalvertellers), (c) verzamelingen van *„woorden"* (uitspraken, gebundeld voor het godsdienstonderwijs), (d) *legenden* (stichtelijke verhalen, bijv. over de jeugd van Jezus), (e) *mythen* (bijv. de verzoeking in de woestijn, de verheerlijking op de berg) en (f) *lijdensverhalen*. Zonder historische bewijzen verzon Dibelius dus de volgende christelijke arbeiders die elk hun eigen overleveringen ontwikkelden: predikers, vertellers en onderwijzers.

(3) *R. Bultmann* (± 1919) ontkende in tegenstelling tot Dibelius de wezenlijke historiciteit van de overlevering (op die van een aantal „woorden" na) en schreef haar geheel toe aan de bedenksels van de vroege christengemeenten. Van de historische kritiek (A. Harnack), het existentialisme (M. Heidegger) en de vergelijkende godsdienstwetenschap (R. Reitzenstein, W. Bousset) stamden zijn diepgewortelde vooroordelen die het hem volslagen onmogelijk maakten de Evangeliën ook maar enigszins historisch serieus te nemen; hij kan ze slechts zien als de producten van een fantasierijke *Gemeindetheologie*. De vormen die hij onderscheidt zijn: (a) *apophthegma's* (ongeveer identiek met Dibelius' paradigma's), (b) *wonderverhalen, (c) legenden* (waartoe hij ook de mythen rekent), en (d) *„woorden"*, die hij verdeelt in wijsheidswoorden (spreuken), „Ik"-woorden (door de gemeente bedachte uitspraken van Jezus over Zichzelf), profetische en apocalyptische uitspraken, wetten en voorschriften, en tenslotte gelijkenissen, alle grotendeels eveneens als „onecht" beschouwd. Het enige dat Bultmann nog als authentiek aanmerkt, zijn ongeveer veertig „woorden" en het *Dass* van Jezus' leven en kruisdood (d.w.z. het feit dát Jezus geleefd heeft en op het kruis gestorven is); al het overige is door de gemeente bewerkt of bedacht. Dit moge schokkend lijken, maar voor Bultmann is het dat niet omdat hij op grond van zijn filosofische vooroordelen allang een verbinding tussen historie en geloof heeft verworpen; hij

gelooft enerzijds dat de historische Jezus (wie Hij ook geweest moge zijn) al ruim 1900 jaren dood is en predikt anderzijds dat de essentie van het christendom de „existentiële ontmoeting met Christus" is. Wat hij intussen niet verklaart is hoe de vroege gemeente zó haar fantasie heeft kunnen laten werken (a) in zo'n uiterst korte tijd (d.i. tot op de eerste geschreven bronnen), (b) tegenover zoveel kritisch toeluisterende ooggetuigen van Jezus' leven en sterven die in die tijd nog in leven waren, (c) ondanks de aandacht van de eerste christenen voor de feiten, de grote geleerdheid van velen van hen (Paulus!) en hun hoge integriteit en morele levensstandaard (zie onder).

(4) *E. Käsemann* (o.a. 1954) begon een nieuwe beweging als reactie op Bultmanns diepe historische scepticisme, samen met o.a. *G. Bornkamm* (1956), *E. Fuchs* (1957) en *J.M. Robinson* (1959). Zij gingen weer op zoek naar historische uitspraken en daden van Jezus in de Evangeliën, maar slaagden er niet meer in het verband te vinden tussen de historische Jezus en het *kerygma* (de prediking van Christus) van de eerste christengemeenten.

(5) *B.S. Easton* (1928), *V. Taylor* (1935) en *E.B. Redlich* (1939), Engelse vormcritici, bestudeerden eveneens literaire vormen in de Evangeliën, maar verwierpen het historische scepticisme van Bultmann en beperkten zich liever tot een zuiver literaire kritiek. Zij stelden terecht dat de loutere studie van vormen geen enkele uitspraak kan doen over historische betrouwbaarheid. Taylor en Redlich verwierpen dan ook classificaties als „legenden" en „mythen", omdat die onderscheidingen niet berustten op literaire vorm maar op inhoud.

Recentere ontwikkelingen

(I) Het spreekt vanzelf dat wat voor de synoptische Evangeliën begonnen was, allengs ook werd uitgebreid tot het hele Nieuwe Testament. *M. Dibelius* (1956) en *E. Haenchen* (1961) pasten de vormkritiek toe op de Handelingen en anderen zochten naar literaire vormen (brokjes oude kerkelijke belijdenis en oude liturgische formules) in de brieven en de Openbaring en trachtten ook daarvoor de *Sitz im Leben* vast te stellen. *E. Lohmeyer* (1956) stimuleerde dit onderzoek door te menen achter Filippenzen 2 een „Christus-hymne" ontdekt te hebben.

(2) Na de nadruk van de vormcritici op de *Gemeindetheologie* ontstond belangstelling voor de theologische opvattingen van de evangelisten zelf. Na de vormhistorische ontstond zo de redactie-historische school *(Redaktionsgeschichte),* en wel met het werk van *H. Conzelmann* over Lucas en *W. Marxsen* (1959) over Marcus. Naast de *Sitz im Leben* in het leven van Jezus zelf en de *Sitz im Leben* in de vroege gemeenten, onderscheidt men nu ook de *Sitz im Leben* bij de

eigenlijke evangelisten, die met heel eigen (van de gemeente-theologie onderscheiden) bedoelingen en behoeften het materiaal redigeerden en samenvoegden. Overigens kan men deze laatste *Sitz im Leben* alleen leren kennen via wat men heeft „ontdekt" over de *Sitz im Leben* in de eerste gemeenten en de voortgaande heilsgeschiedenis. Zo zou Marcus degene zijn die Jezus' komst onmiddellijk verwachtte en daarom zijn Evangelie schreef (in Galilese omgeving bij het uitbreken van de joodse oorlog) als een soort preek om de gemeente in Judea te waarschuwen naar Galilea te vluchten en daar de wederkomst van Christus af te wachten (Marxsen). Daarentegen zou Lucas (die o.a. het materiaal van Marcus op heel eigen wijze verwerkte) zijn Evangelie geschreven hebben in een periode dat de onmiddellijke verwachting van Christus' wederkomst voorbij was en de gemeente zich moest gaan instellen op een taak en roeping hier op aarde (Conzelmann). Op soortgelijke wijze benaderden *G. Bornkamm, G. Barth* en *H.J. Held* (1960) en *P. Bonnard* (1963) Matteüs en *E. Haenchen* (1961) Handelingen. Wat het geheel ons oplevert zijn de oude bezwaren tegen de vormkritiek, plus nog eens naast een „gemeentetheologie" een individuele theologie van de nieuwtestamentische schrijvers, wat ons nog verder van de oorspronkelijke historische gebeurtenissen verwijdert...

(3) In de twintigste eeuw is de theologie van het Nieuwe Testament zo verweven met de historisch-kritische „resultaten", dat ook haar kijk op het Nieuwe Testament als geheel thans historisch-kritisch bepaald is. Naast de redactiehistorische vraag hoe elk afzonderlijk boek zijn vorm gekregen heeft, rijst nu de vraag welke factoren in de voortgaande heilsgeschiedenis de samenstelling van het hele Nieuwe Testament bepaald hebben. Welke verbindende principes, welke tendenzen kan men in dit samenstellingsproces (eigenlijk een soort „macro-redactie-geschiedenis") ontdekken? *R. Bultmann* (1953) en O. *Cullmann* (1946, 1965) hebben in dit opzicht toonaangevend werk verricht, Bultmann vooral door toepassing van Heideggers existentialisme. Ook ontwikkelde hij analoog met wat voor het Oude Testament gebeurde (hoofdstuk 7) een nieuw soort nieuwtestamentische hermeneutiek (uitlegkunde), sterk gekleurd door de nieuwe filosofische „inzichten"; in de jaren zestig zijn met name *E. Fuchs* en *G. Ebeling* met deze arbeid verder gegaan.

Algemene bezwaren tegen de nieuwtestamentische kritiek

Tegen de nieuwtestamentische kritiek zijn gedeeltelijk dezelfde fundamentele bezwaren aan te voeren als tegen die van het Oude Testament (vgl. onder hoofdstuk 7), zoals:

(1) *Westerse pretentie:* de stelligheid waarmee men zich een

oordeel aanmatigt over vermeende „literaire vormen" in geschriften uit een andere tijd en een andere cultuur.

(2) *Geen objectieve bewijzen.* Er bestaat niet het minste bewijs voor een oer-Marcus of bronnen zoals Q, M en L (zie boven), laat staan voor „pericopen" die het product zijn van *Gemeindetheologie,* maar nauwelijks iets te maken zouden hebben met de historische Jezus; integendeel, wáár iets uit de overlevering over het ontstaan der Evangeliën bekend is, worden zulke gegevens eenvoudig terzijde geschoven.

(3) *Desintegrerende benadering.* Er is geen oog voor de miraculeuze eenheid van elk der Evangeliën; men wil wel beweren dat het uniforme taalgebruik van Johannes het gebruik van bronnen uitsluit, maar men past die regel niet toe op de synoptische Evangeliën.

(4) *Cirkelredeneringen.* Deze vindt men (a) in de behandeling van het hele Nieuwe Testament: op grond van enkele (volgens subjectieve criteria) geselecteerde bijbelboeken ontwerpt men een beeld van de oudste kerkgeschiedenis, waarna men de overige nieuwtestamentische boeken op grond van dit beeld als niet-historisch verwerpt; (b) in de behandeling van elk afzonderlijk boek: volgens eveneens subjectieve criteria verklaart men bepaalde fragmenten (naar de gehanteerde vooroordelen „traditie-elementen" genoemd) als „ouder", waarna men de overige passages op grond van dit beeld als representanten van „latere theologische opvattingen" bestempelt! Hoe terecht dit bezwaar is, blijkt uit de willekeur waarmee men dit soort cirkelgangen maakt, naar eigen smaak en voorkeur. Zo worden de Evangeliën afwisselend gebruikt om elkáárs onbetrouwbaarheid aan te tonen, of gebruikt men Galaten om de historische onbetrouwbaarheid van Handelingen en Handelingen om die van Galaten aan te tonen. Dat dit kan gebeuren vloeit eenvoudig voort uit *het ontbreken van objectieve* (dus van de onderzoeker onafhankelijke) *criteria.* Daarom is de kritische methodiek door en door onwetenschappelijk. Was zij wetenschappelijk, dan zouden verschillende onderzoekers die aan de hand van objectieve criteria hetzelfde materiaal bestuderen, tot wezenlijk dezelfde resultaten moeten komen; nu echter zijn er zoveel meningen en tegenstrijdige resultaten als onderzoekers.

(5) *Archeologie.* Tegen het argument van de vormcritici dat de eerste christenen (en ook de nieuwtestamentische schrijvers) in wezen niet in de historiciteit van de christelijke geloofsfundamenten geïnteresseerd waren, zijn veel archeologische bezwaren gerezen. Zo heeft de archeologie de buitengewoon grote zorgvuldigheid van Lucas als historicus (in zijn Evangelie en in Handelingen) aangetoond en daarmee bewezen hoezeer Lucas wél in de historische betrouwbaarheid van wat hij beschreef, geïnteresseerd was. Verder hebben de Dode-

Zeerollen (hoofdstuk 3) en de Chenoboskion-papyri duidelijk aangetoond dat het christendom onmogelijk een product van het gnostische denken (zie boven) geweest kan zijn - iets dat in feite al uit de geschriften der kerkvaders was gebleken, maar daar hadden de critici niet áán gewild.

(6) *Filosofische achtergrond.* Ook hier is het van de grootste betekenis te onderkennen dat de bijbelkritiek in wezen niet wortelt in objectieve methoden en wetenschappelijke resultaten, maar in bepaalde filosofische vooroordelen, die voor velen misschien wel *geloofwaardig* lijken maar daarom nog niet *waar* zijn. Zo sluit het rationalistische vooroordeel bij voorbaat de mogelijkheid van bovennatuurlijke wonderen en van goddelijke openbaring en inspiratie uit. Zo maakt het „moderne natuurwetenschappelijke wereldbeeld" (in wezen een wetenschappelijk aanvechtbare natuur*filosofische* beschouwingswijze van de wereld) bij voorbaat een geloof in de maagdelijke geboorte en de lichamelijke opstanding van Christus onmogelijk. En

▲ De Dode-Zeerollen, die in de grotten van Qumran zijn gevonden, maken niet alleen duidelijk dat de tekst van het Oude Testament betrouwbaar overgeleverd is, maar ook dat Jezus noch Johannes de Doper tot de sekte der Essenen heeft kunnen behoren.

zo kan Bultmann op grond van het existentialisme waarmee hij is opgevoed, bij voorbaat al een verbinding tussen historie en geloof als niet bestaand en niet ter zake doende verwerpen!

Specifieke bezwaren tegen de vormkritiek

De vormhistorische methode is de spil van de nieuwtestamentische kritiek, doordat zij enerzijds diepte heeft gegeven aan de vroegere bronnentheorie en anderzijds de ondergrond vormt van de latere redactie-historische methode. Vandaar dat we nu met name de vormkritiek summier onder de loep willen nemen. *E.B. Redlich* (1939) heeft de uitgangspunten van de radicale vormcritici als volgt samengevat:

(I) Vóór de Evangeliën geschreven werden, was er een *periode van mondelinge overlevering*.

(2) Tijdens deze periode circuleerden de verhalen en „woorden" (behalve het lijdensverhaal) als afzonderlijke, complete eenheden, *„pericopen"* genoemd.

(3) Het materiaal in de Evangeliën kan *geclassificeerd* worden volgens de *literaire vorm*.

(4) De vitale *factoren* die deze vormen produceerden en bewaarden, dienen gevonden te worden in de *praktische belangen van de christelijke gemeenschap*.

(5) Deze gemeenschap had geen biografische interesse, zodat de Evangeliën *geen biografische, chronologische of geografische waarde* hebben.

(6) De oorspronkelijke vorm van de overleveringen kan gereconstrueerd worden door de *wetmatigheden van de overlevering* te bestuderen.

We willen nu in dezelfde volgorde van elk uitgangspunt kort aantonen dat het ongeldig of slechts beperkt geldig is:

(1) a. Ongetwijfeld was er tussen het begin van de gemeente en het neerschrijven van de Evangeliën een periode van „mondelinge overlevering"; maar die duurde waarschijnlijk niet langer dan vijftien à twintig jaar, dus minder dan één generatie! Het is absurd om op grond van wat er over verscheidene eeuwen met volksverhalen gebeurt, aan te nemen dat de „overlevering" aangaande Jezus in die korte tijd even onbetrouwbaar is geworden.

b. In die twintig jaar waren er nog duizenden ooggetuigen van Jezus' leven en sterven in leven. De critici negeren deze ooggetuigen volkomen! Maar het waren juist dezen die, als zij christenen waren, de nauwkeurigheid van de overlevering garandeerden en die, als zij vijanden van het christendom waren, klaar gestaan zouden hebben om elke afwijking van de werkelijke feiten weg te honen.

c. Handelingen laat zien hoe de eerste christenen en vooral de apostelen met zorg de woorden en daden van Christus bewaarden en zich er zelfs dikwijls op beriepen ooggetuigen geweest te zijn. Het waren joden die als zodanig getraind waren in zorgvuldige overlevering en in het zelfs woordelijk onthouden van het onderwijs van hun rabbi's, en zij zullen de woorden van Christus ook steeds weer tijdens hun samenkomsten herhaald hebben.
d. De critici vergeten niet alleen de korte duur van de mondelinge fase, of de rol van de vele ooggetuigen, of de rol van de gezaghebbende apostelen, ze vergeten bovenal de „rol" van de Heilige Geest door wie de gemeente gevormd was.
(2) De Evangeliën zouden nooit erkend of zelfs maar ontstaan zijn, als de „pericopen" niet vanaf het begin erkend waren als elementen van een *samenhangend* verhaal; er is geen reden om aan te nemen dat wel de „pericopen" maar niet de orde en samenhang van de gebeurtenissen (zoals met name in Marcus weergegeven) getrouw zouden zijn overgeleverd. De Evangeliën maken dan ook bepaald niet de indruk losse verzamelingen van fragmenten te zijn; hun opmerkelijke eenheid en samenhang, zonder innerlijke tegenstrijdigheden, geeft precies het omgekeerde beeld.
(3) a. Natuurlijk is een classificatie naar „literaire vormen" in zulke veelzijdige werken als de Evangeliën in principe altijd mogelijk; maar deze mogelijkheid is geen *bewijs* dat er *dus* oorspronkelijk verschillende categorieën van overlevering bestaan hebben. De vele problemen die bij de classificatie opgetreden zijn, wijzen er eerder op dat dit juist níet het geval is.
b. Elke criticus hanteert zijn eigen indelingssysteem en zijn eigen soorten van „vormen"; bovendien bekritiseren zij elkaars resultaten sterk. Hieruit blijkt dat zij niet van objectieve criteria uitgaan.
c. Nog erger is dat de critici uit de „vorm" van een „pericoop" conclusies trekken over de historische waarde ervan! Niet alleen hebben zij geen recht daartoe of grond daarvoor, maar bovendien is hun methode een cirkelredenering omdat zij elke „pericoop" zelf zijn „vorm" hebben opgelegd, vaak met zulke bevooroordeelde betitelingen als „le-genden" en „mythen".
(4) a. Het is onbegrijpelijk dat men meent dat in twintig jaar tijds de werkelijke feiten rond Jezus' leven en werken regelrecht *vervangen* waren door de bedenksels van de zogenaamde „vormgevende" gemeente; en dat ondanks de hoge moraal van de eerste christenen, de aanwezigheid van talloze ooggetuigen en het gezag van de apostelen; door deze laatste elementen had de gemeente eenvoudig nimmer de ruimte voor eigen bedenksels en was het Woord van God in geen

enkele fase ondergeschikt aan de gemeente.
b. Scheppingskracht vinden we nooit bij een massa, maar alleen bij individuele personen die boven de massa uitsteken; daarom dragen vorm en inhoud van de overlevering het stempel van Christus (de Leraar), niet dat van de gemeente (de leerling). Geen discipel zou trouwens in staat geweest zijn de „woorden van Jezus" zelf te bedenken of diens leven en karakter te verzinnen zoals die in de Evangeliën beschreven worden (vgl. hoofdstuk 1). De eenheid van de Evangeliën berust dus op het unieke van de Persoon van Jezus Christus, niet op dat van de gemeente. De vroege christenen zouden trouwens ook niet bereid geweest zijn te sterven voor de producten van hun eigen verbeelding; dat zij wél bereid waren te sterven voor hun boodschap, was omdat zij wisten dat die authentiek was. Het is eigenlijk wonderlijk dat de vormcritici zoveel meer toeschrijven aan de scheppingskracht van de gemeente dan aan die van Hem die nota bene de geméénte schiep...
c. Aan de ene kant dragen de sobere, niet geromantiseerde geschiedenissen in de Evangeliën het stempel van authentieke geschiedschrijving, niet van literaire kunstproducten of van een achteraf „hineininterpretieren". Aan de andere kant geven de Evangeliën ons helemaal geen aanwijzingen over de interne problemen van de eerste gemeenten (zoals de vormcritici willen). Als er iemand over die interne problemen geschreven heeft, was het Paulus, die zijn brieven al geschreven had voor het eerste Evangelie verscheen; toch wordt géén van zijn uitspraken Jezus in de mond gelegd in de Evangeliën! Integendeel, bepaalde elementen uit de Evangeliën (bijv. gelijkenissen) komen juist weer nooit in de brieven voor.
d. De eerste gemeente was niet een gezelschap van simpele, ongeschoolde lieden die te goeder trouw maar onkritisch een soort folklore opbouwden (zoals de vormcritici het voorstellen), maar kende zulke bekwame mannen als Filippus, Stefanus, Barnabas, Jakobus, Marcus, Lucas en Paulus.
e. De eerste christenen waren niet zo vervuld van Christus' aanstaande wederkomst dat zij niet rationeel en historisch konden denken (zoals de vormcritici het voorstellen); volgens Handelingen en de brieven leidden zij normale, arbeidzame levens en werden zij daartoe ook extra vermaand.
f. Alles bijeengenomen: als het christelijk geloof de „historische feiten rond Jezus" creëerde, wát creëerde dan wel het christelijk geloof?
(5) a. Als de *eerste* generatie van christenen niet geïnteresseerd was in bio- en geografische en chronologische bijzonderheden, waarom vroeg de *tweede* generatie dan wél om een doorlopend verhaal van Christus

(dus óók om dit soort bijzonderheden), zoals wij dat in de Evangeliën hebben?

b. Het feit dat de evangelisten geen strikte biografieën geschreven hebben (omdat zij een ander doel nastreefden), betekent nog niet dat zij niet in biografische bijzonderheden geïnteresseerd of historisch onbetrouwbaar waren. Zij beschikten over enorm veel van dit soort informatie (zie Johannes 21:25) en bliezen dan ook niet enkele feitjes op tot een fantasierijk kunstproduct, maar (omgekeerd!) selecteerden juist uit de veelheid van herinneringen om elk een bepááld (historisch betrouwbaar) beeld van Christus te geven.

c. Waarom zouden de eerste christenen er voortdurend de nadruk op gelegd hebben dat zij ooggetuigen van Jezus' leven en werken waren, als zij geen biografische en chronologische interesse in zijn Persoon hadden? Lucas (1: 1-4) doet juist een uitdrukkelijk beroep op ooggetuigen en zijn verlangen juist dít soort informatie betrouwbaar door te geven. De archeologie (zie boven) heeft in talloze opzichten aangetoond hoe voortreffelijk hij hierin geslaagd is.

d. Marcus vermeldt in zijn Evangelie veel geo- en biografische en chronologische bijzonderheden die in de gang van zijn verhaal niet te verklaren zouden zijn, tenzij zij inderdaad op betrouwbare overleveringen teruggaan.

e. Dat Matteüs en Lucas menigmaal opzettelijk het materiaal van Marcus in een andere volgorde geven, is niet omdat zij een andere historische opvatting dan Marcus hadden, maar eenvoudig omdat een bepáálde rangschikking naar onderwerp het doel dat zij elk specifiek hadden, beter diende.

(6) In tegenstelling tot wat de vormcritici beweren laten onderzoekingen over herinneringsprocessen en geruchtverspreiding zien, dat de algemene vorm van een verhaal intact blijft, maar dat het verhaal steeds korter wordt en steeds meer details verliest. De vele kleine details in de Evangeliën wijzen erop dat zij vergelijkbaar zijn met ooggetuigeverslagen, dus met „informatie uit de eerste hand".

Conclusie

Er is in de wereldgeschiedenis geen historische figuur die zo is aangevallen (niet in het minst op zijn „historiciteit") als Jezus van Nazaret. Men kan moeilijk volhouden dat het niettemin geheel onpartijdig is gebeurd; de vormcritici hebben al te vaak hun methoden vermengd met hun eigen persoonlijke mening over de historische waarde van een verhaal of uitspraak in de Evangeliën. De moderne bijbelkritiek heeft bewezen niet het product te zijn van gelovige onderzoekers die een beter begrip wilden hebben van de Bijbel als het gezaghebbende, geïnspireerde Woord van God tegen zijn historische achtergrond, maar van rationalisten die al bij voorbaat deze eigen uitdrukkelijke pretentie van de Bijbel verwierpen en hem op grond van hun vooroordelen al niet anders meer konden zien dan als een feilbaar mensengeschrift. Daarbij doet zich het verbazingwekkende feit voor dat hun methodische uitgangspunten reeds puur rationeel gezien ongeldig of onacceptabel zijn (zoals we zojuist betoogden), en ten tweede dat de critici niet de simpele consequentie trekken het christendom dan maar geheel vaarwel te zeggen, maar de Bijbel tegelijk als een boek willen zien waarin op één of andere manier toch ook God spreekt! Daarom zijn hun beweringen niet alleen wetenschappelijk verwerpelijk (dat is nog niet eens het belangrijkste), maar hebben zij binnen de christenheid door hun misleidende dubbele-bodem-geloof enorm veel kwaad gesticht. Vandaar de uiterst dringende noodzaak de christenen opnieuw onder ogen te brengen dat er ook vandaag geen reden is (nee, integendeel!) te twijfelen aan de betrouwbaarheid van de Schriften. Wij hebben vandaag meer grond dan ooit om eraan te blijven vasthouden dat de Bijbel niet alleen met gezag over ons heil spreekt, maar in nauwe samenhang daarmee ook met goddelijk gezag spreekt over de natuur en de geschiedenis. Er is geen effectievere methode het eerste (het spreken over het heil) irrelevant te maken dan het laatste te ontkennen...

HOOFDSTUK 9

De inhoud van het Oude Testament

Nadat we de redenen gegeven hebben waarom wij de bijbelcritici afwijzen en hun reconstructie van de heilsgeschiedenis verwerpen, kunnen we nu, zonder nog verder op hun argumenten en hypothesen in te gaan, ons beeld van de heilsgeschiedenis geven, zoals wij dat uit de Heilige Schrift geleerd hebben. We behandelen daartoe summier de boeken van het Oude Testament in hun *chronologische* volgorde (afgezien van de dichterlijke boeken die we aan het eind vermelden) en vermelden in een tabel eerst enkele algemene bijzonderheden van de boeken.

boek	*betekenis naam*	*auteur*	*ruwe datum voltooiing (v. Chr.)* (+ koning)	*vermoedelijke plaats voltooiing boek*
Genesis	„Wording"	(eerste delen: aartsvaders?) Mozes	1448	Sinaï-woestijn
Exodus	„Uittocht"	Mozes	1448	Sinaï-woestijn
Leviticus	„Boek der Levieten"	Mozes	1448	Sinaï-woestijn
Numeri	„Getallen"	Mozes	1409	„Velden van Moab"
Deuteronomium	„Tweede wet"	hoofdzakelijk Mozes	1409	„Velden van Moab"
Jozua	hoofdpersoon	hoofdzakelijk Jozua?	midden 14e eeuw	Efraïm
Richteren	hoofdpersonen	Samuël?	midden 11e eeuw	Rama?
Ruth	hoofdpersoon	Samuël?	midden 11e eeuw	Rama?
Samuël (1en2)	hoofdpersoon	(profeet?)	9e eeuw	Jeruzalem?
Koningen(1en2)	hoofdpersonen	hoofdzakelijk Jeremia?	eind 7e eeuw	Jeruzalem?
Obadja	profeet	Obadja	845 (Joram)	Juda
Joel	profeet	Joël	830 (Joas)	Juda
Jona	profeet	Jona	760 (Uzzia)	Juda
Amos	profeet	Amos	755 (Uzzia)	Tekoa
Hosea	profeet	Hosea	725 (Hizkia)	Jxlda
Micha	profeet	Micha	725 (Hizkia)	Judd
Jesaja	profeet	Jesaja	675 (Manasse)	Juda
Nahum	profeet	Nahum	654 (Manasse)	Elkos
Sefanja	plofeet	Sefanja	621 (Josia)	Juda
Habakuk	profeet	Habakuk	606 (Jojakim)	Juda
Jeremia	profeet	Jeremia	580 (Nebukadnessar)	Egypte
Klaagliederen	treurzangen	Jeremia	586 (Nebukadnessar)	Jeruzalem
Ezechiël	profeet	Ezechiël	570 (Nebukadnessar)	Babel

Daniël	profeet	Daniël	530 (Cyrus)	Perzië
Kronieken (I en 2)	annalen van de Davidische monarchie	Ezra?	midden 5e eeuw (Arthaxerxes 1)	Jeruzalem
Ezra	hoofdpersoon	Ezra	midden 5e eeuw (id.)	Jeruzalem
Nehemia	hoofdpersoon	Nehemia	2e helfx 5e eeuw (Arthaxerxes 1)	Jeruzalem
Ester	hoofdpersoon	Mordekai?	2e helft 5e eeuw (id.)	Perzië
Haggaï	profeet	Haggaï	520 (Darius)	Juda
Zachana	profeet	Zacharia	475 (Xerxes)	Juda
Maleachi	profeet	Maleachi	435 (Arthaxerxes 1)	Juda
Job	hoofdpersoon	Mozes?	2e helft 15e eeuw	Sinaï-woestijn?
Psalmen	lofzangen	meest David; enkele andere	eind 6e eeuw (Cyrus?)	Jeruzalem
Spreuken	wijze uitspraken	hoofdzakelijk Salomo	rond 700 (Hizkia)	Jeruzalem
Prediker	wijsheden van iemand die een vergadering toespreekt	Salomo	midden 10e eeuw (Salomo)	Jeruzalem
Hooglied	liefdesliederen	Salomo	midden 10e eeuw (id.)	Jeruzalem

De Pentateuch

Het boek *GENESIS is* uitermate belangrijk omdat het als eerste boek van de Bijbel ons de grote plattegrond van Gods waarheid geeft; in feite is de hele waarheid erin vervat, hetzij rechtstreeks, hetzij in beelden. Het stelt ons God voor als de Schepper van alle dingen en als Degene die in een heel speciale betrekking tot de mens treedt die de kroon van de schepping is. Het beschrijft echter ook hoe de mens faalt in zijn verantwoordelijkheid, tegen God in opstand komt en voortaan van Gods barmhartigheid afhankelijk is (hoofdstuk 3). De mens heeft het oordeel verdiend, maar God wijst hem een weg tot vergeving en rechtvaardiging door geloof, op grond van een plaatsvervangend offer, en wijst daarmee vanaf het begin op de Verlosser die eenmaal geboren zal worden en Zichzelf als Offer zal geven. Intussen toont de mensheid steeds meer dat het hart van de mens voortaan alleen maar boosheid kan voortbrengen en God verdelgt daarom de mensheid (en in feite ook de aarde) door een gigantische wereldwijde zondvloed (6-8). Na de vloed maakt God een nieuw begin met Noach (9), maar behalve bij Gods uitverkorenen blijven we alleen kwaad bij de mens zien. Na de ongehoorzame torenbouw van Babel verspreidt God de mensheid in volken over de aardbodem (10, 11) en heeft, afgezien van zijn algemene voorzienigheid, voortaan geen bijzondere bemoeiingen meer met deze volken. Integendeel, in verkiezende genade roept Hij één man, Abraham, en leidt hem naar het land Kanaän, belooft hem tot een groot volk te zullen maken en aan zijn nageslacht het land voor altijd

te zullen geven (12-25). Terwijl de overige volken steeds dieper in afgoderij wegzinken, wordt Abraham het hoofd van het „uitverkoren volk" dat door God zorgvuldig van de omliggende volken wordt afgezonderd. De geschiedenis van de aartsvaders volgt: die van Abraham, van zijn zoon Isaak (21-27), van diens zoon Jakob (25-50) en van diens twaalf zonen (de voorvaders van de twaalf stammen van Israël), met name van zijn lievelingszoon Jozef (37-50). De aartsvaders zijn pelgrims en vreemdelingen in het land der belofte („tent") maar kennen het voorrecht van de dienst van de ware God („altaar"), zij het met falen. Tenslotte wordt Jozef door zijn eigen broers als slaaf naar Egypte gevoerd, brengt het daar onder Gods zegen tot onderkoning van Egypte en wordt zo het middel tot redding van zijn familie tijdens de grote hongersnood (37-47). Aan het eind geeft Jakob in Egypte een profetische zegen aan zijn zonen (49) die vooruitwijst naar de geschiedenis van Israël en de komst van de Messias (Gods gezalfde Verlosser).

Het boek *EXODUS* beschrijft hoe het nageslacht van Jakob (de twaalf stammen van Israël) zich in Egypte snel vermeerdert en door de

▲ De toren van Babel, Pieter Breughel de Oude

farao onder het slavenjuk wordt gebracht. Hoewel het de afgoden van Egypte dient, leert het volk tot God roepen. Voor het eerst houdt God Zich niet meer bezig met individuele gelovigen alléén, maar leren we wat een „verlost volk van God" is! Voor deze verlossing uit de slavernij van Egypte gebruikt God de Leviet Mozes, die door zijn voorzienigheid veertig jaar aan het hof van farao was opgevoed en daarna nog eens veertig jaar in de woestijn, achter de schapen (1-3). De farao wil het volk niet laten gaan, maar God dwingt hem door tien verschrikkelijke plagen op de knieën (7-12). Maar God heeft ook Israël zijn lessen te leren en schuilend achter het bloed van het Paaslam leert het dat het niet beter is dan de Egyptenaren, maar van vergeving en verlossing op grond van bloedstorting afhankelijk is (12)! Dan volgt de wonderbaarlijke uittocht uit Egypte, dóór de Schelfzee heen, en Gods genadige voorzorgen en bescherming genietend komt het volk bij de berg Sinaï aan (13-19). Daar ontvangt het volk uit handen van God, door bemiddeling van Mozes, de wet die als een „tuchtmeester" het volk zal aantonen dat het van nature niet kan beantwoorden aan Gods volmaakte normen en altijd afhankelijk is van genade en vergeving. Ook geeft God zijn eerste wetten voor het sociale en godsdienstige leven van het volk en sluit een verbond met het volk dat met bloed bezegeld wordt (20-24). Daarna geeft God aan Mozes de beschrijving van een tent-heiligdom (de „tabernakel") dat Mozes zal moeten bouwen, opdat (a) God daarin te midden van het volk zal kunnen wonen, (b) God daarin in beelden zijn heerlijkheid in Christus zal ontvouwen (in de vele prachtige onderdelen van het bouwwerk), en (c) het volk daarin door bemiddeling van een priesterklasse tot God zal kunnen naderen met offers en aanbidding (25-31). Hoezeer een dergelijke weg tot God (d.m.v. het offer) nodig is, bewijst het volk door al tijdens deze beschrijving afschuwelijke afgoderij te plegen! Op voorspraak van Mozes bewijst God het grootste deel van het volk genade (32, 33), geeft het nieuwe wetten en tenslotte wordt de tabernakel gebouwd en plechtig ingewijd. God vervult de tent zichtbaar met zijn heerlijkheid (40).

Het boek *LEVITICUS* toont onmiddellijk hoe God Mozes vanuit de ingang van deze „tent der samenkomst" een beschrijving geeft van de vijf belangrijkste offers van de Israëlitische eredienst: het brandoffer, het spijsoffer, het vredeoffer, het zondoffer en het schuldoffer (1-7). Daarna volgt de inwijding van de priesters (Mozes' broer Aäron en diens zonen) die deze offers moeten brengen (8-10) en geeft God verschillende reinheidswetten met een belangrijke hygiënische, cultische en vooral zinnebeeldige betekenis (11-15). Het hart van het boek is de beschrijving van de jaarlijkse „grote verzoendag" (16) met zijn speciale offers en taak van de hogepriester, in de Hebreeënbrief uitvoerig toegepast op Christus en zijn offer. Weer volgt een aantal burgerlijke en godsdienstige wetten, van grote praktische maar ook diep geestelijke betekenis (17-22). Een tweede centraal hoofdstuk (23) beschrijft ons het liturgisch jaar van Israël: de zeven hoogtijdagen en feesten, nauw verbonden met het landbouwersvolk dat Israël straks in het beloofde land zou zijn en ook weer van profetische betekenis. Ter aanvulling vinden we voorschriften over de tabernakel, een praktisch voorbeeld van toepassing van de strafwetten (24) en de wetten van het (zevende) „sabbatsjaar" en het (vijftigste) „jubeljaar", ook hier weer met een sociale en profetische betekenis waarop we hier helaas niet kunnen ingaan (25, 26). Een aanhangsel geeft nog voorschriften over geloften (27).

Het boek *NUMERI* geeft ons de praktische omstandigheden van het volk Israël in de woestijn, na het verblijf bij de Sinaï. Na de wetgeving aldaar was het volk nu klaar om de woestijnreis naar het beloofde land te aanvaarden. De telling en de legering van de stammen worden beschreven, met name die van de Levieten die in de dienst van de tabernakel een belangrijke rol vervulden (1-4). Heiligingswetten volgen, onder andere de wet op het nazireeërschap (5, 6), alsmede de offergaven van de stamhoofden ter inwijding van het altaar (7) en de inwijding van de Levieten (8). Voor het eerst wordt nu het Pascha in de woestijn gevierd (9). Bijzondere middelen waardoor God het volk door de woestijn leidt, zijn de „wolk- en vuurkolom" (9) en de twee zilveren trompetten (10). Dan is het volk klaar en gaat het op weg, niet zonder steeds weer tegen God te mopperen (10-12). Bij de grens van het beloofde land aangekomen, worden twaalf spionnen uitgestuurd om het land te verkennen. Na hun negatieve en ongelovige verslag (behalve van Jozua en Kaleb) komt het hele volk in opstand. Voor straf moet het rechtsomkeert maken; niemand van twintig jaar en ouder zal het land ooit mogen binnengaan! Veertig jaar moet het volk nog door de woestijn zwerven (13,14), maar voor de zondaar blijft het offer beschikbaar als weg terug tot God (15). Een nieuw oordeel volgt na de opstand van Korach, Datan en Abiram, alsmede de rehabilitatie van Aäron (16, 17). Nieuwe wetten volgen, speciaal voor de woestijn (18, 19). Als helaas ook Mozes en Aäron in ernstig kwaad vallen, krijgen zij te horen dat zij evenmin het land zullen mogen binnengaan, en nóg eens valt het volk in de zonde en redt God het door de „koperen slang" (door Christus in Johannes 3 op Zichzelf toegepast als type van zijn plaatsvervangende dood) (20,21). Nu komt Israël met de volken rondom Kanaän in aanraking, vooral met Moab dat de zwarte-magiër Bileam tegen Israël laat aanrukken; maar door Gods besturing kan deze het volk slechts zegenen, hoewel het hem ook lukt het volk te verleiden (20-25). Nu wordt een tweede telling van het volk vermeld en volgen er nieuwe wetten (26-30). De Midianieten worden verslagen en het Overjordaanse gebied wordt verdeeld onder twee en een halve stam die daaraan de voorkeur geven boven het beloofde land (31, 32). Na een terugblik op de woestijnreis volgen nog verschillende voorzieningen met het oog op de verovering en verdeling van het land (33-36).

Het boek *DEUTERONOMIUM* neemt in de Pentateuch een heel aparte plaats in. Het geeft de toespraken van Mozes in de velden van Moab, te beginnen met een beschrijving van en waarschuwende terugblik op de woestijnreis (1-4). Daarna volgt zijn grote rede waarin hij de wet van de tien geboden herhaalt en uitwerkt en die het volk op het hart bindt, opdat het de zegeningen van het land zal bezitten (4-11). Dát is hier het grote punt: de voorbereiding op het land, niet zozeer het naderen tot God in het heiligdom, zoals in Exodus en Leviticus. Daarom vinden we vervolgens aanwijzingen over de plaats waar het volk God in het land zou gaan dienen (12), en ook de volgende wetten staan steeds met het lánd in verband, zoals: afgoderij (13), vlees eten (14), het sabbatsjaar (15), de feesten (16), de rechtspraak (16-18). Met het oog op Christus kondigt Mozes een heel bijzondere Profeet aan (18). Criminele, oorlogs- en civiele wetten volgen (19-25). Met het voorschrift aangaande de dankbare aanbieding van de eerstelingen van de oogst aan God eindigt deze grote rede van Mozes (26). Nu volgt het voorschrift hoe de wet van God zal moeten worden bekrachtigd, als het volk in het land zal zijn aangekomen (27) en stelt Mozes het de zegen en de vloek voor die het gevolg zouden zijn, als het de wet zou houden resp. zou verbreken (28, 29). In feite is deze toespraak één indrukwekkende profetie over de toekomstige afval van het volk, maar ook over wat God in zijn genade zou doen nadat Israël onder de volken zou zijn verstrooid: een rest zou door God tot bekering gebracht en naar het beloofde land teruggevoerd worden (30). Vervolgens wijst Mozes Jozua als zijn plaatsvervanger aan en zingt hij zijn machtige, profetische lied en geeft het volk zijn zegen, elke stam afzonderlijk (31-33). Een aanhangsel beschrijft tenslotte zijn dood (34).

De verdere geschiedenis tot aan de ballingschap

Het boek JOZUA beschrijft ons de intocht van Israël in het beloofde land Kanaän onder Mozes' plaatsvervanger Jozua. Na Mozes' dood bemoedigt God deze nieuwe leider en Jozua besluit de Jordaan over te trekken (1). Hij laat het tegenovergelegen land (rond Jericho) verspieden (2) en daarna trekt het volk op miraculeuze wijze door de woeste Jordaan, de ark voorop (3). Het is een gedenkwaardig moment als het volk daar op de andere oever staat! Twee monumenten worden opgericht (één in en één naast de Jordaan), het hele mannelijke deel van de bevolking wordt besneden (dit was in de woestijn nagelaten) en het eerste Pascha in het land wordt gevierd (4, 5). Nu wordt op eveneens wonderbaarlijke wijze de stad Jericho ingenomen, zonder één slag of stoot, maar deze inneming wordt bedorven door de diefstal van Achan, waar het hele volk onder lijdt. Achan wordt gestenigd en nu kan ook de stad Aï worden ingenomen (6-8). Dan wordt op de door Mozes voorgeschreven wijze de wet bekrachtigd en worden de volksstammen in het zuiden en in het noorden van het land verslagen; alleen de inwoners van Gibeon ontkomen door een list (8-12). Nu begint de belangrijke verdeling van het land over de overgebleven negen en een halve stam, waarbij de trouwe Kaleb een bijzonder erfdeel krijgt (13-19). Ook worden in het land en in het Overjordaanse zes „vrijsteden" aangewezen (t.b.v. gevluchte onopzettelijke doodslagers) en achtenveertig steden voor de Levieten, die verder geen speciaal grondgebied krijgen omdat zij de dienst in het heiligdom verrichten (20, 21). Na het vervelende incident van het altaar dat de twee en een halve stam in het Overjordaanse oprichten, houdt Jozua een grote toespraak tot het volk om het bij de wet van God te houden en vernieuwt hij het verbond. Een aanhangsel beschrijft zijn dood (22-24).

Het boek *RICHTEREN* beslaat de tijd van na Jozua's dood en vóór de instelling van het koningschap in Israël. In die tijd werd Israël bestuurd door „richteren" of rechters, die niet alleen rechtspraak uitoefenden, maar bovenal verlossers waren. Dit wordt ons duidelijk gemaakt na de inleiding (I) die verdere veroveringen beschrijft; dan komt de Engel van Jahweh van Gilgal (de glorieuze plaats waar de veroveringen begonnen waren) naar Bochim (= „Geween") en bestraft het volk, omdat het zo nonchalant en onvolledig de vijanden en de afgoderij uit het land verdreven had. Dit is tekenend voor het hele boek. Steeds wordt het volk weer aan God ongehoorzaam, steeds brengt God het volk dan onder het juk van de vijanden, steeds roept het volk dan weer tot God om uitredding en steeds zendt God dan een „richter" (bevrijder) (2,3). De eerste vijanden die het volk onderwerpen, komen nog hoofdzakelijk van buiten Israël (Mesopotamië, Ammon, Amalek, Midian), maar steeds meer wordt dé grote vijand een volk dat Israël tegen Gods gebod in binnen de grenzen van het land in leven had gelaten: de Filistijnen. De belangrijkste richters zijn Barak en Debora (die een opmerkelijk lied componeerde) (4, 5), Gideon (helaas opgevolgd door zijn verdorven zoon Abimelech) (6-9), Jefta (met zijn roekeloze gelofte) (10-12), en tenslotte vooral Simson (13-16) die in zijn eentje de strijd tegen de Filistijnen aanbindt, ten laatste zelf ten onder gaat maar in zijn dood duizenden Filistijnen meesleept. In een bedroevend aanhangsel (17-21) wordt gesproken over de officiële invoering van afgoderij in de stam Dan en de verwarring die een gruweldaad in Benjamin teweegbracht - alles het gevolg van het niet erkennen van Gods gezag en van het ontbreken van strakke, geregelde leiding: het koningschap.

Het boek RUTH beschrijft een liefelijke episode uit de tijd der Richteren en is een overgang naar het boek Samuël, waarin we de invoering van het koningschap vinden. Het geeft ons de geschiedenis van een jonge heidense vrouw, Ruth de Moabitische, die God leert kennen en dienen en door Gods genade in het volk van God mag worden opgenomen. Door haar huwelijk met Boaz, de „losser" van het erfdeel van haar overleden man, wordt zij in Betlehem de overgrootmoeder van de grote koning David en daarmee een voormoeder van de Messias: Jezus van Nazaret!

Het boek *SAMUEL* (in onze Bijbels verdeeld in twee boeken: 1 en 2 Samuël) sluit daarop aan door ons de laatste van de richters te beschrijven: de priester Eli en de profeet Samuël. Het grote verval in Israël heeft deze roeping van de eerste grote profeet in het land noodzakelijk gemaakt. We horen over de geboorte en wijding van de jonge Samuël, over de goddeloosheid van Eli's zonen in de tabernakel en over de verovering (door hun schuld) van de heilige ark door de Filistijnen (1-6). Nu treedt Samuël op, en nadat Jahweh de ark heeft teruggebracht, verslaat Israël de Filistijnen (7) en richt Samuël het vele jaren. Dan komt het volk met de vraag om een koning, maar uit valse motieven; daarom geeft God het eerst een koning naar hun eigen wensen. Saul, voordat Hij een koningschap naar zíjn hart instelt (8-12). Wel behaalt Saul overwinningen op de vijanden, maar is keer op keer in opstand tegen God (13-15). Nú laat God door Samuël de „man naar zijn hart" tot koning zalven: David, een dappere jongeman die al gauw ook het hart van de koninklijke familie wint (16-18). Saul begrijpt echter al snel dat God David tot koning na hem heeft aangewezen en tracht stelselmatig David te doden; David wordt een vluchteling zolang Saul leeft (19-27). Tenslotte gaat Saul geestelijk en lichamelijk geheel ten onder; in de strijd tegen de Filistijnen pleegt hij zelfmoord (28-31).

Het tweede boek omvat de geschiedenis van Davids koningschap. Na Sauls dood wordt hij eerst tot koning over zijn eigen stam Juda uitgeroepen in Hebron (1, 2). Een zoon van Saul is door Sauls generaal op de troon van Israël gezet en David probeert een vreedzame regeling te treffen, wat door treurige intriges en moordpartijen van anderen mislukt (2-4). Zelf kan hij nu met schone handen toch de troon van Israël bestijgen, maakt Jeruzalem tot zijn residentie en brengt ook de ark daarheen over; een tempel te bouwen moet hij echter overlaten aan zijn opvolger (5-7). David verslaat nu de omliggende vijanden en vestigt zo een machtig koninkrijk (8-10), maar maakt dan een treurige val door overspel te plegen en een moord te begaan (11, 12). Hij roept onbewust zijn eigen straf over zich uit en moet „viervoudig vergoeden": voortaan wordt zijn gezin verscheurd door vetes en opstand. Eerst sterft het kind van Batseba, daarna wordt zijn oudste zoon Amnon uit wraak vermoord door diens halfbroer Absalom (12, 13). Na Absaloms ballingschap en terugkeer komt deze in opstand en roept zichzelf tot koning uit; David moet vluchten, maar later verslaan zijn mannen het leger van Absalom en deze komt zelf om - tot grote smart van David (13-19). Ook een tweede oproer, onder Seba, wordt neergeslagen, terwijl David ook een oude bloedwraak aan het huis van Saul vereffent (20, 21). Nu volgen Davids loflied, zijn laatste woorden en zijn helden en heldendaden (21-23). Het boek eindigt helaas met een ander falen van David: een hoogmoedige volkstelling brengt een grote plaag over Israël (24).

Het boek *KONINGEN* (eveneens verdeeld in twee boeken: I en 2 Koningen) sluit ook weer direct op het voorafgaande aan en beschrijft de volgende eeuwen van de monarchie, tot haar ondergang. Het eerste

David belijdt zijn schuld aan God. Ets van Rembrandt, 1652 (Rijksprentenkabinet, Amsterdam).

boek begint met de nadagen van David en de zalving van zijn zoon Salomo tot koning. Pas als een incident met Davids ambitieuze zoon Adonia is beëindigd, kan Salomo ook tot koning worden uitgeroepen, die na Davids dood op diens verzoek afrekent met verschillende vijanden (1, 2). Op Salomo's gebed schenkt God hem uitermate grote wijsheid en bovendien rijkdom (3, 4), zodat naast een koninklijk paleis ook een grandioze tempel gebouwd kan worden, die door Salomo zelf wordt ingewijd (5-8). Zijn rijkdommen en macht nemen steeds toe, zodat de koningin van Seba hem zelfs komt bezoeken om deze praal en zijn wijsheid te bewonderen (9, 10). Helaas worden Salomo's vele heidense vrouwen zijn val: hij buigt zich neer voor hun afgoden en God neemt het koninkrijk van hem af (11). Onder Salomo's zoon Rehabeam scheurt het rijk in twee delen: Rehabeam behoudt slechts twee stammen (het zuidelijke rijk „Juda"), maar tien stammen stellen zich onder de Efraïmiet Jerobeam (het noordelijke rijk „Israël"). De boeken der Koningen houden zich nu hoofdzakelijk met de geschiedenis van het Tienstammenrijk bezig, terwijl de boeken der Kronieken ons nader zullen informeren over het Tweestammenrijk. In I Koningen vinden we verder vooral de geschiedenis van de dynastie van Jerobeam (11-14) en die van de goddeloze koningen Omri en Achab (16-22).

Het volk zinkt steeds verder in afgoderij en zedeloosheid, zodat God tot het volk de grote profeet Elia zendt die het miraculeuze bewijs levert dat Jahweh groter is dan de afgoden (18). Naast Elia's persoonlijke roerende ervaringen (19) horen we van zijn herhaalde treffen met koning Achab, die tenslotte in de strijd tegen de Arameeërs omkomt (22).

Het tweede boek vermeldt de verdere geschiedenis van Achabs beruchte dynastie, alsmede de hemelvaart van Elia, die wordt opgevolgd door de profeet Elisa (1-8). Dit zijn geen schrijvende profeten zoals wij in Juda zullen vinden, maar daartegenover staat dat Elia en Elisa in deze uiterst donkere periode macht van God ontvangen om te midden van de tien stammen wonderen te verrichten om het volk tot God terug te brengen. De hele geschiedenis van het Tienstammenrijk omvat negen dynastieën (vaak van maar één koning) die elk aan de macht komen, doordat een opstandige knecht de vorige koning om het leven brengt. Zo wordt Achabs huis omgebracht door Jehu, die ook een eind maakt aan de afgoderij maar toch ook zelf de toorn van Jahweh opwekt (9-15). Intussen horen we zijdelings ook steeds over de koningen van het Tweestammenrijk (1, 3, 8, 11, 12, 14-16, 18-25). Het Tienstammenrijk gaat na nog een aantal elkaar snel afwisselende koningen roemloos ten onder tegen de Assyriërs, die veel Israëlieten in ballingschap naar Assur wegvoeren en Assyriërs naar Palestina voeren die zich daar met de achtergeblevenen vermengen tot de Samaritanen (17). De rest van het boek houdt zich bezig met de strijd van het koninkrijk Juda, eerst tegen de Assyriërs (18, 19) en dan - na het grote reveil onder koning Josia - de strijd tegen de Babylonische koning Nebukadnessar (22-24). Tenslotte wordt Jeruzalem ingenomen en mét de prachtige tempel verwoest; het grootste deel van de Judeeërs (= joden) wordt in ballingschap naar Babel gevoerd. Het boek eindigt met de moord op de achtergebleven stadhouder Gedalja en de begenadiging van de Judese koning Jojachin in Babel.

De profeten tot op koning Josia

Tijdens de geschiedenis van het Tweestammenrijk (het zuidelijke rijk Juda) komt helaas eveneens verval en afgoderij voor, zodat God ook hier profeten roept om het volk te waarschuwen voor Gods straf, het terug te voeren tot de wet van Mozes en het vooruit te wijzen naar de komende Messias (Jezus Christus) en diens Vrederijk. Het opmerkelijke is dat deze profeten hun boodschap onder goddelijke inspiratie ook opschreven, zodat wij die thans als bijbelboeken bezitten. Naar hun lengte en betekenis onderscheiden we vier grote en twaalf kleine profeten; we behandelen ze hier in de vermoedelijke chronologische volgorde van de voltooiing van hun boeken (zie tabel).

Het boek *OBADJA is* een profetie tegen het broedervolk Edom, wiens nijd tegen Jeruzalem en grenzeloze haat berucht waren. De profetie breidt zich uit tot álle volken en kondigt de „dag van Jahweh" (de oordeelsdag van de Messias) aan, alsmede verlossing voor Sion (de heilige berg in Jeruzalem).

Het boek *JOEL* voorzegt bij gelegenheid van een hongersnood de verdelging van het leger der Assyriërs en brengt dit ook weer in verbinding met de dag van Jahweh wanneer de vijanden veroordeeld worden, een overblijfsel van Gods volk zich zal bekeren en Gods Geest zal worden uitgestort op de zijnen. Tenslotte volgt het gericht over alle volken en de zegen voor het volk van God.

Het boek *JONA* is een getuigenis dat, hoewel Jahweh Israël als zijn volk uitverkoren heeft, Hij Zich het recht voorbehoudt als Schepper en Onderhouder van alle mensen ook aan de volken zijn barmhartigheid te bewijzen. De profeet Jona die als Israëliet wél de bevoorrechte kennis van God bezit, moet leren buigen voor deze macht en genade van God, zelfs als deze genade de Assyrische hoofdstad Ninevé betreft, de grote vijand van Israël. God is ook de God van de volken - een feit dat in het Nieuwe Testament enorme betekenis krijgt!

Het boek *AMOS* kondigt het oordeel aan over verschillende omliggende volken vanwege hun zonden, maar verklaart tevens dat de lankmoedigheid van God evenmin de ongerechtigheid van Israël langer zal verdragen; het oordeel zal komen, zowel over de twee als over de tien stammen, maar een rechtvaardig overblijfsel zal behouden worden en gezegend worden onder de Zoon van David (Christus).

Het boek *HOSEA* vermeldt de verwerping van zowel het koninkrijk Israël als het koninkrijk Juda, waardoor er niet langer een erkend volk van God op aarde zou zijn, maar de deur geopend zou worden voor de heidenen. Israël zou lange tijd alleen blijven zonder koningschap en eredienst, zelfs zonder afgoderij; maar in het laatste der dagen zouden zij Jahweh en „David" (Christus) weer erkennen. Vanaf hoofdstuk 4 vinden we een ernstig beroep op het geweten van Israël, een nieuwe aankondiging van vergelding, maar tenslotte ook een belofte van genade en de voorzegging van Israëls bekering en herstel tot de zekere zegeningen van Jahweh. Het slotvers herinnert ons eraan dat het hele boek een prachtige illustratie is van de „wegen" van Jahweh. Het boek *MICHA* beschrijft eveneens het algemene oordeel over de rijken Juda en Israël vanwege hun zonden, waardoor het land verontreinigd is en geen rustplaats meer vormt voor Gods volk. Gods dreigingen richten zich tot de leiders van het volk, de valse profeten en de stad Jeruzalem, maar ook kondigt de profeet aan dat de stad in het laatste der dagen in genade hersteld zal worden. Als gevolg van de verwerping van de Messias zal de stad namelijk door de heidenen belegerd worden en het volk zal verstrooid worden tot het eind der tijden. Maar dan zal dezelfde Messias hen bevrijden, hen zegenen en over hen heersen, terwijl alle ongerechtigheid uit het volk zal worden uitgeroeid. Na deze voorzeggingen waarschuwt de profeet het volk opnieuw voor valse godsdienst, zich beklagend over de verdorvenheid van het volk, maar tegelijk uitziend naar de vervulling van de vaste beloften van God.

Het boek *JESAJA* heeft een zeer wijd gezichtsveld. De inleiding toont het verval van Juda en Jeruzalem en de komende oordelen, alsmede hun herstel onder de Messias (1-4). Dan volgt het zevenvoudig „wee" over het volk als de falende „wijngaard" van God, maar ook over de profeet zelf, voor God even zondig als ieder ander mens (5, 6). Dan volgt de prachtige profetie over Immanuël (de Messias), de Zoon van de maagd, die hoewel er een gericht over het volk komt, de blijde hoop voor de getrouwen onder het volk vormt en eenmaal zijn koninkrijk zal vestigen (7-9). Dan neemt de profeet de draad weer op van de geschiedenis van het volk, de waarschuwingen die het al gehad heeft én de aankondiging van de grootste dreiging: de Assyriër; maar de Messias zal de vijanden verslaan en zijn heerlijk Vrederijk oprichten (9-12). Nu volgt het tweede hoofddeel van het boek (13-27), waarin het oordeel over de omliggende volken (vooral over de nieuwe vijand Babel) én de ballingschap van Israël worden aangekondigd, maar ook het toekomstig herstel van Gods volk. De boze machten in de hoge en de koningen op aarde worden geoordeeld, maar dan wordt de sluier die over de volken lag, weggenomen, er is zegen voor hen op Sion, de opstanding uit de doden komt in het vizier, en Israël wordt weer aangenomen (24-27). In het derde hoofddeel (28-35) worden in verschillende profetieën de aanvallen van de volken op het volk van God beschreven en de geestelijke lessen voor Israël daarin, maar elke profetie eindigt door Gods goedheid met de Messiaanse heilstaat en de volle zegen voor Israël. Het volgende deel (36-39) is puur historisch, maar is belangrijk om de aanleiding tot de verschillende profetieën te begrijpen; de aanval van de Assyriër en de ziekte en genezing van koning Hizkia wijzen bovendien zinnebeeldig vooruit naar de laatste dagen. Het laatste hoofddeel van het boek beschrijft Gods grote twistgeding met zijn volk, ten eerste vanwege hun afschuwelijke afgoderij - waarbij tevens het oordeel over Babel (de bakermat van de afgoderij) door middel van Cyrus de Pers wordt vermeld - (40-48) en ten tweede vanwege hun (toen nog toekomstige) verwerping van de Messias, de lijdende Knecht van Jahweh (49-57); de vier ontroerende profetieën over Jezus Christus als deze Knecht (ook al in 42; verder 49,50 en 52/53), vooral de laatste, vormen hoogtepunten in dit boek! In de epiloog (58-66) vinden we nieuwe vermaningen tot Israël en opnieuw de heerlijkheid van het ware volk van God in de eindtijd.

Het boek *NAHUM* brengt de verontwaardiging van God jegens de machten in deze wereld tot uitdrukking; ze zullen worden neergeslagen, en hierbij wordt dan vooral aan Ninevé (de Assyriërs) gedacht. Het zal nooit meer hersteld worden, maar Juda zal verlost worden.

De profeten kort voor en tijdens de ballingschap

Het boek *SEFANJA* kondigt de voor de deur staande oordelen over het land aan vanwege alle ongerechtigheid, huichelarij en afgoderij; die grote en geduchte „dag van Jahweh" zal ook de volken van rondom treffen. Maar dan onderscheidt de profeet in Jeruzalem een arm en ellendig overblijfsel dat zijn hoop gesteld heeft op Jahweh, roept het op te wachten op Hem en verbindt dan - zoals we steeds weer in de profetieën zien - hun lot met de eindtijd: de gelovigen uit de volken en het geestelijk en nationaal herstel van Israël worden voorzien en God zal rusten in zijn liefde voor Jeruzalem en het tot een naam stellen onder alle volken.

Het boek *HABAKUK* geeft ons heel persoonlijke ervaringen van de profeet, die gebukt gaat onder de ongerechtigheid van Gods volk. God toont hem hoe Hij die zonden zal straffen: door de Chaldeeën (Babel);

maar nu lijdt de profeet nog meer door zijn liefde voor en deernis met het volk en klaagt hij de Chaldeeën aan vanwege hún zondigheid. Het antwoord van God is dat Hij ook hen zal oordelen en dat de rechtvaardige intussen door geloof moet leven; de dag van Jahweh zal komen en de aarde vervuld worden met de kennis van zijn heerlijkheid. De profeet begrijpt de les: Gods woorden maken hem geestdriftig, hij herinnert zich Gods vroegere uitreddingen en verheugt zich in Jahweh, ook al is er nú van verlossing nog niets te zien.

Het boek *JEREMIA* beschrijft de aangrijpende, lange geschiedenis van de profeet en zijn moedige profetieën, uitgesproken onder verschillende opeenvolgende regeringen in Juda, totdat hij de smartelijke val van Jeruzalem meemaakt en met een deel van het berooide volk naar Egypte trekt. Zijn hele leven is één lange waarschuwing aan Juda met het oog op het naderend oordeel vanwege de zonden van het volk. Dit oordeel is niet meer te vermijden en zal door de Babyloniërs worden uitgevoerd; diegenen onder het volk die werkelijk berouw hebben en zich willen voegen onder het onafwendbare oordeel van God, kunnen maar één ding doen en dat is overlopen naar Babel, terwijl de laatste koning, Zedekia, steeds weer de vermaning krijgt de stad over te geven in handen van de belegeraars. Diens weigering leidt tenslotte tot diens val en de totale verwoesting van de stad. Het boek wordt steeds onderbroken door schokkende episoden uit het leven van Jeremia (o.a. 7, 11, 13, 18-22, 26-29, 32, 34-44), maar vooral ook door schitterende messiaanse profetieën: over het herstel van het bekeerde volk (3), over de „Spruit" uit het geslacht van David (23) en over de onwankelbare liefde van God jegens de twaalf stammen: hun zekere herstel onder de Zoon van David, het nieuwe verbond met hen in de eindtijd en hun zegenrijke toekomst in een hersteld land en een herstelde stad (30-33). Na de historie van Zedekia, de val van de stad en de vlucht naar Egypte (waar het volk nog steeds hardnekkig vasthoudt aan de afgoderij) volgt tot slot een aantal oordeelsaankondigingen over de volken en over Babel zelf (46-51): hoofdstuk 52 is een historisch aanhangsel.

Het boek *KLAAGLIEDEREN* omvat de treurzangen van Jeremia over de ondergang van Israël (als het erkende volk van God) en Jeruzalem (als de stad waar God zijn naam had doen wonen). De grootste smart voor de ware gelovige is dat het Gods eigen volk, zíjn altaar en zíjn huis zijn, die moesten worden geslagen; maar hij erkent dat Gods gerechtigheid niet anders kon doen gezien de toestand van het volk. Het is dus een zeer tragisch boek - maar het vertrouwen op God en de hoop op herstel ontbreken niet.

Het boek *EZECHIEL is* geschreven door een profeet die priester in Jeruzalem was, maar de eerste deportatie (onder koning Jojachin) naar

Babel meemaakte en zich daar vestigde aan de rivier de Chebar, waar hij minstens tweeëntwintig jaar profeteerde onder de ballingen, zowel voor als na de val van Jeruzalem onder Zedekia. Wat Jeremia deed in Juda, deed Ezechiël in Babel: het volk erop wijzen dat de catastrofe het gevolg was van hun eigen zonden. Het eerste deel van het boek (1-24) omvat de profetieën van vóór de val van Jeruzalem. Zij beginnen met de visioenen van de profeet over de heerlijkheid van Jahweh, over de aanstaande verwoesting van stad en land, over de afgoderij zelfs in de tempel en over het wegtrekken van de heerlijkheid van Jahweh uit de tempel en de stad (1-11). Ernstige waarschuwingen volgen er tegen de leiders en de valse profeten, tegen de stad en tegen de opeenvolgende koningen van Juda (12-19). Belangrijk is dat de profeet er de nadruk op legt, dat Juda zich in dezelfde positie heeft gemanoeuvreerd als het Tienstammenrijk en daarom hetzelfde lot zal ondergaan (20-24). Maar ook de omliggende goddeloze volken zullen de oordelen van Jahweh door de hand van Nebukadnessar niet ontgaan (25-32). Dan volgen er echter machtige messiaanse voorzeggingen (33-39): de behoudenis van de enkelingen op persoonlijk geloof, de aankondiging van de ware Herder: de Messias, de Zoon van David, de verwoesting van de aartsvijand Edom en het herstel en de wedergeboorte van Israël, hun nationaal en geestelijk ontwaken en de hereniging van de tien en de twee stammen, en de vernietiging van de laatste vijand: Gog en Magog. Het boek eindigt met een beschrijving van de nieuwe tempel en van het herstel van de orde in het land (40-48).

▲ Jeremia klaagt over de val van Jeruzalem (Rembrandt).

Het boek *DANIEL* heeft een heel eigen karakter; ten eerste doordat het verdeeld is in een historisch (1-6) en een profetisch (7-12) gedeelte, en ten tweede doordat het zich niet zozeer bezighoudt met het lot en de toekomst van Israël, maar met die van de vier wereldrijken die er achtereenvolgens zouden zijn in de tijd dat Israël niet meer openlijk het volk van God zou zijn. Daniël maakt twee van de rijken gedeeltelijk zelf mee: het Babylonische en Medisch-Perzische rijk, en hij profeteert ook over het nog komende Grieks-Macedonische en Romeinse rijk. Door zijn grote wijsheid verkeert hij steeds als raadsman en regeerder aan het hof van de opeenvolgende machthebbers, maar hij houdt zich vrij van de onreinheden van de heidenen (1). De vier wereldrijken worden eerst voorgesteld in de vorm van één groot beeld (getoond aan Nebukadnessar in een droom), dat vernietigd wordt door het Rijk van Christus (2). Ten tweede ziet hij de vier rijken zelf in een droom, maar nu in hun ware karakter: als vier beesten, opnieuw verdelgd door het Rijk van de „Zoon des mensen" (7). Verweven met de geschiedenis van deze rijken zien we die van het verworpen Israël, met de hoop op herstel; de engel Gabriël bevestigt deze hoop door de profetie van de „zeventig weken" over Israël en Jeruzalem (9). Het boek besluit met naar dit herstel vooruit te wijzen (12).

De boeken van na de ballingschap

Het boek *KRONIEKEN* (weer bestaande uit twee delen) behandelen we hier, omdat het na de ballingschap geschreven is en met de boeken Ezra en Nehemia één geheel vormt. Het eerste boek (I Kronieken) grijpt echter helemaal terug tot Adam; het begint namelijk met de belangrijkste geslachtsregisters van Israël (1-9) en beschrijft dan de geschiedenis van koning David en van zijn nakomelingen op de troon in Jeruzalem. Het hele werk is kennelijk geschreven om de joden die uit de Babylonische ballingschap waren teruggekeerd naar Jeruzalem de mooie zijden van hun vroegere geschiedenis voor te stellen: die zijden waaraan Gód graag terugdacht. Daarom horen we hier over het Tienstammenrijk en over de fouten van David, Salomo en de volgende koningen alléén datgene wat strikt noodzakelijk is om deze lijn van Gods genade in de vroegere geschiedenis te begrijpen. Zo horen we in het eerste boek niets over Davids overspel en moord en over zijn vlucht voor Absalom, maar wél uitvoerig over de invoering van de ark des verbonds in Jeruzalem (13-16), over zijn helden en heldendaden (11, 12, 18-20) en over zijn voorbereidingen tot de tempelbouw (17, 21-29). De Godsregering in Israël, gerepresenteerd in het Davidische koningschap en de eredienst (ark en tempel), vormt de kern van het boek. Het tweede boek volgt dezelfde lijn. Het beschrijft de geschiedenis van de koningen uit het huis van David, vanaf Salomo tot aan de ballingschap. Grote nadruk wordt gelegd op de tempelbouw door Salomo (2-8) in plaats van op de persoonlijke en vaak minder fraaie gebeurtenissen uit het leven van Salomo die we in I Koningen vinden. Vervolgens wordt vooral de nadruk gelegd op de regeringen van die koningen die God bijzonder trouw gediend hebben en de eredienst van Jahweh in het land bevorderden, namelijk Asa (14-16), Josafat (17-21), de reformatie door de priester Jojada tijdens koning Joas (22-24), Amazia (25), de opwekking onder Hizkia (29-32) en de opwekking onder Josia (34, 35). Het verval van Juda en de uiteindelijke val van Jeruzalem worden zeer kort beschreven, terwijl het boek eindigt met Cyrus' proclamatie van het einde van de ballingschap en de terugkeer naar Juda (36).

Het boek *EZRA* begint met precies dezelfde woorden waar 2 Kronieken mee eindigt. Het geeft ons de details van vooral het religieuze (ook politieke) herstel van de joodse natie na de Babylonische ballingschap. De eerste ballingen keren terug onder leiding van Zerubbabel en Jozua (3) en hebben de moed in Jeruzalem het altaar te herstellen: het hart van de eredienst van Jahweh. De offers worden weer ingesteld en het loofhuttenfeest gevierd. Dan wordt de herbouw van de tempel aangevat, zij het onder tegenstand van de vijanden, zodat het werk meermalen voor langere tijd onderbroken wordt (3-5). De profeten Haggaï en Zacharia moedigen daarom het volk aan de bouw te hervatten en de koning van Perzië ondersteunt dit, zodat het werk gereedkomt, de nieuwe tempel ingewijd en het Paasfeest weer gevierd wordt (5, 6). Vele jaren later arriveert een nieuwe groep ballingen in het land onder leiding van de priester-schriftgeleerde Ezra (7, 8). Deze brengt het ordeloze volk krachtdadig terug tot de aloude wet van Mozes (9, 10).

Het hoek *NEHEMIA* sluit direct op het voorafgaande aan. Nehemia is in dienst van de koning van Perzië (Arthaxerxes 1), maar hij verlangt ernaar dat naast het altaar en de tempel ook de eigenlijke stad Jeruzalem met haar muren herbouwd zal worden. Hij krijgt hiervoor toestemming van de koning en brengt het zware werk onder veel tegenstand van de Samaritanen geheel ten uitvoer (I-7). De trouw van Nehemia en zijn vertrouwen op Jahweh springen daarbij bijzonder in het oog. Vervolgens wordt de hervorming onder Ezra en Nehemia beschreven; Ezra leest de hele wet voor aan het volk en het verbond wordt vernieuwd (8-10). Er volgen lijsten van de inwoners van Jeruzalem en van de priesters en Levieten en een beschrijving van de inwijding van de stadsmuur (11, 12). Na twaalf jaar brengt Nehemia een tweede bezoek aan het land en moet opnieuw optreden om de wet van

Mozes te handhaven (13).

Het boek *ESTER* geeft een treffend getuigenis van Gods voorzienige zorg voor zijn volk, terwijl dit in den vreemde verkeert en niet meer openlijk Gods volk is. Daarom is het een zorg die God aan hen besteedt terwijl Hij voor hen verborgen is; zijn naam wordt in dit boek zelfs niet eens genoemd, en dat is kenmerkend. Zijn voorzienigheid brengt de jonge joodse vrouw Ester aan het Perzische hof, waar zij gelegenheid krijgt de dreigende uitroeiing van haar volk te voorkomen. De belager van haar volk, Haman, wordt opgehangen, haar neef, Hamans vijand Mordekai, krijgt een hoge positie en de joden wreken zich op hun vijanden.

Het boek *HAGGAI* is het eerste van de drie profetische boeken van na de ballingschap. We kwamen de profeet al tegen als één die het volk aanmoedigde de herbouw van de tempel te voltooien; hier vinden we zijn woorden. Na de voltooiing verklaart Haggaï, dat God met het volk zou zijn met zijn woord en met zijn Geest en eenmaal hemel en aarde zou doen beven; dán zouden de heidenen komen tot de Messias en zou de tempel pas met ware heerlijkheid vervuld worden. Zerubbabel was van deze Messias de voorafschaduwing.

Het boek *ZACHARIA* bestaat uit twee delen: het eerste deel (1-6) omvat acht verschillende visioenen, waarvan het lot van Jeruzalem het thema is, speelbal als de stad is in de handen van de vier elkaar opvolgende en verdrijvende wereldrijken (voorgesteld als „horens" en als „wagens"; I, 6). Maar ook ziet de profeet het oordeel over deze volken en het herstel van de stad in zijn oude glorie onder de Messias, de „Spruit" (3,6). Jeruzalem wordt gerechtvaardigd in de persoon van de hogepriester Jozua (3), het herstelde koning- en priesterschap worden voorgesteld als voorafschaduwing van de Messias, de Koning-Priester (4, 6) en de goddeloosheid en afgoderij veroordeeld (5). Het tweede deel (7-14) omvat drie godsspraken, en ook hier zijn Jeruzalem en de Messias het onderwerp. Het eerste onderdeel (7, 8) geeft een prachtige beschrijving van Jeruzalems toekomstig herstel onder de Messias, maar het tweede deel (9-11) stelt diezelfde Messias voor in zijn vernederde staat die Hij heeft bij zijn eerste komst; na zijn verwerping wordt Israël overgegeven in handen van een „dwaze herder". De laatste godsspraak (12-14) beschrijft Jeruzalems verlossing bij de tweede komst van Christus, de bekering en verzoening van de getrouwen en de glorieuze eindtoestand van de stad en haar bewoners.

Het boek *MALEACHI* toont ons het grote morele verval van het volk na de terugkeer uit Babylon, ondanks Gods verkiezende liefde. De trouweloze offeraars, de onwaardige priesters en het onheilige volk worden scherp terechtgewezen. Dan wordt (in dit laatste boek van het

Oude Testament!) de komst van Johannes de Doper (de directe voorloper van Christus) voorzegd en daarna die van de Messias zelf, die het volk zal ziften door het oordeel, de getrouwen zal sparen en over hen zal opgaan als de Zon der Gerechtigheid ter genezing. Het Oude Testament eindigt met de verwijzing naar zijn twee grootste mannen: een oproep om terug te keren tot de wet van Mozes en de aankondiging van de profeet Elia (= Johannes de Doper) om hen te bekeren, opdat het oordeel hen niet zal treffen.

De dichterlijke en de wijsheidsboeken

In het hart van het Oude Testament vinden we vijf boeken die wat hun diepte, wijsheid en schoonheid betreft, het allerbeste uit de hele wereldliteratuur vormen en die we hier apart behandelen.

Het boek *JOB* behandelt de geschiedenis van de rijke maar godvrezende man Job, die onder Gods toelating door satan van alles beroofd wordt, zelfs van zijn gezondheid, en samen met zijn vrienden worstelt met het grote probleem waarom een rechtvaardig God een rechtvaardig mens onschuldig zozeer laat lijden in deze wereld. Het boek laat ons de macht van satan zien, maar ook de voorzienigheid van God, die lijden toelaat en gebruikt tot opvoeding van de rechtvaardigen en bepaald niet alleen tot bestraffing van schuldigen, zoals de vrienden menen. Alleen de vierde vriend, Elihu (32-37), begrijpt daar iets van, maar het is tenslotte Jahweh zelf die Job antwoord geeft (38-41). Nu pas leert Job God werkelijk kennen en verootmoedigt hij zich over zijn vermetelheid God ter verantwoording geroepen te hebben. Hoewel Job al tijdens de aartsvaders geleefd moet hebben, behandelt het boek een universeel probleem dat in alle tijden actueel is.

Het boek *PSALMEN* is een verzameling van 150 liederen, gebeden en onderwijzingen die de uitdrukking zijn van de smartelijke, blijde, angstige, hoopvolle, wanhopige, vertrouwende en verrukte gevoelens van de oudtestamentische gelovigen en daarmee in menig opzicht van de gelovigen uit alle tijden. Het hele werk is verdeeld in vijf boeken. In het eerste boek (1-41) vinden we te midden van het goddeloze volk een getrouw en rechtvaardig overblijfsel dat zijn hoop stelt op de Messias die we hier ontmoeten als de Zoon van God (2), de Zoon des mensen (8), de nederige Mens (16), de lijdende en verheerlijkte Knecht (22) en het ware Offer (40). In het tweede boek (42-72) vinden we het lijden van de getrouwen en dat van Christus (vooral 69) en tenslotte zijn verheerlijking en regering (72). Het derde boek (73-89) noemt niet alleen Juda en Sion, maar maakt bespiegelingen over héél Israël (de twaalf stammen) en zijn geschiedenis vanaf het begin (zie 78). Het vierde boek (90-106) beschrijft vooral de onwankelbare regering van

Jahweh, zoals die gevestigd wordt in de Messias na diens lijden, sterven en opstanding (kern: 102); dit betekent de uiteindelijke verlossing van Gods volk op grond van zijn beloften aan de vaderen (105, 106). Het vijfde boek (107-150) gaat hier verder op in, toont Christus aan Gods rechterhand (110) en het herstel van het volk: zijn opgang naar Jeruzalem, voorgesteld in de bedevaartsliederen (120-134) en tenslotte het grote „Hallel", een serie machtige lofprijzingen (146-150).

Het boek *SPREUKEN* toont ons de wijsheid van Gods gezag tegenover de eigenwil, de verdorvenheid en gewelddadigheid in de menselijke natuur. Het eerste deel toont het algemene beginsel en stelt ons Christus voor als de ware Wijsheid van God, die haar welgevallen vindt in de mensenkinderen, en dat reeds van vóór het ontstaan van de wereld (1-8). Het overige van het boek werkt dit uit voor allerlei levensomstandigheden (9-29), terwijl we na deze woorden van Salomo nog de spreuken van Agur en van koning Lemuël vinden (30, 31). Het hele boek toont ons hoe de gelovige de valstrikken in deze boze wereld kan vermijden zonder eerst al de ongerechtigheid in die wereld zelf te hoeven leren kennen.

Het boek *PREDIKER* beschrijft de poging van een wijs man de zin van de dingen te begrijpen en waar geluk te vinden door zich te beperken tot wat „onder de zon" is (de zichtbare dingen). Het resultaat van dit onderzoek is dat alles „ijdelheid" blijkt te zijn (zinloos en hopeloos) zolang men God erbuiten laat. De betekenis van het leven wordt pas duidelijk, wanneer men erkent dat God aan het eind van dat leven zal beoordelen in hoeverre het met zijn wet in overeenstemming was. Het boek laat ons zien dat de wijsheid van de mens zonder God dwaasheid is en dat God de zin aan het leven geeft.

Het boek *HOOGLIED* tenslotte is een verzameling van prachtig mooie liefdesliederen van koning Salomo en zijn Sulammitische bruid, waarin de gelovigen bovendien een zinnebeeldige voorstelling gezien hebben van de verhouding tussen God (c.q. Christus) en zijn volk. Er is een geestelijke opklimming in het boek, waarin de individuele gelovige veel van zijn geestelijke ervaringen ten opzichte van zijn Heer kan terugvinden, in zijn falen én in de groei van zijn aanhankelijkheid.

HOOFDSTUK 10

De inhoud van het Nieuwe Testament

Een oude zegswijze leert ons: het Nieuwe Testament is in het Oude verhuld, het Oude Testament is in het Nieuwe vervuld. Hebben we in het Oude Testament de beloften en de wet, in het Nieuwe zien we Hem die de vervulling zowel van de beloften als van de wet is. Zien we in het Oude Testament vanaf het begin de vooruitwijzing naar de Messias, die in vernedering het Offer voor de zonden en in verheerlijking de Heer over alle dingen zou zijn, in het Nieuwe zien we Jezus van Nazaret die volmaakt alle profetieën over zijn Persoon vervuld heeft, geleden heeft en gestorven is, uit de doden is opgewekt en verheerlijkt is aan Gods rechterhand in de hemel, vanwaar Hij de Heilige Geest gezonden heeft en vanwaar Christus zal wederkomen om te oordelen de levenden en de doden. Evenals in hoofdstuk 9 geven we ook nu een kort overzicht van de verschillende boeken, min of meer in een chronologische volgorde, en vermelden eerst enkele algemene bijzonderheden daarvan in een tabel.

boek	*aard*	*auteur*	*geadresseerden*	*datum*	*plaats*
Matteüs	Evangelie	Matthéüs	joodse christenen?	50-70	Palestina? (Antiochië?)
Marcus	Evangelie	Marcus	heiden-christenen (in Rome?) (als tolk van Petrus?)	50-70	Rome?
Lucas	Evangelie	Lucas	Theofilus (+ heiden-christenen)	± 60	Caesaréa?
Johannes	Evangelie	Johannes	christenen (Klein-Azië?)	60x95	Efeze?
Handelingen	historie v/d apostelen	Lucas	Theofilus (+ heiden-christenen)	± 63	Caesaréa?
Galaten	brief	Paulus	gemeenten in Galatië	48/49	Antiochië
I Tessalonicenzen	brief	Paulus	gemeente in Tessalonica	50/51	Corinthe
2 Tessalonicenzen	brief	Paulus	gemeente in Tessalonica	50/51	Corinthe
I Korintiërs	brief	Paulus	gemeente in Korinte	55-57 (53-55)	Efeze
2 Korintiërs	brief	Paulus	gemeente in Korinte	56/57 (54/55)	Macedonië
Romeinen	brief	Paulus	gemeente in Rome	57/58 (55/56)	Corinthe
Filemon	brief	Paulus	Filemon (+ gemeente aan huis) (Kolosse)	62/63 (60/61)	Rome
Efeziërs	brief	Paulus	gemeente in Efeze	62/63 (60/61)	Rome
Kolossenzen	brief	Paulus	gemeente in Kolosse	62/63 (60/61)	Rome
Filippenzen	brief	Paulus	gemeente in Filippi	62/63 (60/61)	Rome
I Timoteüs	brief	Paulus	Timoteüs (Efeze)	63/66? (61-63?)	?

Titus	brief	Paulus	Titus (Kreta)	63-66? (61-63?)	?
2 Timoteüs	brief	Paulus	Timoteüs (Klein-Azië)	66/67 (63/64)	Rome
Hebreeën	brief	Paulus?	joodse christenen (Palestina)	kort voor 70	(indien Paulus:) Rome
Jakobus	brief	Jacobus	joodse christenen (Palestina)	45-62	Jeruzalem?
I Petrus	brief	Petrus	joodse christenen (Klein-Azië)	62-64	Babylon of
2 Petrus	brief	Petrus	joodse christenen	64-67	Rome?
I Johannes	brief	Johannes	de christenen in Klein-Azië	60-95	Efeze?
2 Johannes	brief	Johannes	de „uitverkoren vrouwe"	60-95	Efeze?
3 Johannes	brief	Johannes	Gajus	60-95	Efeze?
Judas	brief	Judas	de christenen	65-80	Jeruzalem?
Openbaring	profetie	Johannes	de zeven gemeenten in Klein-Azië	60-95	Patmos

De synoptische Evangeliën en Handelingen

Het Evangelie naar *MATTEÜS* toont door zijn openingswoorden al direct dat het de evangelist erom te doen is Jezus voor te stellen als de Messias, de Zoon van Abraham en de Zoon van David, degene in wie de beloften en profetieën vervuld zijn. We zien Christus hier als de Immanuël („God met ons") van God gekomen, te midden van zijn volk, waar Hij de tekenen verricht die zijn messiasschap bewijzen en het koninkrijk der hemelen op aarde aankondigt. Zijn volk verwerpt echter zijn getuigenis en zijn Persoon, en nu zien wij hoe Christus het zaad gaat uitzaaien in de akker („de akker is de wereld") en openbaart dat Hij zijn gemeente zal bouwen; deze zal niet meer beperkt zijn tot de joden maar uit joodse en heidense christenen bestaan. Dit Evangelie is dus een treffende overgang van het Oude naar het Nieuwe Testament. Achtereenvolgens vinden we Jezus' afstamming en geboorte en de voorbereiding tot zijn dienst, met steeds de nadruk op de vervulling van de profetieën (1-4: 11). Daarna zijn eerste werk in het noordelijke Galilea en zijn grote „bergrede" waarin Hij de beginselen van het Koninkrijk der hemelen uiteenzet (4: 12-7: 29). Dan wordt de macht van de Messias voorgesteld in de beschrijving van een aantal wonderen en in de uitzending van zijn discipelen die dezelfde tekenen verrichten (8-10). Maar de volgende geschiedenissen tonen de afwijzing van zijn voorloper Johannes de Doper en de verwerping en lastering van Christus zelf door het volk (11,12). Daarom tonen de daarop volgende zeven gelijkenissen het nieuwe karakter van het Koninkrijk der hemelen nu Christus Zich tot de hele wereld zal wenden (13). Wel gaat zijn dienst in Israël tot het einde door, maar Christus ontvouwt nu zijn plannen aangaande zijn gemeente en kondigt zijn lijden, sterven en opstanding aan (14-18). Nu volgt zijn (laatste) dienst in Judea: zijn verdere onderwijs, de intocht in Jeruzalem en de discussies

in de tempel (19-22). Na zijn grote „rede over de laatste dingen" volgen zijn lijdens- en opstandingsgeschiedenis en zijn laatste opdracht aan de discipelen in Galilea (23-28).

Het Evangelie naar *MARCUS* geeft ons eenvoudig maar met vaart de voortgang van Christus' dienstwerk op aarde en toont tegelijk aan dat deze nederige Dienstknecht en Profeet tevens de Zoon van God is (zie de openingswoorden). Zoals bij een Dienstknecht past vinden we hier geen afstamming en geboorte, en ook veel minder woorden en toespraken dan bij Matteüs, maar meer zijn wérk, dat Hij als de van God Gezondene aan Gods volk verricht. Tegelijk vinden we hier ook belangrijk onderwijs van de Dienstknecht aan hen die zijn dienstknechten willen worden en in zijn voetspoor willen treden om zijn verwerping én beloning te delen. Na een korte inleiding (1:1-13) vinden we de beschrijving van Jezus' dienstwerk in Galilea, rond de zee van Galilea, waar we Hem zeven wonderen van genezing zien verrichten (daarna horen we van geen algemene genezingen in Israël meer), onderwijs horen geven over de verborgen beginselen van het Koninkrijk van God en de tekenen van zijn macht en gezag zien (1: 14-5: 43). In de volgende fase horen we over verdere reizen in Galilea, de verdorven toestand van en de verwerping van zijn dienst door het volk en daarom de

▲ Jezus wast de voeten van zijn discipelen (Rembrandt, Rijksprentenkabinet).

aankondiging van het lijden vóórdat er van heerlijkheid sprake kan zijn; de discipelen geven er meermalen blijk van hoe moeilijk deze les te leren is (6-9). Nu volgt Jezus' dienst onderweg naar Judea, in Jericho en tenslotte in Jeruzalem (10-13). Daar vinden zijn lijden, kruisdood en opstanding op de derde dag plaats, en in Galilea geeft Hij zijn discipelen opdrachten en beloften (14-16).

Het Evangelie naar *LUCAS* is zeer universeel van karakter, d.w.z. richt zich in wezen tot de hele mensheid, en stelt Jezus dan ook voor als dé Zoon des mensen, de Mens van God voor alle mensen. God heeft in de méns een welbehagen en in Christus heeft Hij heil bereid dat tot alle volken komt (2: 14, 32v.). Voor een zóndige mensheid betekent dat in Jezus de genáde van God te leren kennen, en dit staat dan ook eveneens hier op de voorgrond (4: 22, en de gelijkenissen). Door zijn roerende tekening van Jezus' nederige mensheid en van de barmhartigheid van God die Hij ontvouwt (in het bijzonder aan sociale uitgeworpenen) geeft Lucas er treffend blijk van dat hijzelf de „geliefde geneesheer" is (Kolossenzen 4: 14). Na de proloog volgen de geschiedenissen van de aankondigingen en de geboorten van Johannes de Doper en Jezus Christus en van diens jeugd (I,2), alsmede de voorbereiding tot zijn dienst (zijn doop door Johannes en zijn verzoeking in de woestijn) (3-4: 13). Nu volgt zijn grote arbeid in Galilea (4: 14-9:50): de eerste openbaring van zijn reddende kracht, de roeping van zijn discipelen, zijn grote toespraak waarin Hij zijn taak en doel verklaart, zijn genade-betoning in Israël en de eerste aankondigingen van het lijden. Zeer uitvoerig volgt de beschrijving van de gebeurtenissen op zijn reis naar Jeruzalem (9:51-19:28): in de omgeving van Samaria (en de gelijkenis van de barmhartige Samaritaan), over de betekenis van luisteren naar het Woord, het gebed en de Heilige Geest, Jezus' gesprekken met de Farizeeën en de discipelen, de groei van de tegenstand tegen Hem, maar tevens de trouwe voortzetting van zijn barmhartig werk door wonderen en onderwijs. In het slotdeel (19:29-24:53) horen we van zijn intocht in Jeruzalem, de conflicten aldaar, zijn laatste rede, de Paasmaaltijd en de instelling van het Avondmaal, het verraad, de arrestatie, de processen, de kruisiging, de begrafenis, de opstanding, zijn verschijningen, de opdrachten aan de discipelen en zijn hemelvaart.

Het boek de *HANDELINGEN DER APOSTELEN* is Lucas' directe vervolg op zijn Evangelie en geeft ons de geschiedenis van de jonge kerk in Palestina, Klein-Azië en Europa. Het boek beperkt zich praktisch tot de dienst van de apostelen Petrus en Paulus en vermeldt bijvoorbeeld niet het ontstaan van de eerste gemeenten in Syrië en Egypte. Door de nadruk op Paulus' reizen verschaft het boek ons een

Petrus beveelt de lamme te lopen in Jezus' naam (Hand. 3: 1-10) , afgebeeld op een fresco van Masaccio in de Sta-Maria del Carmine te Florence.

belangrijke achtergrond voor het begrijpen van de brieven van Paulus (zie onder). Na een voorwoord, waarin Lucas het verband legt met zijn Evangelie, herhaalt hij de geschiedenis van Jezus' hemelvaart; daarna zien we de discipelen (nu apostelen) wachten op de uitstorting van de Heilige Geest en een vervanger voor de verrader Judas aanwijzen (1). Op de eerstvolgende Pinksterdag vindt de uitstorting plaats en daarmee de stichting van de christelijke gemeente (of kerk), die vanaf het begin een zeer snelle groei doormaakt, ondanks tegenstand en dankzij de grote ijver van de apostelen door de kracht van de Geest van God (2-5). Nu beginnen ook de vervolgingen met de marteldood van Stefanus (6,7), maar tevens de uitbreiding van de kerk tot Samaria en de kamerling van Ethiopië (8). Na de treffende bekering van Saulus (later Paulus genoemd) horen we van de verdere dienst van de apostel Petrus, die het werk nu uitbreidt tot de heidenen door de behoudenis van de Romeinse centurio Cornelius met zijn huis en de verstrooiing van de vervolgde gemeente tot in de heidenlanden; dit deel besluit met de marteldood van Jakobus, de broer van Johannes, en de bevrijding van Petrus uit de gevangenis (9-12). Nu volgen de drie zendingsreizen van de apostel Paulus die we hier opsommen, met vermelding van de brieven die hij onderweg schreef tussen vierkante haken:

(1) *Eerste reis* (13-15:39): het werk op Cyprus, in Pisidië (Klein-Azië), in de Galatische steden Iconium, Lystra en Derbe en de terugkeer naar Antiochië *[Galáten];* daarna de apostelvergadering in Jeruzalem ter bewaring van de eenheid der gemeenten t.a.v. de joodse wetten; terugkeer naar Antiochië.

(2) *Tweede reis* (15:40-18:22): nieuw bezoek aan Derbe en Lystra; roeping van Timoteüs; doorreis door Klein-Azië tot Troas toe; de oversteek naar Europa: het werk in Filippi, Tessalonica, Berea, Athene en Korinte [*1 en 2 Tessalonicenzen*]; kort bezoek aan Palestina en Antiochië.

(3) *Derde reis* (18: 23-21: 16): doorreis door Galatië en Frygië, lang verblijf in Efeze [*1 Korintiërs*] met veel vrucht én veel tegenstand; oversteek naar Macedonië [2 *Korintiërs*] en doorreis naar Griekenland; verblijf in Korinte [*Romeinen*]; terugkeer door Macedonië, oversteek naar Troas (opwekking van Eutychus), ontmoeting met de oudsten van Efeze op het strand van Milete; oversteek naar Tyrus, en via Caesarea naar Jeruzalem. (Sommigen plaatsen ook *Galaten* tijdens de derde reis.)

In Jeruzalem wordt Paulus gevangengenomen, verschijnt voor de joodse raad, voor de stadhouders Felix en Festus en voor koning Agrippa, en wordt dan gevankelijk naar Rome gevoerd [*Filemon, Efeziërs, Kolossenzen, Filippenzen; Hebreeën?* volgens sommigen deels al in gevangenschap in Caesarea geschreven]. Het boek eindigt met Paulus' verblijf en prediking in Rome. Waarschijnlijk is Paulus daarna vrijgelaten [*1 Timoteüs, Titus*] en na enkele jaren opnieuw gevangengenomen [2 *Timoteüs*] en onder keizer Nero onthoofd.

De vroegere brieven van Paulus

De brief aan de *GALATEN* is een zeer krachtig protest van Paulus tegen de ondermijnende invloed van judaïsten die de gemeenten wilden beroven van hun christelijke vrijheid door hun de wet van Mozes en de besnijdenis-plicht op te leggen en bovendien trachtten het apostelschap van Paulus in diskrediet te brengen. De brief bestaat uit drie delen: een historisch (1,2), een meer leerstellig (3,4) en een meer praktisch gedeelte (5,6). Paulus begint met een krachtige beklemtoning van zijn goddelijk apostelschap en een even krachtige vervloeking van de bedriegers die het Evangelie ontkrachten. Hij wijst erop dat hijzelf ook vroeger geijverd had voor de overleveringen van de vaderen, maar dat

God hem geroepen had om onder de heidenen te prediken en dat de andere apostelen hiermee ingestemd hadden, ja, hij had zelfs één van hen berispt omdat deze zelf niet consequent was in deze zaak waarin het ging om óf Christus óf de wet. In het leerstellige deel verklaart de apostel nader waarom een wettisch christendom verkeerd is. De Galaten waren immers geen christenen geworden door de wet maar door de Geest en door geloof, en ook de zegen die Abraham ontvangen had, was niet door de wet maar door geloof. De wet kon voor de zondaar slechts vloek brengen, maar Christus had die weggenomen door voor ons een vloek te worden. De wet had ook de belofte (die eerder was) niet tenietgedaan, maar was erbij gevoegd als een tuchtmeester om de mens van zijn zondigheid te overtuigen, totdat Christus zou komen. Nu Deze gekomen wás, moest de onmondigheid onder de wet plaats maken voor de vrijheid van verantwoordelijk zoonschap. Dit illustreert Paulus met een allegorische toepassing van de geschiedenis van Sara en Hagar en hun zonen. In het meer praktische slotdeel laat de apostel zien dat christelijke vrijheid besnijdenis en dus judaïsme uitsluit, maar tevens dat het geen losbandigheid mag betekenen: de vrijheid van de Geest staat tegenover de „vrijheid" van het vlees (de zondige natuur) en leidt tot medeleven met en hulp aan anderen. In de epiloog onderstreept Paulus het belang van de brief die hij ditmaal met zijn eigen hand geschreven heeft en stelt hij de valse motieven van de misleiders tegenover zijn eigen roemen in het kruis van Christus alleen; hij eindigt met slechts een algemene groet.

De *eerste* brief aan de *TESSALONICENZEN* is het antwoord van Paulus op het nieuws dat Timoteüs (zijn reisgenoot en medewerker) hem vanuit Tessalonica bracht en waarin hij enerzijds de Tessalonicenzen prijst voor hun volharding en anderzijds terechtwijst vanwege bepaalde dwalingen en punten van wanbegrip, met name ten aanzien van de wederkomst van Christus. Hij begint met een dankzegging voor hun getuigenis en toewijding aan God en hun verwachting van de komst van zijn Zoon. Hij herinnert hen eraan hoe hij onder hen gearbeid had en hoe zij bereidwillig, zij het onder verdrukking, zijn woord als Gods Woord hadden aangenomen. Hij schrijft hoe hij naar hen verlangt en hoe blij hij was met het goede nieuws over hen en bidt voor hun verdere groei (1-3). In de tweede helft van de brief geeft hij praktische vermaningen inzake huwelijksreinheid, broederliefde en eerlijke arbeid. Dan gaat hij in op het probleem of degenen die voor de komst van Christus gestorven waren, die komst nu wel mee zouden maken en verzekert hun dat zowel de gestorven als de levende gelovigen erbij zouden zijn, wanneer de Heer zou komen om zijn gemeente tot Zich te nemen. Ook maakt hij duidelijk dat de tijd van Christus' wederkomst verborgen is, maar dat die komst een onverwacht oordeel voor de ongelovigen zou betekenen; maar de gelovigen zouden niet in dat oordeel komen en moesten waken en nuchter zijn. De brief eindigt met verschillende praktische vermaningen en groeten.

De *tweede* brief aan de *TESSALONICENZEN* is het antwoord van Paulus, kort na de eerste brief, op de misvatting van de gemeente in Tessalonica als zou de „dag des Heren" (de oordeelsdag van Christus) al gekomen zijn. Daarom begint de apostel zijn uiteenzetting met erop te wijzen dat de Tessalonicenzen nu wel zware geloofsvervolgingen te verduren hadden, maar die waren geen teken dat de oordeelsdag gekomen was, want dán zou het precies omgekeerd zijn: dan zouden de gelovigen beloond en de verdrukkers zelf verdrukt worden op de dag van Christus' wederkomst (1). Die „dag des Heren" kón ook nog niet gekomen zijn, want die moest eerst voorafgegaan worden door de „afval" en het te voorschijn treden van de leider in de grote afval: de „mens der zonde" (of: „zoon des verderfs" „de wetteloze"; d.i. de Antichrist), die velen zou verleiden maar door Christus bij diens komst vernietigd zou worden (2). De brief besluit met verdere dankzegging en vermaningen i.v.m. voorbede, ongeregelde levenswandel en ongehoorzaamheid, en tenslotte een eigenhandig geschreven groet (als een soort waarmerk) van Paulus.

De *eerste* brief aan de *KORINTIERS is* in werkelijkheid de tweede brief, want Paulus had al eens eerder een (kennelijk verloren gegane) brief geschreven waarin hij de Korintiërs had gewaarschuwd geen omgang met immorele lieden te hebben (zie 5: 9), maar dit was kennelijk verkeerd begrepen. Sindsdien had hij tevens drie broeders uit Korinte ontvangen (16: 17) die een brief uit hun gemeente meebrachten waarin een aantal problemen geformuleerd waren (7: 1). Op al deze kwesties gaat de apostel in zijn brief in. Na de opening met dankzegging behandelt hij eerst de hem berichte wantoestanden in Korinte: de geest van verdeeldheid en partijzucht (waartegenover hij de dwaasheid van het kruis en de ware aard van christelijke bediening stelt, met zichzelf als voorbeeld) (1-4), de niet-geoordeelde onzedelijkheid in de gemeente (5,6) en het beslechten van onderlinge twisten voor heidense rechters (6). In het tweede deel van de brief behandelt hij de problemen die de Korintiërs hem voorgelegd hebben: de kwestie van het al of niet trouwen (7), van aan de afgoden gewijd vlees en het al of niet eten daarvan, waaraan de apostel een belangrijke uiteenzetting over de „tafel des Heren" (de Avondmaalsviering) verbindt (8-10), van de houding en de kleding der vrouwen en de onordelijkheden tijdens de gemeentelijke eredienst (11), van de geestelijke „genadegaven" en de ordelijke - en vooral door de liefde gedreven! - uitoefening daarvan in de samenkomsten (12- 14) en de belangrijke leerstellige kwestie van de opstanding, waarbij het hele christelijke geloof in geding was (15). De apostel besluit met praktische wenken, mededelingen en groeten (16).

De *tweede* brief aan de *KORINTIERS* is eigenlijk de derde (zie boven), of misschien zelfs de vierde als hoofdstuk 2:4 (vgl. 7:8) betekent dat Paulus intussen nog een andere (de „tranenbrief') geschreven had; maar het vers kan ook op I Korintiërs doelen. Paulus wachtte met spanning op zijn medewerker Titus die hem nieuws uit Korinte moest brengen; in Macedonië vond hij hem en hij was zo verrukt over het goede nieuws dat hij onmiddellijk de onderhavige brief schreef (zie 2: 12,13; 7:5-16). De brief opent met de gebruikelijke groet en de dankzegging voor de troost in de recente verdrukkingen. Dan volgt het hoofddeel van de brief (1: 12-7: 16), waarin Paulus een uitvoerige verdediging van zijn apostolische bediening geeft: van het nut van zijn wisselende plannen en van het karakter van zijn dienst (3-7). Het is de dienst van het nieuwe verbond dat nog zoveel heerlijker is dan het oude verbond onder Mozes (3); een dienst die een geweldige schat mag uitdragen, hoewel de dienaren slechts „aarden vaten" zijn die verbroken moeten worden (4); een dienst die verricht wordt in het licht van de rechterstoel van Christus en Gods aanbod tot verzoening in Christus omvat (5); een dienst die Paulus zelf onder veel verdrukking had uitgevoerd - hij hoopte dat ook de Korintiërs de rechte weg mochten bewandelen, gescheiden van het kwaad (6); dan volgt het al genoemde verslag van de ontmoeting met Titus (7). In het volgende deel (8,9) spreekt Paulus over de nodige collecte voor de armen in Judea. In het derde hoofddeel (10-13) geeft Paulus een meer persoonlijke verdediging van zichzelf als apostel: hij verweert zich tegen hen die zijn gezag aantasten (10), hij weerlegt hun argumenten en toont hoeveel gewicht Christus aan zijn apostelschap heeft gegeven, doordat hij zoveel voor Hem heeft mogen lijden (11), ja, doordat hij unieke openbaringen heeft ontvangen (12). Hij eindigt met ontboezemingen over zijn voorgenomen komst en de bekende zegenbede (12, 13).

De brief aan de *ROMEINEN* richt zich tot een gemeente die niet door Paulus (en waarschijnlijk door geen enkele apostel) gesticht was en waar Paulus ook nooit geweest was, hoewel hij dat graag gewild had (1:13; 15:22,23); hij schrijft zijn brief omdat hij ernaar verlangt de Romeinse gelovigen toch te dienen met het Evangelie (1: 15) en om zijn voorgenomen bezoek op doorreis naar Spanje aan te kondigen (15:24-29). Waarschijnlijk had de apostel ook over problemen in Rome gehoord, met name tussen de joodse en de heidense christenen, hetgeen voor hem aanleiding is tot een zeer fundamentele uiteenzetting over de mens in zijn persoonlijke verantwoordelijkheid tegenover God: „Hoe kan de mens rechtvaardig zijn bij God?" (Job 9:2, Statenvertaling). Na de inleiding (I) volgt het grote leerstellige hoofddeel (1:16-8:39), waarin Paulus betoogt dat de mens (zowel jood als heiden!) van nature faalt tegenover God: hij bezit geen enkele „gerechtigheid" in zichzelf (1: 16-3: 20). Gerechtigheid bezitten (= rechtvaardig zijn voor God) kan alleen door geloof in het verlossingswerk van Christus, op grond waarvan God de zonden rechtvaardig kan vergeven; dit illustreert Paulus met het voorbeeld van Abraham die eveneens buiten de wet en de besnijdenis om gerechtvaardigd werd door geloof alleen - geloof dat vertrouwt op God die leven uit de dood kan schenken, zoals Hij voor óns bewezen heeft in de opwekking van Jezus Christus (3: 21-4: 25). Aan deze rechtvaardiging door geloof zijn grote zegeningen verbonden, en nog rijker wordt dit als we zien dat niet alleen de zonden vergeven zijn, maar wij ook verlost zijn van de macht van de zonde in ons; daardoor horen we nu tot de „familie" van Christus, niet meer tot die van Adam (5). Dit wordt nu toegepast op het praktische geloofsleven: doordat wij in feite mét Christus gestorven zijn aan het kruis, heerst de zonde niet meer over ons (haar macht is op het kruis gebroken) maar zijn wij slaven van God geworden (6), ja, om dezelfde reden zijn we ook niet meer onder het juk van de wet (7), maar leven wij voor Christus door de kracht van de Geest waardoor wij zonen en erfgenamen van God zijn, een machtige hoop vóór ons hebben en nu al de steun en de liefde van de Geest, van God en van Christus ervaren (8). In het tweede hoofddeel (9-11) behandelt Paulus de vraag hoe in dit alles nu de bijzondere positie van Israël te plaatsen is: hij behandelt het feit, de juistheid en de eigenlijke oorzaak van de verwerping van Israël, waardoor de weg vrij werd voor de invoering van de heidenen in Gods zegeningen, maar ook het feit dat Israëls verwerping maar gedeeltelijk is en dat God het volledige herstel van Israël beoogt. Het derde hoofddeel (12-16) omvat praktische vermaningen over de houding van de gelovigen tegenover God, tegenover andere gelovigen en álle mensen (12), tegenover de overheid en de naaste (13) en tegenover de „zwakken" die de christelijke vrijheid nog niet ten volle verstaan (14,15). De brief eindigt met uitvoerige plannen en omvangrijke groeten, enkele laatste vermaningen en een prachtige lofprijzing (15,16).

De latere brieven van Paulus

De brief aan *FILEMON* werd geschreven nadat Paulus in zijn gevangenschap in aanraking gekomen was met Onesimus, een gevluchte slaaf van Filemon. Paulus stuurde hem, nadat Onesimus tot geloof gekomen was, terug naar zijn reeds gelovige meester in Kolosse met deze brief, waarin Paulus verzoekt dat Filemon zijn slaaf zal ontvangen en vergeven; Paulus belooft het financiële verlies dat Filemon geleden heeft, te zullen vergoeden. Onesimus wordt vergezeld van Tychicus, een medewerker van Paulus, die de volgende twee brieven bij zich draagt.

De brief aan de *EFEZIERS* handelt niet over bepaalde problemen in Efeze (mede omdat in bepaalde oude handschriften de woorden „te Efeze" in 1:1 ontbreken, heeft men daarom wel aan een rondzendbrief voor verschillende gemeenten in Klein-Azië gedacht, mogelijk voor Laodicea; zie Kolossenzen 4: 16) maar geeft hier een zeer verheven en leerstellig zeer diepgaande verhandeling over de bijzondere positie en voorrechten van de christelijke gemeente in haar verbinding met haar verheerlijkte hoofd Jezus Christus in de hemel. De brief begint kenmerkend met een lofprijzing aan God die ons in Christus gezegend heeft met alle geestelijke zegening „in de hemelse gewesten" (hier gaat het dus om de typisch hémelse zegen van de christen!), die wij bezitten als uitverkoren zonen, verlost door Christus' bloed, die ook met Hem erfgenamen geworden zijn en daarvoor de Geest als onderpand ontvangen hebben; in een gebed drukt Paulus zijn verlangen uit dat zijn lezers de wijsheid zullen bezitten de rijkdom van deze openbaring te verstaan, vooral de kracht waarmee God Christus heeft opgewekt en verheerlijkt en waarmee Hij ook ons met Hem heeft opgewekt en ín Hem gezet heeft in de „hemelse gewesten". Dit is onze hoogste christelijke positie (1-2:10). Nu gaat de apostel nader in, na de individuele, op de meer collectieve zegeningen; de heidenen, vroeger veraf staande en vreemdelingen, en de joden, vroeger door de wet van de andere volken gescheiden, waren nu voorzover zij gelovigen waren in één gemeente (één „lichaam") samengevoegd. De openbaring van deze nieuwe zaak, in vorige eeuwen een geheimenis, was aan Paulus voorbehouden, die in het licht stelt hoe rijk Gods eeuwige plannen met die gemeente zijn; dit voert tot een tweede gebed, waarin Paulus bidt dat de Christus die het hart van deze plannen vormt, ook in de harten van de gelovigen zou mogen wonen (2: 113: 21). Het tweede deel van de brief is meer de praktische toepassing van deze leringen (4-6) en handelt over de handhaving van de eenheid, de verschillende gaven in de gemeente, het oude en het nieuwe leven en de uitwerking daarvan op de medegelovigen, in huwelijk en gezin en in arbeidsverhoudingen; voor de verwerkelijking hiervan moet de gelovige de „hele wapenrusting van God" aantrekken. Met enkele praktische opmerkingen en een zegenbede besluit de brief.

De brief aan de *KOLOSSENZEN* werd terzelfder tijd geschreven aan een gemeente die Paulus waarschijnlijk nooit bezocht had (vgl. 2: 1) en die ontstaan was door de arbeid van Epafras (1: 7; 4: 12,13); deze had Paulus kennelijk ingelicht over gevaarlijke dwalingen die in Kolosse ingang gevonden hadden en grieks-filosofische (o.a. ascese) en joods-ritualistische elementen (besnijdenis, wet, overlevering, engelenverering) bevatten die de gelovigen van Christus aftrokken. De antwoordbrief van Paulus lijkt veel op „Efeziërs", maar gaat wat de christelijke positie betreft minder ver (ziet de gelovigen op aarde, niet in de hemelse gewesten) en gaat juist verder in de beschrijving van de heerlijkheid van Christus, het hoofd van de gemeente. Na de gebruikelijke dankzegging bidt de apostel dat de Kolossenzen de Heer waardig zouden wandelen en de Vader zouden danken die ons zo rijk gezegend heeft in Christus. Hierop volgt een machtige lofprijzing van Christus als Zoon van Gods liefde, de Schepper van alle dingen, als Mens de Eerstgeborene van de hele schepping én de Eerstgeborene uit de doden, het hoofd van alle dingen én het hoofd van het lichaam, de gemeente; die de grondslag heeft gelegd voor de verzoening van alle dingen én nu al van de gemeente. Hiermee komt Paulus' bediening overeen, enerzijds om het Evangelie te prediken „in de hele schepping", anderzijds het bijzondere karakter van de gemeente in het licht te stellen. Hiertegenover stelt de apostel de dwaasheid van de betreffende dwaalleringen, die nooit het geloof zouden kunnen verrijken omdat alle ware wijsheid en kennis in Christus verborgen was, in wie al de volheid van de godheid woonde én in wie de gelovigen zelf de volheid verkregen hadden (I, 2). Het tweede hoofddeel (3, 4) past dit alles weer toe op de praktijk: het ware leven van de gelovigen is met Christus verborgen in God en komt tot uiting te midden van de gelovigen, van huwelijk en gezin en van de maatschappij. De brief eindigt met praktische punten, uitvoerige groeten, boodschappen aan anderen en de groet van Paulus.

De brief aan de *FILIPPENZEN* is het bewogen antwoord van Paulus op de liefdebewijzen van de trouwe gemeente in Filippi die hem via Epafroditus gaven gestuurd had in zijn gevangenschap (4:10-18). Deze was zwaar ziek geworden maar hersteld, en nu zond Paulus hem terug naar Filippi mét de brief (2: 25-30), waarin hij wijst op het gevaar van judaïsten (3) en van verdeeldheid (4) en een prachtige verhandeling geeft over de christelijke levenswandel. Na de openingsgroet, de dankzegging voor het medeleven van de Filippenzen en zijn gebed voor hen beschrijft hij zijn persoonlijke omstandigheden en zijn blijdschap daarin ondanks ongunstige berichten en onzekere vooruitzichten en bemoedigt hij in dat opzicht ook zijn lezers (1). Hij vermaant hen eensgezind te zijn en in nederigheid de gezindheid van Christus Jezus te vertonen: zich te vernederen zoals Hij deed, om verhoogd te worden met Hem. Dat dit kán (zo de eigen behoudenis uit te werken) illustreert de apostel met zijn eigen voorbeeld en dat van Timoteüs en Epafroditus (2). Vervolgens waarschuwt hij voor de judaïsten en laat zien hoe hijzelf het judaïsme had prijsgegeven (ondanks de hoge ermee verbonden voorrechten) om iets veel beters te ontvangen: Christus, en Hem steeds beter te kennen; in contrast met de ware hemelburgers die naar Christus uitzien, staan de valse schijnchristenen die in feite vijanden van het kruis zijn (3). Tenslotte volgen algemene vermaningen tot eensgezindheid, blijdschap en vrede in de Here, en een zuiver gemoed; dan Paulus' erkentelijkheid voor de giften en de afsluitende groeten (4).

Efeze was na Alexandrië en Antiochië de grootste stad van het Oosten. De gemeente in deze plaats werd door Paulus gesticht op zijn derde zendingsreis.

De *eerste* brief aan *TIMOTEUS* is de eerste van de drie herderlijke brieven (een niet erg juiste term) die Paulus waarschijnlijk na zijn eerste gevangenschap in Rome geschreven heeft. Paulus geeft in deze brief instructies aan Timoteüs voor diens taak in Efeze en speciale bemoedigingen om krachtig op te treden en zich niet voor het Evangelie te schamen. Na de groet en de waarschuwing voor de situatie in Efeze geeft Paulus zijn eigen ervaringen in het Evangelie en bekrachtigt zijn opdracht aan Timoteüs (1). Het grote middendeel van de brief (2-4) bevat voorschriften over de gebeden en over de positie en houding van de vrouwen (2), over de kwalificaties van de opzieners en diakenen (wat leidt tot een prachtige omschrijving van de gemeente en van het geheimenis van Christus' vleeswording en verheerlijking) (3) en over de speciale bedreigingen van de gemeente (4). Paulus wijst nu op de juiste disciplinaire verhoudingen in de gemeente (5) en eindigt met verschillende instructies over slaven, valse leraars, de gevaren van de rijkdom en Timoteüs' houding als een „mens Gods".

De brief aan *TITUS* richt zich tot een andere medewerker en geestelijke zoon van de apostel, die hij onderweg op Kreta had achtergelaten om in de gemeenten oudsten aan te stellen en verschillende wantoestanden (veroorzaakt door de laksheid van de Kretenzen en de invloed van judaïstische misleiders) op te ruimen. Paulus geeft na een opmerkelijke verklaring van zijn apostelschap de juiste kwalificaties van de aan te stellen oudsten en stelt vervolgens de valse leraren aan de kaak (1). Nu spreekt hij positief over de ware christelijke levenswandel, gespecificeerd voor ouderen en jongeren, mannen en vrouwen, en voor slaven (wat hem tot een korte omschrijving van de christelijke leer voert) (2). Tenslotte wijst de apostel op de juiste houding tegenover de medemensen, bedenkend dat wij vroeger net als de anderen waren en alleen door Gods genade behouden zijn, en eindigt met praktische vermaningen, plannen en groeten (3).

De *tweede* brief aan *TIMOTEUS* werd geschreven nadat Paulus opnieuw gevangen was genomen en in Rome vlak voor de marteldood stond, terugziende op zijn volbrachte taak en vooruitziende naar de beloning. Het is daarom een ernstige en ontroerende brief, temeer door het beginnend verval in Klein-Azië dat de apostel zo bedroeft. Hij opent met groet en dankzegging en met bemoedigingen op grond van Timoteüs' genadegave en verantwoordelijkheid en van Paulus' eigen getuigenis en gedachtig aan de vervallen toestand onder de Aziatische gelovigen (1). Timoteüs moet hierin moedig volhouden als een goede soldaat, kampvechter en landman die de beloning en het einddoel in het oog houdt. Tegenover de dwaalleraars moet Timoteüs krachtig optreden, zich tevens afscheiden van allen die weigeren met de ongerechtigheid te breken en zich verenigen met hen die de Here aanroepen uit een rein hart en dwaze twistvragen vermijden, opdat de tegenstanders zich misschien bekeren (2). Naar aanleiding daarvan wijst Paulus op de „laatste dagen", waarin de christenheid moreel sterk vervallen zou zijn en waarin het zou aankomen op trouwe „mensen Gods" die het voorbeeld van Paulus zouden navolgen (3). Dan volgt de afscheidsboodschap van de grote apostel: een laatste opdracht, een laatste getuigenis, enkele persoonlijke verzoeken en een bericht over zijn eerste eenzame verdediging voor zijn rechters. Met groeten en zegenwensen eindigt de brief (4).

De brief aan de *HEBREEEN* behandelen we hier, hoewel het niet zeker is dat Paulus er de schrijver van is. Hij is gericht aan joodse christenen die zeer vertrouwd waren met het Oude Testament én het Evangelie, maar nog vasthielden aan de joodse wet en eredienst en aan het nationale karakter van de joodse godsdienst, geconcentreerd in Jeruzalem, waarvan de val echter vlak voor de deur stond! Zij moesten daarom leren deze uiterlijke, nationale godsdienst op te geven en in te zien dat zij niet moesten vasthouden aan wat slechts een voorafschaduwing was, maar aan Hem die de volmaakte vervulling van de oudtestamentische offerdienst was. We hebben hier daarom de brief van de „betere dingen", die begint met de beschrijving van de heerlijkheid van Jezus Christus, als Zoon van God hoger dan de engelen (1), als Zoon des mensen hoger dan de hele schepping (2), als Zoon over het huis van God hoger dan Mozes (3), als Degene die zijn volk invoert in de ware rust hoger dan Jozua (3,4) en als de Hogepriester voor zijn volk hoger dan Aäron (4-7). Zijn hogepriesterschap was nu wel Aäronitisch van karakter, maar hoorde tot de orde van Melchizedek, de koning-priester die een type van Christus was. Christus was het ook die een beter verbond, gegrond op betere beloften, had ingevoerd, gebaseerd op zijn eigen, betere offerande; Hij is niet alleen Hogepriester, maar was ook zelf het volmaakte slachtoffer (8-10). Zo moesten de Hebreeën nu leren niet meer te zien op de uiterlijke dingen, maar door geloof te zien op de onzichtbare verheerlijkte Christus, zoals ook in wezen de aartsvaders door dit geloof geleefd hadden; maar het grootste voorbeeld is Christus zelf; op Hem en op de betere dingen die Hij had ingevoerd, moesten zij blijven zien (11,12). Dit wordt toegepast op de praktische omstandigheden en met vermaningen en groeten eindigt de brief (13).

De brieven van Jakobus, Petrus en Judas

De brief van *JAKOBUS,* de broeder van Jezus en lange tijd leider van de gemeente te Jeruzalem, richt zich tot joodse christenen die nog verbonden zijn met de synagoge (2: 2) en nog vasthouden aan de joodse wet (1: 25; 2: 8) en gebruiken (5: 14) . Het was hier nog niet de tijd dat God een eind maakte aan dit sterk judaïstisch gekleurde christendom en dit is van belang om de brief te begrijpen. De schrijver begint met een verhandeling over de betekenis van en de houding in verzoekingen en beproevingen; de lezers moesten zijn woorden niet alleen horen maar ook doen (1). Ware godsdienst pleegde geen discriminatie tussen armen en rijken en verzonk niet in een dode orthodoxie, maar uitte zich in goede werken die de vrucht zijn van het geloof (2). Ware leraars moesten hun tong in bedwang kunnen houden en ware wijsheid tentoonspreiden (3). De gelovigen moesten zich hoeden voor valse hartstocht, wereldliefde, lasterpraat en zelfoverschatting (4). Tenslotte wijst de schrijver op de rijke onderdrukkers, het nodige geduld in de verdrukking, het verkeerde van zweren, de voorbede voor de zieken en de hulp aan dwaalzieke broeders (5).

De *eerste* brief van *PETRUS,* de „apostel van de besnedenen" (Galaten 2: 8), richt zich vooral tot joodse christenen die moesten leren geloven in een onzichtbare Messias en zich schikken onder de regering van God tot op de tijd van Christus' wederkomst; hierom wordt telkens het leven van Christus op aarde als voorbeeld gesteld. De apostel beschrijft eerst het karakter van de christelijke behoudenis als het einddoel van het geloof, het thema van de profeten, en als dat wat uitgewerkt moet worden in een heilig leven: persoonlijk, als broeders onderling én als een, „geestelijk huis" als priesters voor God en in de wereld (1-2: 10). Het tweede deel (2: 11-3: 12) behandelt de betrekkingen van de christen tot de wereld, tot de staat, in de arbeidssituatie, in het huwelijk en onder de gelovigen. Het derde deel (3: 13-4: 19) handelt over het lijden en de roeping van de christen in de wereld: de zegen van het lijden als getuige in navolging van Christus, het lijden in het vlees, de ware bediening, en het lijden om Christus' wil. Het laatste hoofdstuk (5) beschrijft de verhouding tussen de oudsten en de „kudde" en de persoonlijke trouw van de gelovigen, en besluit met praktische punten en groeten.

De *tweede* brief van *PETRUS* handelt eveneens over de regering van God, maar nu niet zozeer ten gunste van de gelovigen als wel ten oordeel over de ongelovigen. De apostel voelt dat zijn dood aanstaande is en waarschuwt de gelovigen voor binnensluipende valse leraars en voor het opgeven van de ware „kennis". Het eerste hoofdstuk behandelt deze ware kennis die zij bezitten die deel hebben aan de goddelijke natuur, gegroeid zijn in het geloof en zekerheid van de kennis hebben op grond van Christus' verheerlijking op de berg en van het profetische woord. Het tweede hoofdstuk waarschuwt voor de valse kennis die zou binnendringen; God zou de valse leraars uitroeien zoals Hij dat in het verleden gedaan had met zijn vijanden. De activiteiten en gevaren van deze dwaallichten worden zorgvuldig beschreven. Het laatste hoofdstuk waarschuwt met name tegen hen die in de „laatste dagen" de wederkomst van Christus belachelijk maken, maar vergeten dat God ook in het verleden door de zondvloed de goddelozen had uitgeroeid; zo zou Hij het wéér doen in de „dag des Heren" en tenslotte een nieuwe hemel en aarde bereiden, in het licht waarvan de gelovigen moesten wandelen en opgroeien in de genade en kennis van Christus.

De brief van *JUDAS*, de broer van Jacobus en dus van Jezus, is sterk verwant met de vorige brief; men meent daarom wel dat Judas die heeft gezien en materiaal daaruit geheel zelfstandig verwerkt voor zijn eigen doel: een pleidooi te voeren voor het ware, christelijke geloof, nu valse bedriegers dit trachten te ondermijnen. Veel meer dan Petrus schildert Judas ons regelrechte afval van God en opstand tegen zijn wil. Ook hij citeert historische voorbeelden van goddelijk oordeel, vergelijkt de opstandelingen met personen uit het verleden, schildert hun verdorvenheden, vermaant de gelovigen tot een positieve christelijke levenswandel en eindigt met lofprijzing.

De geschriften van Johannes

Het Evangelie naar *JOHANNES* is naar veler inzicht het laatst geschreven bijbelboek. In ieder geval vooronderstelt het klaarblijkelijk kennis van de andere drie Evangeliën en gaat niet zozeer op de biografische gegevens en de ambtelijke heerlijkheid van Christus in, als wel op zijn persoonlijke heerlijkheid als de eeuwige Zoon van de Vader die het Leven is en het leven geeft aan hen die in Hem geloven (zie 20: 31!). In het voorwoord (1: 1-18) zien we Hem als het eeuwige Woord dat vlees geworden en de eeuwige Zoon die van de Vader gekomen is; daarna zien we Hem in joodse taferelen als het Lam van God, de Messias en de Zoon des mensen en doet Hij („op de derde dag") Zijn „eerste teken" in Kana (water in wijn veranderd) (1: 19-2: 12). Dan zien wij Hem op het Paasfeest in Jeruzalem, waar Hij met rabbi Nicodemus spreekt over de wedergeboorte en het „eeuwige leven", en in Samaria met de „Samaritaanse vrouw" over het levende water en over aanbidding; in deze gesprekken wordt de hele leerstellige kern van het Evangelie ontvouwd en dit eindigt met het „tweede teken" (een genezing) (2-4). In het volgende hoofddeel (5-7) zien we in Jezus' uiteenzettingen (steeds n.a.v. bepaalde gebeurtenissen) de volle heerlijkheid van zijn Persoon: als de Zoon van God die leven geeft (5), als de Zoon des mensen die daartoe zijn eigen leven overgeeft in de dood (6) en als Degene die daarna verheerlijkt zal worden en de Heilige Geest zal zenden (7). Hier is „leven" het thema, zoals „licht" dat in het volgende hoofddeel is (8-12): Christus is het licht der wereld, maar zowel zijn Persoon en zijn woord (8) alsook zijn werk worden verworpen (9); nu voert Hij zijn „schapen" uit de „stal" van Israël naar buiten en ontvouwt de leer van de gemeente in het beeld van de ene kudde met de ene Herder (10). Na zijn verwerping geeft God toch een getuigenis van de heerlijkheid van zijn Zoon doordat Deze Lazarus uit de doden opwekt (11) en de joden Hem huns ondanks als Zoon van David verwelkomen; maar het oordeel ligt over de wereld en de Zoon des mensen moet sterven (12). Dit besluit zijn openbaar getuigenis; vanaf nu zien wij Hem te midden van de zijnen en wordt „liefde" het trefwoord (13-17): in de opperzaal waar zij het Pascha willen vieren, wast Jezus de voeten van zijn discipelen en voorzegt Hij zijn verheerlijking op het kruis (13). Nu voert Hij de discipelen in in hun nieuwe positie, nu Hij van hen zou terugkeren tot de Vader en de Heilige Geest als Plaatsvervanger en Trooster zou zenden, legt uit wat dit inhoudt en verklaart hun verantwoordelijkheid in verband daarmee (14-16). Tenslotte spreekt Hij zijn ontroerende gebed tot de Vader waarin Hij vraagt om de verheerlijking van de Zoon en om de zegen en steun en toekomstige heerlijkheid voor de gelovigen (17). Dan volgt de lijdensgeschiedenis: de arrestatie (die opnieuw zijn goddelijke heerlijkheid bewijst), de verschijning voor Annas, Kajafas en Pilatus, de kruisiging, de begrafenis, de opstanding en de verschijningen, en een epiloog van de schrijver (18-21).

De *eerste* brief van *JOHANNES* sluit qua thematiek zeer nauw bij het Evangelie aan en heeft ten doel dat zij die nu geloven, ook wéten wat het is eeuwig leven te hebben (zie 5: 13); meer dan in het Evangelie zien we echter ook dat Johannes ingaat tegen bepaalde gnostische dwaalleringen die de waarheid omtrent Christus (waarachtig God en waarachtig Mens in één Persoon) ondermijnden. Daarom opent Johannes direct met het getuigenis dat de Zoon die eeuwig bij de Vader was, zichtbaar en tastbaar in vlees en bloed op aarde geleefd heeft en dat wij met de Zoon en de Vader gemeenschap hebben door het bezit van het eeuwige leven (proloog: 1:1-4). Dit brengt echter ook verantwoordelijkheid met zich mee: wij moeten wandelen in overeenstemming met het feit dat God licht is; daarom moeten we zijn geboden gehoorzamen en de broeders liefhebben (1:5-2:11). Dit werkt de apostel uit voor vaders, jongelingen en kinderen in het geloof en hij waarschuwt hen voor de liefde tot de wereld en de geest van de Antichrist (2). De liefde van de Vader blijkt daaruit dat wij kinderen van God geworden zijn, en dit moet nu blijken in gehoorzaamheid en liefde tot elkaar (3). De gelovigen moeten zich hoeden voor dwaalleringen over de Persoon van Christus en er veeleer van onder de indruk komen hoezeer God bewezen heeft, dat Hij liefde is door de zending en overgave van zijn Zoon; die liefde moet in ons een volmaakte uitwerking hebben (4). Gehoorzaamheid aan God is dan niet zwaar, want het geloof richt zich op de Zoon van God die het leven van de gelovigen is; dit geeft geestelijke zekerheid en vertrouwen, want wij kennen Hem die de waarachtige God en het Eeuwige Leven is (5).

De *tweede* brief van *JOHANNES* richt zich tot één familie (een vrouw met haar kinderen) maar ademt dezelfde geest en geeft soortgelijke waarschuwingen als de eerste. Het trefwoord is „waarheid": het komt driemaal voor in de aanhef, dan volgt de vermaning in de waarheid te wandelen (wat zich weer uit in liefde en gehoorzaamheid), en daarna waarschuwt de apostel voor hen die de waarheid aantasten door niet de ware leer omtrent Christus te prediken; zulke personen moet men vermijden. Johannes eindigt met plannen en groeten.

De *derde* brief van *JOHANNES is* gericht aan Gajus, kennelijk een voorganger in de gemeente. De apostel prijst hem omdat hij in de waarheid wandelt en geeft hem instructies over gastvrijheid aan broeders (predikers); door hen te ontvangen wordt men een „medearbeider der waarheid". Daarentegen moet de ambitieuze en arrogante Diotrefes ernstig berispt worden. Demetrius echter krijgt een goed getuigenis, ook van de apostel. De brief eindigt weer met plannen en groeten.

Het boek de *OPENBARING* van Johannes (of eigenlijk „van Jezus Christus"; 1:1) is uniek in het Nieuwe Testament omdat het als enige boek strikt profetisch is (1: 3; 22: 6, 7). Het is gericht aan zeven gemeenten in Klein-Azië en geboren uit hun geestelijke en uiterlijke omstandigheden, met name de groeiende conflicten tussen de gemeente en de (Romeinse) staat, en verschaft hun het hoopvolle vooruitzicht van een glorieuze toekomst. Als Johannes het boek schrijft, is hij zelf in verdrukking, als gevangene op Patmos, waar hij een visioen van Christus als Rechter ontvangt, die hem beveelt in een boek op te schrijven wat hij gezien heeft (het visioen), „wat is" (de tegenwoordige toestand, weergegeven in de zeven brieven aan de zeven gemeenten; 2, 3) en „wat na dezen geschieden zal", dat zijn de toekomstige gebeurtenissen (4-22). Dit derde deel heeft tweeërlei uitleg: de historische uitleg past deze hoofdstukken toe op de geschiedenis van de christenheid op aarde (o.a. de val van het Romeinse Rijk, de invasie van de moslims), en de profetische uitleg ziet in de hoofdstukken 2 en 3 (de zeven brieven) de zeven tijdperken van de kerkgeschiedenis tot op Christus' komst om de gemeente in de hemel op te nemen en ziet in hoofdstuk 3-19 gebeurtenissen beschreven tot op Christus' verschijning op aarde en vanaf hoofdstuk 20 gebeurtenissen ná die wederkomst, o.a. een duizendjarig vrederijk. De structuur van het derde hoofddeel (4-22) is op zich eenvoudig: in het inleidende visioen (4,5) wordt aan het geslachte Lam (Christus) een boekrol met zeven zegels gegeven. Bij de opening van elk zegel volgen er nieuwe oordelen over verschillende delen van de aarde, waarbij 144.000 uit Israël en een grote schare uit de volken in de oordelen gespaard blijven (6, 7). Het zevende zegel luidt zelfs zeven oordelen in, elk aangekondigd door een bazuin; de laatste drie daarvan worden de drie weeën genoemd (in een nieuwe tussenzin zien we twee trouwe getuigen in Jeruzalem), terwijl het laatste wee (de laatste bazuin) de wederkomst van Christus en het begin van zijn vrederijk betekent (8-11). De hoofdstukken 6-11 zijn dus één geheel; het vervolg gaat nader in op bepaalde delen daaruit, en wel op twee „tekenen". Het eerste teken schildert ons drie antigoddelijke „beesten" (machten): de draak, het beest uit de zee en het beest uit de aarde en verbindt daaraan zeven scènes uit deze periode van de „grote verdrukking" (12-14). Het tweede teken schildert ons de overwinnaars uit die periode en zeven nieuwe oordelen („zeven schalen") die over de aarde uitgegoten worden en die (na een nieuwe, uitgebreide tussenzin over de „grote hoer" of het „grote Babylon"; 17,18) opnieuw direct uitlopen op de wederkomst van Christus en de vestiging van zijn Koninkrijk, gevolgd door het laatste oordeel en de schepping van een nieuwe hemel en een nieuwe aarde (15-21). Een apart visioen vertelt ons nog over de heerlijke staat van de gemeente (de „bruid van het Lam", het „nieuwe Jeruzalem") na de wederkomst. De epiloog geeft speciale vermaningen en het verlangen naar de Bruidegom, de beloften van Christus zelf en de zegenwens (22). De Openbaring sluit daarmee de canon van de Bijbel af - en het is een prachtig slot. Zoals het Oude Testament in de latere boeken steeds meer vervuld raakt van de verwachting van de eerste komst van de Messias (zoals die vervuld werd in het Nieuwe Testament), zo eindigt het Nieuwe Testament met de verwachting van zijn wederkomst op de wolken om de gemeente tot Zich te nemen en de wereld te oordelen. Oordeel is een vreselijk ding voor hen die niet geleerd hebben hun zonden voor God te belijden en Christus als Heiland en Heer door het geloof aan te nemen. Maar voor hen die door Gods genade dat wél hebben mogen doen, is de wederkomst van Christus de vervulling van hun hoogste verlangen. „Amen, kom, Here Jezus!"

Trefwoordenregister

Trefwoordenregister bijschriften

Verantwoording van de illustraties

De samenstellers van dit boek hebben ernaar gestreefd de herkomst van alle illustraties na te gaan. In sommige gevallen is dit niet gelukt. Rechthebbenden kunnen zich tot de uitgever wenden die zich bereid verklaart de gebruikelijke auteursrechten alsnog te vergoeden.

Werner Braun, Jeruzalem: pag. 28
British Museum, Londen: pag. 134
Buijten & Schipperheijn, Amsterdam: pag. 110
Charlier: pag. 156, 201
Henk Dokter: pag. 47
Evangelische Omroep, Hilversum: pag. 1, 3, 14, 27, 32, 35, 37, 53, 55, 62, 67, 72, 124, 142, 144, 153, 163, 171
The Israel Museum, Jeruzalem: omslag onder
Rob Lucas, Enschede: omslag boven
Bob Luedtke, Giessen, West Duitsland: pag. 11
Menjaud: pag. 83
Nederlands Bijbelgenootschap, Haarlem: pag. 22
Dr. W.J. Ouweneel, De Bilt: pag. 80
Rijksmuseum, Amsterdam: pag. 88, 177, 183, 191
Scala: pag. 96, 130, 193
K. Scherer, Amsterdam: pag. 106
Smeets: pag. 117

JEZUS LEEFT!